OCÉANO

PRÁCTICO

ORTOGRAFÍA FÁCIL
DEL ESPAÑOL

OCEANO

© MMIII EDITORIAL OCEANO
Milanesat, 21-23
EDIFICIO OCEANO
08017 Barcelona (España)
Teléfono: 932 802 020*
Fax: 932 041 073
www.oceano.com

ISBN 84-494-2049-0

Impreso en España - Printed in Spain

Depósito legal: B-33406-XLIV

9000825031102

NOTA DE LOS EDITORES

Este libro está concebido esencialmente para la práctica directa. Por esto, hemos considerado interesante incluir al final de cada capítulo los ejercicios correspondientes. A fin de mantener el libro en las mejores condiciones posibles, es aconsejable que el lector realice los ejercicios escribiendo en un papel aparte. De esta forma, podrá repetir las pruebas cuantas veces sea necesario. Esto ha de permitir al lector seguir un sistema de autovaloración y comprobar, además, la evolución de sus conocimientos.

CONTENIDOS

PRÓLOGO

El lenguaje es nuestro principal y más rico medio de comunicación, y conviene cuidarlo no sólo por respeto hacia él, ni por un afán puramente intelectual, sino también porque el conocimiento de la lengua nos aporta beneficios muy diversos, desde el reconocimiento social hasta una mayor facilidad de acceso al mundo laboral.

La lengua, en su aspecto oral, con el tiempo, los usos y los lugares se desvirtúa y diversifica, corriendo el peligro de diferenciarse excesivamente y atomizarse. En su aspecto escrito, el riesgo de diversificación es menor, pero real. La *Ortografía*, que enseña a escribir correctamente las palabras, pretende mantener la unidad de la lengua mediante la unificación de unos criterios y unos usos en la expresión escrita.

Parece oportuna, por tanto, la edición de esta obra práctica y de fácil consulta, que servirá para conocer o recordar el uso de la lengua, para resolver dudas, evitar los errores más frecuentes y enriquecer el léxico. En esta *Ortografía* se da a la práctica la importancia que merece por encima de la memorización de reglas, y se invita a que sea el propio lector quien se corrija y autoestimule. La obra resulta una herramienta básica de autoaprendizaje, para que el lector pueda expresar, de forma oral o escrita, lo que realmente quiere comunicar.

Debe tenerse presente, sobre todo, que nunca es tarde para empezar a amar las palabras y a incrementar el interés por la lectura. Nuestro propósito es que, a partir del libro que usted tiene entre sus manos, la ortografía deje de ser una amenaza velada y, especialmente, un baremo de cultura.

Además de la ortografía propiamente dicha, de la acentuación y de la puntuación, completan la obra otros apartados que tratan desde la numeración romana hasta los nombres propios de persona de ortografía dudosa, sin olvidar prefijos y sufijos clásicos, expresiones latinas, abreviaturas, siglas y acrónimos, gentilicios, etc. Por último, se incluye un vocabulario de palabras de escritura dudosa.

Con el interés que usted demuestra por expresarse correctamente –si no, no estaría leyendo este prólogo–, con cierta regularidad y constancia, muy pronto podrá llegar a dominar la lengua y no a la inversa, ser dominado por ella.

ORTOGRAFÍA DE LAS LETRAS DUDOSAS

USO DE LAS MAYÚSCULAS

SE ESCRIBEN CON LETRA INICIAL MAYÚSCULA:
* La primera palabra de cualquier escrito.
* La primera palabra después de punto.

TAMBIÉN SE UTILIZA INICIAL MAYÚSCULA:
* Después de los signos de interrogación y exclamación:

¿Cómo? Hable más alto, por favor.
¡Ay! Vaya golpe me he dado.

Pero cuando dichos signos van seguidos de coma se utiliza la minúscula:

¿Hasta cuándo?, gritaron todos.

Si la interrogación o la exclamación ocupa sólo la segunda parte de la oración, se utiliza la minúscula:

Pero, ¿no te habías ido ya?

* Después de dos puntos en el encabezamiento de una carta o en las citas textuales, o sea, en la reproducción fiel de las palabras de alguien:

Querida Gloria: Ayer recibí tu carta.
Entonces Mario me dijo: «Estoy harto».

* Después de puntos suspensivos si lo que les sigue es otra oración distinta:

Había leones, tigres, monos... Más adelante, cerca de una especie de choza, nos esperaba el jefe de la tribu.

3

En cambio:

Tengo que decirte que... no me atrevo.

OTRAS PALABRAS QUE SE ESCRIBEN CON MAYÚSCULA:
• Los nombres propios y apellidos:

Roberto	*Vargas*	*Buenos Aires*
Alfredo	*Márquez*	*Chile*
Guadalupe	*Cortés*	*Rocosas*
Apolo	*Babieca*	*Pegaso*

Téngase en cuenta que los artículos (el, la, los, las) pueden formar parte de algunos nombres propios:

El Salvador	*La Habana*	*Los Ángeles*
La Guaira	*La Haya*	*La Pampa*

• Los nombres propios de astros, planetas, satélites, galaxias, constelaciones, cometas, signos del Zodíaco, etc.:

la Tierra	*Vía Láctea*	*Halley*
el Sol	*Estrella Polar*	*Aries*
la Luna	*Estrella del Sur*	*Ganímedes*

Recuérdese que la palabra *tierra* se escribe con minúscula cuando se refiere a la materia de que está compuesto nuestro planeta, la Tierra; *sol* se escribe con minúscula cuando se refiere a la luz emitida por el astro Sol; *luna* se escribe con minúscula cuando se refiere a las fases de la Luna y a la luz que la Luna refleja del Sol:

un puñado de tierra	*tierra firme*
hace sol	*antes de salir el sol*
luna menguante	*a la luz de la luna*

• Las voces *Norte, Sur, Este, Oeste, Oriente, Occidente* y sus compuestos se escriben con mayúscula cuando están empleadas en sentido geográfico-político:

Oriente Medio	*Corea del Norte*	*América del Norte*
Próximo Oriente	*Corea del Sur*	*América del Sur*

Sin embargo, se escriben con minúscula estas voces cuando se refieren a una zona geográfica determinada:

el sur de Italia   *el norte de África*

• Los atributos divinos, es decir, las palabras referidas a Dios o a la Virgen María:

Dios	*el Mesías*	*el Señor*
la Divinidad	*el Altísimo*	*el Redentor*
el Salvador	*el Padre celestial*	*Él*
la Madre del Salvador	*el Creador*	*Ella*

• Los nombres de fiestas religiosas:

Navidad	*Corpus Christi*	*Pascua*
Viernes Santo	*Nochebuena*	*Epifanía*

Sin embargo, se escriben con minúscula los nombres de las fiestas paganas (*bacanales*); y en las expresiones que empiezan por día o fiesta, se escriben éstos con minúscula, pero con mayúscula la denominación de la festividad: *el día de Reyes (Epifanía), el día de los Difuntos, el día de la Madre, el día de los Enamorados...*

• Los sobrenombres y apodos:

el Cordobés	*el Santo*	*el Manitas*
el Tuerto	*la Terremoto*	*el Calvo*
el Hermoso	*la Faraona*	*la Loca*

• Los nombres de títulos y dignidades:

Su Majestad	*el Presidente del Gobierno*	*el Papa*
el Embajador	*el Jefe del Estado*	*la Reina*
el Príncipe	*el Marqués*	*la Infanta*

Sin embargo, los nombres de títulos y dignidades se escriben con minúscula si se utilizan genéricamente o designan a personas concretas:

el papa Juan XXIII   el presidente Perón   el rey Luis X

• Los nombres de entidades, instituciones y organismos:

*Congreso de los Diputados   Ministerio de Cultura
Real Academia Salvadoreña   Facultad de Medicina
   de la Lengua   Hospital Central
Escuela de Artes y Oficios*

• La primera palabra de los títulos de libros, cuadros, obras musicales, películas, piezas teatrales, esculturas, etc.:

*Lo que el viento se llevó   La pereza
Crónica de una muerte anunciada   Angelitos negros
Himno nacional   Las meninas*

• Los nombres y adjetivos que formen parte de los títulos de revistas y periódicos:

*Revista de Ideas Estéticas   La Gaceta Deportiva
Cuadernos Hispanoamericanos   Diario de la Mañana*

• Las abreviaturas de tratamiento:

Sr.	*Sra.*	*Srta.*
D.	*Dra.*	*Prof.*
Ilmo.	*Revdo.*	*Excmo.*

Se utiliza la minúscula en la escritura de la palabra completa: *doctor*, *señorita*, *don*...

• Los nombres de épocas, períodos históricos o hechos famosos. Si constan de más de una palabra, todas ellas se escriben con mayúscula:

Edad Moderna   Antiguo Régimen   Renacimiento

6

Revolución   Primera Guerra   Reconquista
Francesa   Mundial

• Los nombres de ciencias, técnicas y disciplinas académicas:

Psicología   Geografía   Historia
Óptica   Fotografía   Filología

SE USA TAMBIÉN MAYÚSCULA PARA:
• Los símbolos químicos:

O (oxígeno)   H (hidrógeno)   N (nitrógeno)
Ag (plata)   Al (aluminio)   Au (oro)

• Todas las letras de las siglas:

ONU   VHF   UVI
FIFA   OEA   AI

• Los números romanos:

XX   XVI   MCMXCVI

Atención

• En los nombres de los días de la semana, de los meses, de las estaciones del año y de las notas musicales, la normativa recomienda el uso de minúscula inicial, a no ser que se escriban detrás de un punto, encabecen un escrito o formen parte de un título:

lunes   miércoles   domingo
enero   agosto   diciembre
invierno   verano   otoño
do   mi   sol

• Las mayúsculas de ch, gu, ll y qu son, respectivamente, Ch, Gu, Ll y Qu:

Chile	*Chapala*	*Chaplin*
Guadalajara	*Guanahaní*	*Guajira*
Llanquihue	*Lleras*	*Llullaillaco*
Querétaro	*Quebec*	*Quevedo*

EJERCICIOS

I ESCRIBA MAYÚSCULA DONDE CORRESPONDA:

1. el alcalde afirmó que cualquiera de nosotros podía ser alcalde.
2. argentina es un estado de américa situado en la parte meridional de sudamérica.
3. el océano atlántico separa europa y áfrica del continente americano. presenta algunos mares adyacentes: mediterráneo, caribe, báltico y el golfo de san lorenzo.
4. son academias correspondientes de la academia de la lengua española: la academia colombiana (bogotá), la academia ecuatoriana (quito), la academia mexicana (méxico), la academia salvadoreña (san salvador), la academia venezolana (caracas), la academia chilena (santiago de chile), la academia peruana (lima), la academia guatemalteca (guatemala), la academia costarricense (san josé de costa rica), la academia filipina (manila), la academia panameña (panamá), la academia cubana (la habana), la academia paraguaya (asunción), la academia dominicana (santo domingo), la academia boliviana (la paz), la academia nicaragüense (managua), la academia

hondureña (tegucigalpa), la academia puertorriqueña (san juan de puerto rico) y la academia norteamericana (nueva york). están asociadas la academia argentina de letras (buenos aires) y la academia nacional de letras de uruguay (montevideo).

5. el presidente del consejo de ministros, a propuesta del gobernador, acordó la supresión de la junta.

6. san juan evangelista fue hijo de zebedeo y hermano de santiago el mayor. fue discípulo de san juan bautista y, más tarde, uno de los cuatro primeros que se unieron a jesucristo. nació en betsiada, en la región del noroeste del lago genesaret. escribió el cuarto evangelio, las tres epístolas que llevan su nombre y el apocalipsis.

7. edmund halley, astrónomo británico, descubrió que el cometa de 1680 era el mismo que los de 1607 y 1531, y predijo su retorno para 1759. este cometa lleva su nombre, halley.
   halley fue el autor de sinopsis de la astronomía de los cometas y otras obras.

8. aquel día, ¡cuántos disgustos! si lo hubiera sabido... en fin, las desgracias nunca vienen solas.

9. completamente rodeados de enemigos, ¿cómo iban a avanzar?, ¿en qué dirección? y, lo que era peor, ¿a las órdenes de quién?

10. el primer domingo del mes, sea invierno o verano, acude a la sesión plenaria del liceo pedagógico.

11. la química estudia la composición y propiedades de la materia, sus transformaciones y las correspondientes variaciones de energía.

12. me preguntó: «¿cuál es el símbolo químico del fósforo?» y yo le contesté: «creo que... que es p». ¡y acerté!

USO DE *B*

SE ESCRIBEN CON B:

• Las palabras en las que **b** va seguida de cualquier consonante:

blanco	*pueblo*	*sobre*
blusa	*bflindado*	*cobrar*
ablandar	*bloquear*	*brío*
hablar	*abrir*	*abrigo*
cable	*abrazo*	*hombre*
abdominal	*objeto*	*subterráneo*
absurdo	*obtener*	*subvención*
absorber	*observar*	*súbdito*
absolver	*obvio*	*subvención*
abdicar	*obstáculo*	*subrayar*

Atención

• Se escribe siempre **b** después de **m**:

ámbar	*combinación*	*cambio*
ambiguo	*embestir*	*ambicionar*
ambulancia	*embudo*	*cumbia*
cumbre	*camboyano*	*embozar*

• Las terminaciones -**aba**, -**abas**, -**aba**, -**ábamos**, -**abais**, -**aban** del pretérito imperfecto de indicativo de todos los verbos de la primera conjugación, es decir, de los verbos cuyo infinitivo termina en -**ar**:

ENTRAR	LEVANTAR	CHARLAR
entraba	*levantaba*	*charlaba*
entrabas	*levantabas*	*charlabas*
entraba	*levantaba*	*charlaba*

entrábamos	*levantábamos*	*charlábamos*
entrabais	*levantabais*	*charlabais*
entraban	*levantaban*	*charlaban*

• El pretérito imperfecto de indicativo del verbo **ir**:

iba	*íbamos*
ibas	*ibais*
iba	*iban*

• Todas las formas de los verbos terminados en **-bir**, **-buir**, **-aber** (*subir, recibir, escribir, atribuir, contribuir, distribuir, haber, caber, saber...*):

subimos	*atribuimos*	*hubimos*
subirás	*atribuirás*	*habrás*
subía	*distribuía*	*había*

Excepciones: los verbos *hervir, servir, vivir,* sus compuestos (*rehervir, deservir, convivir...*) y derivados (*hervidero, servidor, vivienda...*). Se exceptúa también el verbo *precaver.*

• Todas las formas de los verbos **beber**, **deber** y **sorber**:

bebo	*deberemos*	*sorbido*
bebías	*deberíais*	*sorbiendo*
bebió	*debiera*	*sorbiste*

• Las palabras en las que **b** va seguida de **u** y, especialmente, las palabras que empiezan por **bu-**, **bur-**, **bus-**:

rebuscar	*rebuznar*	*rebullir*
aburrido	*buitre*	*trabuco*
abusar	*búho*	*búsqueda*
buque	*bufanda*	*burla*
búfalo	*bursátil*	*busto*

Excepciones: *vuestro, válvula, párvulo, vuelco, vuelo, vulgo, vuelto* y algunas otras palabras de uso poco frecuente.

• Las palabras que empiezan por **bi-, bis-, biz-** ('dos'), **bene-, bien-, bio-, bibl-**:

bilingüe	*beneficencia*	*biografía*
bimensual	*benévolo*	*biólogo*
bisabuelo	*bienhechor*	*biodegradable*
bisagra	*bienestar*	*biblioteconomía*
bisexual	*bienaventurado*	*bibliografía*
biznieto	*bienvenida*	*bibliotecario*

Excepciones: *Viena, viento, viendo* y *vientre.*

• Las palabras que terminan en **-bil, -ble, -bilidad, -bundo, -bunda**:

hábil	*habilidad*	*vagabundo*
débil	*debilidad*	*meditabundo*
lábil	*labilidad*	*tremebundo*
posible	*posibilidad*	*nauseabunda*
amable	*amabilidad*	*gemebunda*
responsable	*responsabilidad*	*moribunda*

Excepciones: *civil, móvil* y sus compuestos (*automóvil...*) y derivados (*movilidad, inmovilizar, civilidad, civilizar...*).

• Las palabras que empiezan por **al-** y **ar-**:

albañil	*albergue*	*árbol*
alba	*alborotar*	*árbitro*
albóndiga	*albornoz*	*arbitrario*
albanés	*albacea*	*arbusto*

Excepciones: *Álvaro, alvear, alveolo, arvejo, arvejón* y
sus derivados.

• Las palabras que terminan en **b**:

club	*nabab*	*Job*
baobab	*querub*	*Jacob*
pub	*esnob*	

• Todas las palabras compuestas y derivadas de voces
que se escriben con **b**:

también	*bocacalle*	*parabrisas*
emboscada	*boquiabierto*	*rebuscar*
contrabando	*abanderado*	*innoble*
improbable	*abombado*	*embolsar*

EJERCICIOS

2 ESCRIBA **B** O **V** DONDE CORRESPONDA:

1. Ha reci...ido muy so...er...io al guardia ci...il que i...a en
   primer lugar.
2. Contesta...a ama...lemente a todos sus sir...ientes.
3. Los pár...ulos han ...uelto a ...urlarse de ...uestras ...ufandas
   de lana.
4. Cuando í...amos a la ...i...lioteca, Ál...aro tra...aja...a en
   la ...úsqueda de ...iografías.
5. En la em...oscada los no...les se mostraron co...ardes y
   poco há...iles.
6. El ...urdo comerciante, medita...undo, no sa...ía dónde
   ha...ía colocado el ...usto que aca...a...a de comprar en
   ...iena.

13

7. Se ha cam...iado de ...lusa, se ha puesto el a...rigo y ha su...ido sú...itamente a la am...ulancia hacia el pue...lo más próximo.

8. Su ...isa...uelo fue un gran ...enefactor de los ...aga...undos y mori...undos.

9. En ...ista de que sus ingresos no le ...asta...an para su...sistir, reci...ía ayuda de la ...eneficencia.

10. Los ...ucles de sus ca...ellos caían so...re las ...londas del cuello de su ...lanco ...estido.

11. Los ...uitres, excelentes ...oladores, presentan generalmente la ca...eza desnuda y de...oran la carroña, es decir, los cadá...eres de que se alimentan.

12. No sa...íamos a qué ...urro atri...uir aquellos sonoros re...uznos.

13. La ...iografía es la historia de la ...ida de una persona.

14. ...e...imos el agua tur...ia de aquellos ...asos, a pesar de que pensá...amos que no era ...ino ni ninguna otra ...e...ida conocida.

15. Te prohí...o que le o...ligues a di...ujar más ar...ustos. De...erías ser más ...enevolente y dejar que lo copie de ese li...ro de ...otánica.

16. En la ...anda de música Jo... toca...a el tam...or y Jaco... los tim...ales.

17. ¡Quién sa...e cuánto de...eremos pagar de contri...ución!

18. Escri...iré un telegrama a...isándoles de que se muestren preca...idos ante la inminente ...isita de ...uestro a...ogado.

19. El glo...o se soltó y se ele...ó por encima de los ...arcos y ...otes que espera...an anclados a que todos los pasajeros su...ieran a ...ordo.

20. La mandí...ula del cadá...er ha sido descu...ierta en uno de los pasos su...terráneos del su...ur...io, cerca de donde se oyó el al...oroto.

3 ESCRIBA LA FAMILIA LÉXICA DE LAS SIGUIENTES PALABRAS, TAL Y COMO SE MUESTRA EN EL EJEMPLO:

mover:	*móvil, movible, movilidad, automóvil.*
beber:	....
vivir:	....
habitar:	....
boca:	....
barba:	....
hervir:	....
barco:	....
banda:	....
servir:	....
subvención:	....
burla:	....

VOCABULARIO

albarda	bufón	escarbar
albaricoque	bujía	escoba
bagatela	caballero	eslabón
baja	cabello	gobierno
balcón	cabeza	haba
baño	carbón	habitación
baranda	cebolla	inhibir
barnizar	cuba	obvio
barro	cubierta	sábado
bastante	escabeche	soberbio
bondad	escabullir	trabajar
bordo	escarabajo	víbora

USO DE V

SE ESCRIBE V:
• Después de n:

enviar	*convenir*	*invitación*
envidia	*tranvía*	*convento*
investigación	*invierno*	*invidente*
invento	*invariable*	*invasor*

• Después de ad-, di-, ob- y sub-:

advertencia	*adversativa*	*obvio*
adversario	*diversión*	*subvención*
advocación	*divergente*	*subversivo*

Excepción: *dibujo* y sus compuestos y derivados (*dibujar, dibujante, desdibujar...*).

• En las palabras que empiezan por el prefijo **vice-**, **viz-** o **vi-** ('en lugar de', 'que hace las veces de'):

vicesecretario	*vizconde*	*virrey*
vicepresidente	*vicerrector*	*viceversa*

• En la palabra **villa** y las palabras que empiezan por **villa-**:

Villacaro	*Villalba*	*villano*
Villanueva	*Villahermosa*	*villancico*

Excepción: *billar.*

• En las palabras que empiezan por **eva-**, **eve-**, **evi-** y **evo-**:

evadir	*evaporación*	*evitar*
evacuar	*eventual*	*evocar*
evangelio	*evidente*	*evolución*

16

Excepciones: ébano, ebanista, ebenáceo, ebionita, ebo-rario, ebonita.

• En los adjetivos terminados en -**avo**/-**ava**, -**evo**/-**eva**, -**ivo**/-**iva**, -**ave**, -**eve** e -**ive** (siempre tónicos):

octavo	*longeva*	*activo*
cautivo	*nuevo*	*cursiva*
positiva	*grave*	*leve*
negativa	*suave*	*breve*
perceptivo	*expresivo*	*potestativo*
clavo	*bravo*	*proclive*

Conservan la **v** los adverbios acabados en -**mente** forma-dos con estos adjetivos:

positivamente	*nuevamente*	*levemente*
negativamente	*suavemente*	*brevemente*

Excepción: árabe y sus compuestos y derivados (*ara-besco, mozárabe, arabizante*...).

• En las palabras terminadas en -**viro**, -**vira**, -**ívoro**, -**ívora**:

triunviro	*Elvira*
carnívoro	*herbívora*

Excepción: víbora.

• En un tiempo del indicativo (pretérito perfecto simple) y uno[1] del subjuntivo (pretérito imperfecto) de los verbos **estar**, **andar**, **tener** y sus compuestos (*desandar, retener, contener, detener, obtener, mantener, entretener, sostener*...):

---

1. En realidad, serían dos tiempos del subjuntivo los que se ven aquí afectados, pero se excluye el futuro de subjuntivo por estar en desuso. De aquí en adelan-te, se omitirá sistemáticamente este tiempo verbal.

PRET. PERF.	PRET. IMP.
estuve	estuviera/-se
anduviste	anduvieras/-ses
tuvo	tuviera/-se
retuvimos	retuviéramos/-semos
sostuvisteis	sostuvierais/-seis
detuvieron	detuvieran/-sen

• En los presentes de indicativo, subjuntivo e imperativo del verbo **ir**:

PRES. IND.	PRES. SUBJ.	PRES. IMP.
voy	vaya	ve
vas	vayas	
va	vaya	
vamos	vayamos	
vais	vayais	
van	vayan	

• En todas las formas de los verbos acabados en **-ervar**, **-ivar**, **-olver** y **-over**:

conservar	conservo	conserváis
avivar	avivará	avivando
volver	vuelva	volviesen
llover	llueva	llovió

Distíngase entre **v** cuando aparece en la raíz verbal y **b** cuando aparece en la desinencia verbal del pretérito imperfecto de indicativo (-aba, -abas, -aba, -ábamos, -abais, -aban):

conservar	conservaba	conservaban
avivar	avivabas	avivabais

• En todos los compuestos y derivados de voces que llevan **v**:

18

prevenir   *contraventana*   *altavoz*
lavavajillas   *envolver*   *prever*

EJERCICIOS

4 ESCRIBA **V** O **B** DONDE CORRESPONDA:

1. Á...ido de ...engar a su agra...iado hijo, procuró, sin ...iolencia, inspirar pre...iamente confianza.
2. ¿...amos o ...enimos? Lo que parece e...idente es que cam...iamos, e...olucionamos hacia seres nue...os.
3. En la representación teatral quería impro...isar uno de los e...entos ...erídicos más per...ersos ocurridos en el municipio de ...illa...ieja.
4. Por sus ...aliosos ser...icios, clari...idente cere...ro y pro...ada ...izarría fue elegido ...irrey.
5. El a...ión era un ...iplano y ...imotor.
6. En la ...er...ena ...imos a El...ira, ...enancia, ...eatriz, E...a, ...ictoriana, ...alentín, Octa...io, Cristó...al, Gusta...o y ...erna...é.
7. Mientras el a...e tu...o suficientes ...ayas que picotear, no ...ació la despensa situada junto a la ...odega.
8. El hotel tenía ...einticinco ha...itaciones con ...año, la...a...o y ...idé.
9. De a...undantes ...iandas esta...a la ne...era re...osante: ja...alí, ...esugo, ...acalao, ...ar...o, perce...es, ...erzas, ...erros, ha...as, na...os, hue...os, al...óndigas de carne de pa...o, em...utidos para ...ocadillos, u...as, ...ananas, al...aricoques, sor...etes de ...ainilla...
10. El tra...ieso ...erderón nos deleita...a con ...arias acro...acias su...limes.

5 ESCRIBA LA FAMILIA LÉXICA DE LAS SIGUIENTES PALABRAS, TAL Y COMO SE MUESTRA EN EL EJEMPLO:

nuevo:	*novedad, novedoso, novato, novicia.*
breve:	....
grave:	....
cautivo:	....
activo:	....
suave	....
leve:	....

VOCABULARIO

atavío	dividir	rival
avena	divina	salvaje
avería	divo	severidad
avispa	favor	televisor
caverna	lavado	vaina
cavidad	levadura	ventaja
chaval	llave	verdad
clavar	llevar	vergel
clavel	lluvia	vértice
clavícula	medieval	viento
cóncavo	nave	virtud
conveniencia	novela	viruta
conversar	noveno	víscera
devastar	noviembre	víspera
devengar	ovíparo	vitrina
devorar	precaver	víveres
diván	previo	vulnerar

PALABRAS DE ORTOGRAFÍA DUDOSA CON *B* Y *V*
(HOMÓFONOS)

abalar mover de un lugar
abiar cierta planta
abocar aproximar
acerbo cruel, desagradable
albino blanquecino
baca (de los coches)
bacada batacazo
bacante mujer que celebra
   bacanales
bacía (de barbero)
bacilar de *bacilo*
bacilo microbio
baga cápsula del lino; soga
bagar echar baga el lino
bago distrito de tierras; de *bagar*
balar dar balidos
balido voz de la oveja
balón pelota
balsar terreno con zarzas
bao barrote de un buque
baqueta vara; moldura
baria cierto árbol de Cuba
bario metal
barita óxido de bario
barón título nobiliario
basar fundar
basca malestar
bascular oscilar
bastar ser suficiente
basto poco fino
bastos del juego de naipes

avalar garantizar
aviar aderezar, arreglar
avocar (término jurídico)
acervo montón; conjunto
alvino del bajo vientre
vaca hembra del toro
vacada manada de vacas
vacante empleo sin cubrir

vacía no llena; de *vaciar*
vacilar titubear; oscilar
vacilo de *vacilar*
vaga ociosa; de *vagar*
vagar ir sin rumbo fijo
vago ocioso; de *vagar*
valar relativo al muro
valido primer ministro
valón de Valonia
valsar bailar el vals
vaho vapor
vaqueta cuero curtido
varia diversa; variable
vario diverso; variable
varita vara pequeña
varón hombre
vasar estante para vasos
vasca vascongada
vascular de las venas
vastar talar, destruir
vasto extenso
vastos extensos

bate palo de béisbol	vate adivino; poeta
baya cierto fruto	vaya de *ir*; burla
be letra *b*; balido	ve de *ir*
bello hermoso	vello pelo suave
bidente de dos dientes	vidente adivino
biga carro de dos caballos	viga pieza del techo
billar cierto juego	villar pueblo pequeño
binario de dos elementos	vinario relativo al vino
bis repetido	vis vigor, fuerza
biso secreción de los moluscos	viso prenda de vestir
bobina carrete de hilo	bovina de ganado vacuno
bocal jarro; tabla de embarcación	vocal de voz; letra
bocear mover los labios el caballo	vocear dar voces o gritos
bolar tierra con que se hace el bol	volar desplazarse por aire
botar dar botes, arrojar	votar hacer votos
boto tipo de bota	voto promesa, deseo
cabo militar; accidente geográfico	cavo de *cavar*
embero cierto árbol de África	envero color de la uva
embestir atacar	envestir investir
encobar incubar las aves	encovar guardar en cueva
gabina sombrero de copa	gavina gaviota
graba de *grabar*	grava arena gruesa
grabar marcar	gravar cargar, pesar
grabe de *grabar*	grave de *gravar*; serio
hierba vegetal	hierva de *hervir*
huebos necesidad	huevos plural de *huevo*
nabal de nabo	naval de nave
Nobel premio	novel nuevo, principiante
óbolo peso; moneda	óvolo moldura, adorno
rebelarse sublevarse	revelarse mostrarse
recabar conseguir; reclamar	recavar volver a cavar
ribera orilla; huerto	rivera arroyo
sabia con sabiduría	savia jugo vegetal
sebero recipiente con sebo	severo riguroso, grave

silba de *silbar*　　　　　　**silva** tipo de estrofa
toba cierta planta　　　　　　**tova** alondra
tubo cilindro hueco　　　　　　**tuvo** de *tener*
ubada medida de tierra　　　　**uvada** abundancia de uva
ube cierta planta de Filipinas　**uve** letra *v*

EJERCICIOS

6 ESCRIBA **B** O **V** DONDE CORRESPONDA:

1. Coloqué el equipaje en la ...aca del autocar.
2. El ca...o de Hornos es el punto más meridional del continente americano.
3. Este campo pertenece al acer...o común del pueblo.
4. Mario tu...o una gra...e discusión por el ...ate de su ...illar.
5. Un destacamento na...al de Santiago se ha re...elado contra el Almirantazgo.
6. A pesar de que el tejido es ...asto, me gusta.
7. Ca...a hondo para que quepan todas las raíces de la to...a.
8. Consiguió el premio No...el un científico no...el.
9. ¿Cuántas canciones has gra...ado en el casete que te regalé?
10. Los padres de Laura son demasiado se...eros.
11. Don Quijote utilizaba una ...acía como casco de armadura.
12. ¿Cómo va ocupar el puesto ...acante una persona tan ...aga?
13. He comprado ...arias bo...inas de hilo de diferentes colores.
14. Tiene un amigo ...alón que es al...ino.

15. En matemáticas, existe un sistema ...inario de numeración.
16. La ...aronesa, con su usual ...is cómica, ...aciló en la respuesta y nos hizo reír a todos.
17. La letra ...e no es una ...ocal; sólo lo son a, e, i, o, u.
18. El ...idente les vaticinó el nacimiento de un hijo ...arón.
19. Cuando solicitas un préstamo, el banco puede exigir que alguien te a...ale.
20. El ...aquero está sil...ando en el monte con la ...acada.
21. El ...alido del cordero extraviado le hizo ...ocear en busca de ayuda.
22. Mientras su madre a...iaba la comida, él estudiaba el comportamiento de los ...acilos.
23. ¡...aya por Dios! ...e corriendo a avisar que se ha inundado la ri...era con todo lo que había plantado.
24. El hecho de que cree que sil...as con cierta facilidad no quiere decir que sea sa...io.
25. La ga...ina devoró los hue...os antes de ser enco...ados.
26. Una vez construido el buque, lo ...otaron.
27. ¡...ótalo de aquí! ¡No lo quiero ver en mi casa!
28. Un coágulo puede impedir el suministro de sangre a una parte del cerebro y causar un accidente ...ascular cerebral.
29. El ...eleño pensó que tenía que ...asar su comentario en el texto leído.

USO DE *G*

Atención

La duda de ortografía con las letras g y j sólo puede surgir ante e, i, puesto que las secuencias ge/je, gi/ji se pronuncian exactamente igual.

S<small>E ESCRIBEN CON</small> G:

• Las palabras que contienen el grupo **gen**:

gente	origen	margen
agencia	agenda	urgente
detergente	ingente	vigente
contingente	regente	inteligencia
aborigen	ingeniar	indigente
ingenuo	indulgente	virgen
género	ingeniero	indígena

Excepciones: *avejentar, jengibre, berenjena, comején, ajeno, enajenar, Jenaro, ajenjo, jején, ojén.*

• Las palabras que contienen el grupo **ges**:

gesto	gestante	ingestión
gesta	gestión	digestión
gesticular	gestoría	congestión

Excepción: *majestad* y sus derivados (*majestuoso, majestuosidad, majestuosamente*).

• Las palabras compuestas con **geo-** ('tierra'):

geometría	geología	geografía
hipogeo	geopolítico	geofísica
geocéntrico	geofagia	geórgica

• Las palabras que terminan en **-logía** ('ciencia, tratado'):

astrología	mitología	arqueología
mineralogía	cosmología	farmacología

• Las formas de los verbos acabados en **-ger**, **-gir**, **-igerar**:

converger	surgir	elegir
proteger	exigir	aligerar

Excepciones: *tejer, mejer, anejir, brujir, crujir, grujir, desquijerar* y sus derivados y compuestos (*destejer, entretejer, tejedora, tejido, recrujir, crujiente, crujido...*).

Obsérvese que los verbos terminados en **-ger** o **-gir** transforman la g en j delante de **a** y de **o**, sin que ello se considere irregularidad, sino mutación ortográfica. Así de *proteger*, tendremos *protejas, proteja...* y de *dirigir, dirijo, dirija...*

• Las palabras que tienen las siguientes terminaciones (con sus femeninos correspondientes):

-gélico:	angélico, evangélica
-genario:	sexagenario, octogenaria
-géneo:	homogéneo, heterogénea
-génico:	fotogénico, orogénica
-génito:	congénito, primogénita
-genio:	ingenio, primigenio
-geno:	andrógeno, hidrógeno
-gésico:	analgésico
-gesimal:	cuadragesimal, sexagesimal
-gésimo:	vigésimo, trigésima
-gético:	energético, apologética
-giénico:	higiénico, antihigiénica
-gia:	magia, aerofagia
-gía:	pedagogía, elegía
-ginal:	original, vaginal
-gíneo:	virgíneo, orígíneo
-ginoso:	oleaginoso, cartilaginosa
-gio:	regio, litigio
-gión:	legión, región
-gional:	regional
-ginario:	imaginario, originaria
-gionario:	legionario, correligionaria

-gioso:	contagioso, religiosa
-gírico:	panegírico, espagírico
-gismo:	silogismo, neologismo
-ígena:	indígena, alienígena
-ígeno:	oxígeno, antígeno
-ígero:	belígero, flamígera
-ógica:	lógica
-ógico:	oncológico, dermatológica

Excepciones: *lejía, canonjía, bujía, herejía, apoplejía,* **hemiplejía***, paraplejía, alfajía, alfarjía, almeja, atajía, extanjía, taujía, crujía, bajío, lejío, monjío, salvajismo, espejismo, parajismo, esparajismo, paradójico, lejísimos, ejión.*

TAMBIÉN SE UTILIZA G:
• Delante de m y n:

segmento	signo	maligno
fragmento	ignorar	impregnar
pigmentación	gnomo	enigma
diagnóstico	magnético	magnificencia
consigna	incógnito	pugna
estigma	ignominia	agnóstico

EJERCICIOS

7 ESCRIBA **G** O **J** DONDE CORRESPONDA:

1. Se produ...o una explosión de ...ran ma...nitud.
2. Aprobarás la asi...natura si estudias y no te resi...nas.
3. Tradu...o un fra...mento de este pane...írico.

27

4. Al lado de aquel ...i...antón parecía un ...nomo o un pi...meo.
5. El se...mento que, pasando por el centro, une dos puntos de la circunferencia se denomina diámetro.
6. Un insi...ne abo...ado introdu...o al vi...ía en el refu...io.
7. Es iló...ico; para mí resulta un eni...ma.
8. En un si...no lin...üístico se ha de considerar el si...nificado y el si...nificante.
9. El dia...nóstico del ciru...ano fue desesperanzador: sólo un mila...ro o la ma...ia podría salvarle.
10. El in...eniero ...efe elo...ió la ori...inalidad del ...ardín que rodeaba el cole...io.
11. El ma...istrado ...enovés fue muy indul...ente con los enér...icos ...estos que realizaba el acusado ar...elino.
12. En cada uno de los extremos del e...e terrestre hay un polo ma...nético.
13. En el ...eriátrico los vie...ecitos exi...ían un avance ur...ente de las investi...aciones dermatoló...icas, oncoló...icas y neurál...icas y una me...ora en la hi...iene ...eneral.
14. Al mar...en de su ima...en, el a...ente cuidaba de su inteli...encia pero, sobre todo, vi...ilaba si...ilosamente a su cónyu...e.
15. La le...ía blanqueará la mancha del te...ido de tu tra...e.
16. La le...ión avanzó sobre toda la re...ión realizando maniobras de camufla...e.
17. ¿Cuándo corre...iremos los e...ercicios de ...eolo...ía y mineralo...ía?
18. Aco...imos en el refu...io a un cachorro de león que había huido del zooló...ico.

8 CONJUGUE EL PRESENTE DE INDICATIVO Y EL PRETÉRITO PERFECTO SIMPLE DE LOS SIGUIENTES VERBOS, TAL Y COMO SE MUESTRA EN EL EJEMPLO:

elegir:	elijo, eliges, elige, elegimos, elegís, eligen; elegí, elegiste, eligió, elegimos, elegisteis, eligieron.
corregir:	....
regir:	....
surgir:	....
refrigerar:	....
tejer:	....
fingir:	....
afligir:	....
escoger	....
ingerir:	....
exigir:	....
transigir:	....
proteger:	....

VOCABULARIO

agilidad	gelatina	meningitis
apología	genealógico	nostalgia
argentino	generosidad	odontología
artilugio	genuino	prodigio
auge	germen	refrigerio
congelar	gigante	regimiento
dígito	ginebra	registro
enigma	girasol	sargento
estrategia	gragea	trágico
flagelar	legítimo	transigir
fugitivo	longevo	vagido
fungible	magistral	vorágine

USO DE *J*

S<small>E ESCRIBEN CON</small> J:
• Las palabras que contienen las secuencias **ja**, **jo**, **ju**:

caja	*joven*	*judía*
jarabe	*cojo*	*juez*
jabón	*jota*	*juguete*
congoja	*jorobado*	*jurídico*
dibujar	*rojo*	*conjunto*
paja	*jocoso*	*juglar*

• Los derivados y compuestos de palabras que llevan **j** ante **a**, **o**, **u**:

sonajero (sonaja)	*pajizo (paja)*	*rojizo (rojo)*
ojeroso (ojo)	*granjero (granja)*	*hojita (hoja)*
vejestorio (viejo)	*cejijunto (ceja)*	*cajero (caja)*

• Todas las formas de los verbos que llevan **j** en el infinitivo, especialmente los terminados en **-jar** y **-jear** (*trabajar, dejar, fijar, flojear, canjear, homenajear...*):

trabajas	*trabajaremos*	*trabaje*
dejas	*dejaremos*	*deje*
fijas	*fijaremos*	*fije*
flojeas	*flojearemos*	*flojee*
canjeas	*canjearemos*	*canjee*
homenajeas	*homenajearemos*	*homenajee*

• Las palabras terminadas en **-je**, **-aje**, **-eje**, **-uje**, **-jero**, **-jería**:

mejunje	*monje*	*conserje*
viaje	*paraje*	*paisaje*
equipaje	*vendaje*	*mensaje*
traje	*potaje*	*paje*

salvaje	*coraje*	*personaje*
garaje	*maquillaje*	*guaje*
fleje	*hereje*	*eje*
empuje	*buje*	*cauje*
abuje	*amuje*	*cuje*
relojero	*extranjero*	*agujero*
brujería	*granujería*	*granjería*

Excepciones: *alberge, litarge, verge, Jorge, esfinge, faringe, laringe, meninge, falange, ambages, auge, cónyuge, enálage* y las formas verbales cuyo infinitivo se escribe con **g** (*protege...*).

• Las formas de los verbos en que, por irregularidad, entran las secuencias **je**, **ji**, sin que en el infinitivo haya **g** ni **j** (*decir, bendecir, maldecir, predecir, contradecir, conducir, producir, aducir, deducir, reducir, reproducir, traducir, traer, atraer, contraer, distraer, extraer...*):

> DECIR
> *dije*   *dijera/-se*
> *dijiste*   *dijeras/-ses*
> *dijo*   *dijera/-se*
> *dijimos*   *dijéramos/-semos*
> *dijisteis*   *dijerais/-seis*
> *dijeron*   *dijeran/-sen*

> TRAER
> *traje*   *trajera/-se*
> *trajiste*   *trajeras/-ses*
> *trajo*   *trajera/-se*
> *trajimos*   *trajéramos/-semos*
> *trajisteis*   *trajerais/-seis*
> *trajeron*   *trajeran/-sen*

31

• Las palabras que empiezan por **eje-**:

ejemplo	*ejercicio*	*ejército*
ejecutar	*ejecutoria*	*ejercer*
ejecutivo	*ejecución*	*ejemplificante*

TAMBIÉN SE UTILIZA J:

• En posición final de escasas palabras:

boj	*reloj*	*carcaj*
herraj	*borraj*	

EJERCICIOS

9 ESCRIBA **G** O **J** DONDE CORRESPONDA:

1. ¿Le vas a añadir pere...il al pota...e?
2. ...amás he visto un desbara...uste seme...ante: ca...as rotas, el mena...e por el suelo, el pa...e de porcelana destrozado, el estropa...o encima del relo...
3. El ...ero...lífico que ha esco...ido aparece en la última pá...ina.
4. ¿Qué diferencia hay entre un carrua...e y una dili...encia?
5. ¡Su...eta el equipa...e! ¡El olea...e va a hacer peli...roso el vira...e!
6. Si te mo...as, no te que...es.
7. Cualquier mu...er que contra...era matrimonio sería cónyu...e de su esposo.
8. Le di...imos al ...efe que en aquel oscuro para...e asesinaron salva...emente al persona...e extran...ero que sustra...o la alha...a.
9. Maldi...o al cerra...ero cuando dedu...o que el ca...ero estaba compinchado con él.

10. El su...eto pre...untó al vie...o si aquél era su hi...o.
11. Ima...inó que un espe...o, una espon...a y un bote de
    ...el podría servirle de a...uar.
12. El a...ente se eno...ó cuando vio que la ...ente arro...aba
    despo...os y basuras por el a...u...ero de la re...a.
13. Se expresaba con un len...ua...e claro y conciso en el
    homena...e que dedicó a don ...enaro.
14. Estuvo a punto de aho...arse cuando un ...a...o de
    naran...a se le atravesó en la farin...e.
15. Condu...o con sueño y, en cuanto se distra...o, chocó
    con un árbol.
16. La e...ecutiva trataba de obtener venta...a del e...ercicio
    de su profesión.
17. Enco...ido, descifraba el mensa...e prote...ido con una
    contraseña.
18. A través de la bru...ería, quería cambiar el color del
    pluma...e del ...il...uero: de castaño a ro...izo.

10 Escriba la familia léxica de las siguientes palabras,
tal y como se muestra en el ejemplo:

cojo:	*cojera, cojear, cojitranco*
ojo:	....
flojo:	....
consejo:	....
naranjo:	....
granja:	....
reja:	....
faja:	....
rojo:	....
caja:	....
bruja:	....

VOCABULARIO

ajedrez	herejía	mojigato
ajenjo	hospedaje	mujer
bajel	jefe	oleaje
cajetilla	Jenaro	pejiguera
camuflaje	jerga	perejil
carruaje	jerigonza	plumaje
cojera	jeroglífico	porcentaje
cojín	jirafa	tijeras
embalaje	jubilación	trajín
engranaje	lenguaje	ultraje
gaje	mejillón	vejiga
gorjear	menaje	

USO DE *H*

SE ESCRIBEN CON H:

• Las palabras que empiezan por **hie-**, **hue-**, **hui-**:

hierba	*hueco*
hierro	*huerto*
hielo	*huérfano*
hiel	*huella*
hiena	*huelga*
hiedra	*huésped*
huevo	*hueste*
huello	*huida*
hueso	*huincha*

• Los compuestos y derivados de las palabras incluidas en la regla anterior:

hielo:	*helar, helero, hielera.*
hierba:	*herbáceo, herbaje, herbario, herbazal, herbicida, herbívoro, herbolario, herboristería, hierbabuena, hierbajo, herborizar, herboso.*
hierro:	*herrada, herradura, herraje, herramienta, herrar, herrería, herrerillo, herrero, herrete, herrumbre, hierra.*
hueco:	*ahuecar, ahuecamiento, huecograbado.*
huelga:	*huelguista, huelguístico.*
huerto:	*hortaliza, huerta, hortelano, horticultura, horticultor, hortícola.*
hueso:	*huesudo, huesecillo, deshuesar.*
huésped:	*hospedar, hospicio, hospital, hostal.*
hueste:	*hostil.*
huevo:	*hueva, huevería, huevero, huevón.*

Excepciones: *osario, óseo, osamenta, osificarse* (de *hueso*); *oval, ovario, óvulo, ovoide, ovíparo* (de *huevo*); *orfandad, orfanato* (de *huérfano*); *oquedad, oquedal* (de *hueco*).

• Las palabras que empiezan por los prefijos griegos:

hagio- *('santo'):*	*hagiografía, hagiográfico, hagiógrafo*
halo- *('sal'):*	*halógeno, halotecnia, haloideo*
haplo- *('simple'):*	*haplología, haploide*
hebdom- *('semana'):*	*hebdomadario, hebdómada*
hect(o)- *('cien'):*	*hectárea, hectómetro, hectolitro*
heli(o)- *('sol'):*	*heliotropo, heliocéntrico, heliografía*
hemer(o)- *('día'):*	*hemeroteca*
hemi- *('medio'):*	*hemisferio, hemiciclo, hemiplejía*

35

hemo(a)- *('sangre'):*   *hemorragia, hemofilia, hematoma*
hepat(o)- *('hígado'):*   *hepatitis, hepático, hepatocito*
hepta- *('siete'):*   *heptasílabo, heptaedro, heptágono*
heter(o)- *('distinto'):*   *heterosexual, heteronimia,*
                            heterodoxia
hex(a)- *('seis'):*   *hexágono, hexaedro, hexámetro*
hial(o)- *('cristal'):*   *hialino, hialoideo*
hidr(o)- *('agua'):*   *hidroavión, hidráulico,*
                            hidratación
hier(o)- *('sagrado'):*   *hierático, hieratismo*
hiper- *('superioridad'):* *hipermercado, hipérbole,*
                            hipertenso
hipn(o)- *('sueño'):*   *hipnosis, hipnotizador,*
                            hipnotismo
hipo- *('debajo de'):*   *hipodérmico, hipótesis,*
                            hipocentro
hipo- *('caballo'):*   *hipódromo, hipopótamo, hípica*
histo- *('tejido'):*   *histología, histólogo, histológico*
holo- *('todo'):*   *holografía, holocausto*
homo- *('igual'):*   *homosexual, homófono,*
                            homólogo
hoplo- *('arma'):*   *hoploteca, hoplita*
horo- *('hora'):*   *horóscopo*
hur- *('ladrón'):*   *hurto, hurtar*

• Las palabras que empiezan por **hum-**, **horm-**, **horr-** seguidas de vocal:

humor	*hormiga*	*horror*
humano	*hormona*	*hórreo*
humildad	*hormigón*	*horripilar*
humedad	*horma*	*horrísono*

• Todas las formas de los verbos **haber**, **hacer**, **hablar**, **hallar**, **habitar**, etc.:

he	*hago*	*hablaba*
has	*haces*	*hablado*
ha, hay	*hace*	*hallaréis*
hemos	*hacemos*	*hallen*
habéis	*hacéis*	*habitaron*
han	*hacen*	*habitado*

• Las palabras que terminan en **-huete**, **-hueta**, **-huela**:

cacahuete	*parihuela*	*vihuela*
alcahueta	*aldehuela*	*batehuela*

• Las formas verbales **he**, **has**, **ha**, **han** cuando van seguidas por **de** y un infinitivo, y cuando van seguidas de un participio (terminado en **-ado**, **-ido**, **-so**, **-to**, **-cho**):

he de salir	*has de observar*	*ha de tener*
han de comerciar	*has de memorizar*	*ha de escribir*
he acabado	*ha comido*	*has visto*
han dicho	*ha puesto*	*has preso*

• La expresión **he aquí.**

• Las interjecciones siguientes:

¡ah!	*¡eh!*	*¡oh!*
¡hala!	*¡bah!*	*¡hola!*
¡hurra!	*¡huy!*	*¡hale!*

• Los compuestos y derivados de palabras que lleven **h** en posición inicial o medial:

habladuría (hablar)	*deshonra (honra)*
hallazgo (hallar)	*inhábil (hábil)*
humareda (humo)	*deshora (hora)*
humanidad (humano)	*ahorcar (horca)*

EJERCICIOS

11 ESCRIBA **H** DONDE CORRESPONDA:

1. En cuanto me tumbo en la amaca me entra ambre.
2. Mi ermana a ido a la uerta de malumor.
3. Es del todo inábil para enebrar la aguja con el ilo.
4. Los ombres que se encogen de ombros se muestran indiferentes.
5. Asta que no estés en posición orizontal no te daré la almoada.
6. Onor, onra y acienda fueron siempre muy importantes.
7. El taúr ospedado en el otel «Jeová» dejó sus uellas por todas las abitaciones.
8. Fue inumano y orripilante encontrar ormigas asta en la toalla.
9. ¡Enorabuena! Con tus aorros y las alajas que eredaste ya puedes comprar todo lo que anelas.
10. Me dijo con veemencia que el eno estaba en la era.
11. El veículo del omicida alcoólico circulaba cargado de igos. Quizá lo aorquen.
12. Ernando e Ilario encontraron ocultos en el ueco de la montaña varios uesos, algunas erraduras y unas pocas abas podridas que olían fatal.
13. Les proibieron a sus ijos encender ogueras para auyentar a los alcones y a los búos.
14. E soñado que oy tendría un día orrible: primero, me querían aogar; después, me urtaban el dinero; y, por último, trataban de ipnotizarme.
15. Los antiguos echiceros intentaban curar provocando emorragias.
16. Después de ervirlo durante una ora, ay que envasarlo erméticamente.

17. E aquí a los umoristas más famosos que van a actuar para los niños de nuestro ospicio y para otros niños uérfanos.
18. ¿Quién te a dico que es ovalado el ocico de la iena?
19. En la mayoría de ogares no se cría moo ni ongos; sin embargo, sí encontrarás ierbabuena, albaaca e inojo.
20. ¡Ola! ¡Uy, cómo as crecido! Asta aora no te abía reconocido.
21. Estos zapatos me acen daño. E de llevarlos a la orma del zapatero.
22. La idrofobia es el orror al agua.
23. La erida se te está inchando. Espero que el ueso no esté afectado.
24. Las erramientas que necesitamos las ará un ábil errero que vive cerca de la deesa.
25. Ércules y Umberto tienen erpes en la piel de los ombros.
26. Estuvo tanto tiempo expuesto al sol observando los movimientos del idroavión que se a desidratado.
27. Los pantanos y las presas son obras idráulicas.
28. A causa del ielo, las pruebas de ípica se realizarán en otro ipódromo.
29. Se a artado de tu ipocresía, por eso no te abla.
30. Los umildes abitantes iban a la ermita a oír la omilía y el imno.

12 ESCRIBA LA FAMILIA LÉXICA DE LAS SIGUIENTES PALABRAS, TAL Y COMO SE MUESTRA EN EL EJEMPLO:

humo: *humear, ahumar, inhumar, humareda*
húmedo: ....
habitar: ....

ORTOGRAFÍA DE LAS LETRAS DUDOSAS

hijo:	....
hollín:	....
hoja:	....
harina:	....
herir:	....
hebra:	....
humano:	....

VOCABULARIO

Abraham	hélice	horno
ahínco	hernia	hortera
ahora	héroe	hostia
ahorrar	herpes	hoz
alcohol	hervir	hucha
alhaja	hiato	huele
almohada	higo	huida
búho	himno	hulla
coherente	hincar	humor
cohete	hinojo	huracán
hábito	hipocresía	Jehová
hacha	hispano	moho
halcón	hocico	rehogar
halo	hoguera	retahíla
hallazgo	hojalata	sabihondo
harapo	holgar	tahúr
harina	homenaje	trashumante
hartar	honesto	truhán
helecho	hongo	zanahoria

PALABRAS DE ORTOGRAFÍA DUDOSA CON Y SIN *H* (HOMÓFONOS)

¡ah! interjección	a preposición
ahijada femenino de *ahijado*	aijada vara larga
alharma cierta planta	alarma aviso
alheñar teñir con alheña	aleñar hacer leña
alhoja alondra	aloja de *alojar*
aprehender prender	aprender instruirse
aprehensión de *aprehender*	aprensión escrúpulo
aprehensivo capaz de aprehender	aprensivo escrupuloso
azahar flor de naranjo	azar casualidad
cohorte conjunto	corte séquito; inciso
deshojar quitar las hojas	desojar cegar un aparato
dúho asiento indio	dúo grupo musical de dos
ha de *haber*	a preposición
haba planta herbácea	aba medida de longitud
habada caballería con tumor	abada rinoceronte
habano de La Habana; puro	abano abanico
habido de *haber*	ávido ansioso
habitar vivir	abitar asegurar postes
hablando de *hablar*	ablando de *ablandar*
habría de *haber*	abría de *abrir*
hacedera femenino de *hacedero*	acedera cierta planta
hachote vela corta y gruesa	achote cierto árbol
¡hala! interjección	ala extremidad del ave
halagar adular	alagar llenar de lagos
halar tirar hacia sí	alar alero del tejado
haldea de *haldear*	aldea pueblo
halón meteoro luminoso	alón ala desplumada
haloque embarcación pequeña	aloque de color rojo claro
hamo anzuelo de pescar	amo dueño
hampón bribón	ampón amplio
hanega fanega	anega de *anegar*

41

hará de *hacer*	ara altar
haré de *hacer*	aré de *arar*
harma cierta planta	arma utensilio para luchar
harón holgazán	arón cierta planta
harte de *hartar*	arte maña, astucia
harto sobrado	arto cierto arbusto
has de *haber*	as nombre de naipe
hasta preposición	asta cuerno; palo
hatajo ganado pequeño	atajo camino corto
hato ropa de uso ordinario	ato de *atar*
hay de *haber*	ahí adverbio de lugar
haya cierto árbol; *de haber*	aya educadora de niños
hayo coca del Perú	ayo educador de niños
he de *haber*	e conjunción copulativa
hecho de *hacer*	echo de *echar*
Hera diosa	era período
herrar poner herraduras	errar no acertar; vagar
hético muy flaco, tísico	ético moral
hice de *hacer*	ice de *izar*
hinca de hincar	inca pueblo amerindio
hojear pasar hojas de un libro	ojear mirar detenidamente
hojoso de muchas hojas	ojoso de muchos ojos
¡hola! interjección de saludo	ola onda del mar
hollar pisar; despreciar	ollar orificio nasal equino
hombría calidad de hombre	ombría parte sombría
honda (para arrojar piedras)	onda ondulación
hondear utilizar la sonda	ondear hacer ondas
hora medida de tiempo	ora de *orar*; conjunción
horca instrumento de ejecución	orca cierto cetáceo
hornada lo que se cuece en el horno	ornada adornada
hosco intratable	osco de Osco-Umbría
hostia pan de misa	ostia ostra
hostiario caja de hostias	ostiario clérigo
hoto confianza, esperanza	oto especie de lechuza

huno pueblo bárbaro
husillo tornillo de la prensa
huso instrumento para hilar
¡oh! interjección
rehusar no aceptar, rechazar
zahína cierta planta

uno unidad; de *unir*
usillo achicoria silvestre
uso utilización; de *usar*
o conjunción
reusar volver a usar
zaina traidora, falsa

EJERCICIOS

13 ESCRIBA **H** DONDE CORRESPONDA:

1. Mañana iremos a ver las listas.
2. Al ojear la habitación descubrió a la vieja aya durmiendo en la mecedora.
3. Llevo más de una ora esperándote, ora en la esquina, ora en la puerta, ora en medio de la acera.
4. Ay libros a los que basta ojear unos cuantos capítulos para ver su calidad.
5. Se ha roto el asta de la bandera.
6. Llegarás asta el puente en un momento y no creo que aya ninguna dificultad.
7. Este tintero está hecho de asta de toro.
8. Abría que reusar esa invitación.
9. Los policías apreendieron al ladrón de alhajas en la alambra.
10. Aré toda la tierra asta ese árbol.
11. Los ángeles han sido dibujados como seres alados.
12. Ablando de fútbol, ¿cómo va tu equipo?
13. Aprendieron mucho en sus clases de matemáticas.
14. Aré que venga inmediatamente.
15. Tiene mucho arte para pescar.
16. As de buscar el as de copas porque la baraja no está completa.

43

17. Descubrió por azar un campo de naranjos llenos de azaar.
18. Aí ay un niño que dice: «¡ay!»
19. Comí fresas hasta que me arté.
20. Ávido de frescor, buscó el abano de la abuela.
21. No quiso errar al dejar que un amigo errara su caballo.
22. Dijo que no le encontraba ningún uso al uso.
23. En el zoo observamos el comportamiento de la orca.
24. No sé manejar la onda.
25. ¡Ola! ¿Vamos a bañarnos? Apenas hay olas...
26. ¿Echo el agua a esta vasija? Luego no quiero que digas que no e echo nada.
27. Nos contaron que había muerto aorcado.
28. Es un chico despierto e inteligente.
29. ¡Ala! Abrías de tener más cuidado.
30. Le he comprado un par de abanos a mi abuelo.
31. ¡A ver si eres menos osco cuando nos visiten mis amigos!

USO DE *C* Y DE DOBLE *C*

• Las palabras terminadas en **-ción** se escriben con **cc** si otras palabras de la misma familia llevan el grupo **ct**:

sección (sector)	*dirección (directivo)*
acción (activo)	*conducción (conductor)*
perfección (perfecto)	*satisfacción (satisfactorio)*
colección (colectivo)	*reacción (reactivo)*
traducción (traductor)	*infección (infectar)*
calefacción (calefactor)	*tracción (tractor)*
lección (lector)	*elección (elector)*
inyección (inyectable)	*inspección (inspector)*
ficción (ficticio)	*construcción (constructor)*
seducción (seductor)	*producción (productivo)*

• En caso contrario, se escribirán con **c**:

relación (relato)	*traición (traidor)*
circulación (circulatorio)	*audición (auditorio)*
maldición (maldito)	*atención (atento)*
recepción (receptivo)	*excepción (excepto)*
conjunción (conjuntivo)	*promoción (promotora)*
sustitución (sustituto)	*inscripción (inscrito)*
evolución (evolutivo)	*institución (instituto)*
aserción (asertivo)	*deserción (desertor)*
corrupción (corrupto)	*adopción (adoptar)*

EJERCICIOS

14 ESCRIBA **C** O **CC** DONDE CORRESPONDA:

1. No superó la prueba de sele...ión de personal.
2. La revolu...ión se produjo cuando la crisis se agudizó.
3. ¿Has hecho ya tu tradu...ión del texto latino?
4. Cada día se realizan innova...iones tecnológicas.
5. Ante ese imprevisto, tuvo una mala rea...ión. ¡Vaya solu...ión!
6. La corrup...ión está a la orden del día. No se libra ni la oposi...ión.
7. Me disgustó su a...ión; apenas tiene educa...ión.
8. Las esponjas se caracterizan por su absor...ión.
9. Espera a que acabe. Ya sabes que no es amigo de inte-rrup...iones.
10. El escape de agua se debe a una obstru...ión en la tubería.
11. ¿Cuánto tiempo de co...ión precisa esta pasta?
12. He cobrado muy poco, ya que me han descontado to-das las dedu...iones. ¡Me quedé sin vaca...iones!

13. Los soldados están realizando la instru...ión.
14. Guadalupe y cuatro amigos han salido de expedi...ión.
15. Su trabajo requiere mayor dedica...ión.
16. La constru...ión del nuevo museo se retrasará un par de meses.
17. La última película que dirigió fue una superprodu...ión.
18. La formaliza...ión de la autoriza...ión aún está pendiente.
19. La hospitaliza...ión de su madre es inminente.
20. Su conducta ha sido objeto de penaliza...ión o de san...ión.
21. La preserva...ión del medio ambiente resulta imprescindible.
22. La predi...ión se cumplió: la defun...ión se produjo a los dos meses.
23. Mis suposi...iones eran que la ambi...ión le costó la vida.
24. ¿En qué posi...ión te encuentras? ¡Es imposible tu localiza...ión!
25. La desnutri...ión afecta a un gran número de niños.
26. La adquisi...ión de su nueva cole...ión le costó una fortuna.
27. La boda se llevó a cabo sin la bendi...ión de la madre.
28. La edi...ión del texto se ha hecho en muy malas condi...iones.
29. La tradi...ión se interpuso en su futuro.
30. El asunto exige discre...ión y la máxima aten...ión.

15 ESCRIBA EL SUSTANTIVO ACABADO EN **-CION** CORRESPONDIENTE A LOS SIGUIENTES VERBOS, TAL Y COMO SE MUESTRA EN EL EJEMPLO:

utilizar: *utilización*
actualizar: ....
capitalizar: ....

civilizar:	....
restringir:	....
urbanizar:	....
organizar:	....
humanizar:	....
contradecir:	....
agudizar:	....
atraer:	....
comercializar:	....
infectar:	....
proteger:	....
evangelizar:	....
conservar:	....
proyectar:	....
reducir:	....
reproducir:	....
formalizar:	....

VOCABULARIO

acomodación	coproducción	edificación
aprobación	corrección	embarcación
atracción	creación	equivocación
beatificación	destrucción	explicación
calificación	dicción	fabricación
clasificación	dirección	falsificación
complicación	dislocación	fecundación
comunicación	distracción	fracción
consolidación	diversificación	grabación
convicción	domesticación	gratificación

identificación	multiplicación	recolección
incubación	negación	rectificación
indicación	notificación	reivindicación
infección	ofuscación	restricción
infracción	personificación	seducción
inspección	perturbación	selección
intersección	predicación	sofisticación
intoxicación	predilección	sofocación
inundación	protección	tipificación
jurisdicción	provocación	ubicación
modificación	putrefacción	unificación

USO DE Z

SE ESCRIBE Z:
• Delante de a, o, u:

zapato	zócalo	zumo
ceniza	pozo	azúcar
empezar	cazo	cazuela
caza	batacazo	zurdo
Zacarías	regazo	zurrar
esperanza	lazo	zurrón
venganza	capazo	zueco
adivinanza	brazo	zumbar
pinza	trazo	zoquetazo

• Delante de e, i en muy pocas palabras –muchas de ellas son nombres propios y/o procedentes de otras lenguas–:

enzima	nazi	zigzag
zéjel	nazismo	zigzaguear
zoantropía	zeugma	zinguizarra

elzeviriano	*Herzegovina*	*Zeneida*
Ezequiel	*Zenón*	*Zea*
Zempoala	*Zipacón*	*Zelaya*
Zentla	*Zimapán*	*Zerpa*

• Se pueden escribir indistintamente con **c** o **z** delante de **e**, **i** –aunque la normativa prefiere la forma que aparece en primer lugar–:

cedilla/zedilla	*cenit/zenit*	*cinc/zinc*
ázimo/ácimo	*acimut/azimut*	*zeta/ceta*
neozelandés/neocelandés	*cebra/zebra*	*zigoto/cigoto*

• Antes de **c** en algunas formas verbales (1ª persona del singular del presente de indicativo y todo el presente de subjuntivo) cuyo infinitivo termina en -**acer**, -**ecer**, -**ocer**, -**ucir** (*nacer, pacer, yacer, crecer, aborrecer, cocer, escocer, conocer, traducir, deducir, reducir, seducir, inducir, conducir, producir, reproducir, introducir, lucir...*):

NACER	CRECER	LUCIR
nazco	*crezco*	*luzco*
nazca	*crezca*	*luzca*
nazcas	*crezcas*	*luzcas*
nazca	*crezca*	*luzca*
nazcamos	*crezcamos*	*luzcamos*
nazcáis	*crezcáis*	*luzcáis*
nazcan	*crezcan*	*luzcan*

• Delante de consonante –en escasas palabras– y, especialmente, las palabras que terminan en -**azgo**:

azteca	*pazguato*	*izquierda*
mecenazgo	*patronazgo*	*liderazgo*
mayorazgo	*maestrazgo*	*almirantazgo*
montazgo	*portazgo*	*hallazgo*
pontazgo	*noviazgo*	*priorazgo*

49

• A final de palabra:

antifaz	sagaz	capataz
audaz	disfraz	eficaz
vejez	validez	jerez
alférez	ajedrez	pez
tapiz	motriz	nariz
actriz	raíz	codorniz
coz	atroz	arroz
feroz	veloz	voz
cruz	avestruz	altramuz
trasluz	arcabuz	tragaluz
haz	perdiz	emperatriz

• En las palabras que terminan en -z, los derivados y plurales se escriben con c ante e, i:

capacidad (capaz)	sagaces (sagaz)
envejecer (vejez)	peces (pez)
raicilla (raíz)	naricilla (nariz)
velocidad (veloz)	arroces (arroz)
lucecilla (luz)	avestruces (avestruz)
capataces (capataz)	eficaces (eficaz)
actrices (actriz)	atrocidad (atroz)
crucificar (cruz)	veces (vez)

EJERCICIOS

16 ESCRIBA **C** O **Z** DONDE CORRESPONDA:

1. Es preferible la pa... a la guerra.
2. Se ...ambulló en el agua rápidamente.
3. La codorni... es más pequeña que la perdi....

4. Al ser ...urdo, la ceni...a cayó fuera del ceni...ero.
5. Desde la a...otea puedo ver la lu... en el hori...onte.
6. Tenía la certe...a que la corte...a estaba a punto de ...eder.
7. El ...inc es un metal de intenso brillo.
8. Cose en forma de ...ig...ag esta costura.
9. Cuando el ...orro se acercó a la ...ar...aparrilla, le dimos ca...a.
10. En el parque ...oológico se encuentran reunidas numerosas especies animales.
11. Fue un jue... feli... hasta la muerte.
12. Hablamos de ...enit para designar el punto culminante o apogeo de algo.
13. La don...ella tor...ió la ramita de ...ar...amora que tenía entre los dedos.
14. El fondo del po...o estaba lleno de raí...es.
15. El comer...iante fue herido en el bra...o.
16. El plural de *emperatri...* es *emperatri...es.*
17. En Vene...uela hay excelentes pla...as y pla...uelas.
18. Se armó un ...ipi...ape al final de la fiesta.
19. Al intentar asir la ho... el burro le dio una co....
20. El halla...go de ...iertos restos humanos en estas cuevas fue toda una ha...aña.

17 AÑADA A LAS SIGUIENTES PALABRAS, SIEMPRE QUE SEA POSIBLE, LAS TERMINACIONES **-AZO, -AZA, -ZUELO, -ZUELA, -UZA, -CITO, -CITA, -CILLO, -CILLA, -ECILLO, -ECILLA:**

gente:	*gentuza, gentecilla*
puerta:	
cazo:	
bigote:	

51

perro: ....
pez: ....
bosque: ....
ave: ....
rincón: ....
plaza: ....
cabeza: ....

VOCABULARIO

amazona	zafiro	zarpa
azote	zaga	zarpar
azteca	zaguán	zarrapastroso
bizcocho	zahína	zarzal
buzo	zalamería	zarzamora
buzón	zalear	zarzaparrilla
cabizbajo	zamarra	zarzo
caracterizar	zambomba	zascandil
cicatrizar	zampar	zona
corazón	zanahoria	zoofilia
cruzar	zancada	zoquete
hallazgo	zanco	zorro
mayorazgo	zángano	zotal
patizambo	zanja	zozobra
portazgo	zapatazo	zulú
postizo	zar	zumbido
trazar	zarandaja	zurriagazo
zafarrancho	zarandear	zurrón
zafio	zarigüeya	zurullo

USO DE *S*

Atención

No es frecuente que la *s* produzca dudas en cuanto a su utilización en español, al no existir para ella más que una pronunciación. Sin embargo, debido a que *x* –sobre todo, si está situada en el interior de palabra– puede pronunciarse como *s*, se puede originar la confusión entre *s* y *x*.

Se escribe *S*:
• A principio de palabra, cuando el grupo es- va seguido de b, f, g, l, m, q:

esbelto	*esbozo*	*esbirro*
esforzar	*esfinge*	*esfera*
esgarrar	*esgrimir*	*esgrima*
eslabón	*eslavo*	*eslogan*
esmalte	*esmero*	*esmeralda*
esquivar	*esquí*	*esqueleto*

Excepciones: *exfoliar, exquisito.*

EJERCICIOS

18 Escriba **s** o **x** donde corresponda:

1. Trató de enseñarme a e...quiar con e...mero.
2. El perro rompió el último e...labón de la cadena.
3. Tenemos la e...peranza de que los e...peleólogos encuentren los e...queletos sepultados.

4. Había e...condido la e...meralda en el interior de una e...ponja.
5. Nos e...forzamos en crear un e...logan original.
6. Tras la e...quina se había camuflado uno de sus e...birros.
7. Haciendo señales con un e...pejo, pudimos pedir au...ilio.
8. El maestro de e...grima es e...tranjero.
9. Nos recibió un es...elto joven desde el e...tremo opuesto de la sala.
10. Trabaja en la industria te...til con e...quisita elegancia.
11. Intenté e...calar la montaña, pero la e...carcha y el suelo e...carpado me lo imposibilitaron.
12. Le encantan las sardinas en e...cabeche.
13. E...capó del e...cándalo por la e...casez de pruebas.
14. En el e...treno, el actor e...cocés luchó con una e...coba en el e...cenario.
15. El e...collo resultó ser un montón de e...combros.
16. La e...colta se deshizo del e...corpión disparándole con sus e...copetas.
17. El e...cribano dibujó una e...fera e...crupulosamente.
18. Su e...posa dejó de e...polear al caballo cuando vio que echaba e...puma por la boca.
19. Desde una e...trecha ventana e...crutaba el cielo en busca de e...trellas.
20. La e...terilla está en el e...tante de la izquierda.
21. E...tudió con e...tupor el mecanismo de la e...tufa.
22. El e...pantapájaros había sido destrozado por la plaga de e...carabajos.
23. Le clavó la e...pada por la e...palda, atravesándole el e...ófago.
24. El e...cultor hacía que e...culpía mientras estaba a la e...cucha.

19 ESCRIBA LA FAMILIA LÉXICA DE LAS SIGUIENTES PALABRAS,
TAL Y COMO SE MUESTRA EN EL EJEMPLO:

espectáculo:	*espectacular, espectacularidad, espectador*
especular:	....
especie:	....
escudo:	....
escoba:	....
esponja:	....
estabilidad:	....
establecer:	....
estómago:	....
esquema:	....

VOCABULARIO

escafandra	esquema	estiércol
escama	esquilar	estímulo
escamotear	esquina	estipular
escaño	establo	estola
escarmentar	estaca	estómago
escote	estampa	estoque
escozor	estancar	estorbo
escuálido	estanco	estribillo
esfínter	estándar	estricto
espasmo	estante	estridente
especificar	estaño	estropajo
espiga	estela	estructura
espiral	estéril	estrujar
espontáneo	esternón	estuche

USO DE *X*

SE ESCRIBE X:
• A principio de palabra, cuando el grupo **ex-** va seguido de **vocal** o **h**:

exagerar	*exacto*	*exhumar*
examen	*exasperación*	*exhaustivo*
exento	*exequias*	*exhortar*
exigir	*exilio*	*exhibir*
exorcismo	*exótico*	*exhalar*
exudar	*exultar*	*exhausto*

Excepciones: esencia, esencial, esófago, ésula, esotérico, esecilla, eseíble, esenio, esópico, ese, esa, eso, esos, esas.

• A principio de palabra, cuando el grupo **ex-** va delante de **-pl-**:

explotar	*explícito*	*explicar*
explorar	*explanada*	*explayar*
explosión	*explotación*	*explosivo*

Excepciones: esplendidez, espléndido, esplendor, esplendoroso, espliego, esplénico, esplenio, esplinitis.

• A principio de palabra, cuando el grupo **ex-** va delante de **-pr-**:

expresar	*exprimir*	*expreso*

• En las palabras que llevan los prefijos latinos **ex-** ('fuera de') y **extra-** ('fuera de' o 'sumamente'):

excarcelar	*extraterrestre*
exportar	*extralimitarse*
exponer	*extraordinario*

extractar	extraplano
exánime	extravagante
excavar	extraviar
exceder	extrajudicial
excéntrico	extranjero
excepción	extraño
excitar	extraer
excusar	extramuros

Atención

No se confundan estas palabras con otras que no están compuestas por ex- ni por extra-: *estallar, estirpe, estrategia, estratagema, estrafalario, estragado, estrabismo, estrangular, estrave, estrambótico, estrambote, estrato, estraza, estratosfera...*

• En las palabras que llevan la partícula **ex** ('antiguo'):

ex monárquico	*ex presidente*	*ex ministro*
ex mandatario	*ex comisario*	*ex alumno*

Obsérvese que, en la escritura, **ex** no se une a la palabra siguiente *(ex alumno)*, aunque, dependiendo del estilo del que escribe, puede intercalarse un guión *(ex-alumno)* o, incluso, unir las dos partes *(exalumno)*. Parece ser que la normativa se inclina por la opción de la escritura separada.

La partícula **ex** forma parte de diversas locuciones latinas, usadas en español:

ex abrupto	*ex profeso*	*ex cáthedra*
ex aequo	*ex libris*	*ex testamento*

57

EJERCICIOS

20 ESCRIBA **S** O **X** DONDE CORRESPONDA:

1. En la e...presión de su cara se notaba su e...asperación.
2. ¡Qué e...traño! Han robado el ...ilófono y el sa...ófono.
3. Creo que se e...cedió con una comida tan e...quisita y e...clusiva.
4. Han e...traviado una botella de o...ígeno.
5. Ha e...puesto y e...plicado muy bien el tema que nos ocupa.
6. En las agencias de viajes la publicidad se basa en el e...otismo y la e...uberancia de los países e...tranjeros.
7. Éste es un e...tado de gran e...plendor.
8. Es e...traordinario que la e...plosión se escuchara desde e...tramuros.
9. Su hijo tenía una comple...ión e...travagante y una altura e...cesiva.
10. El e...tracto e...cluía la mayor parte de los detalles.
11. El ta...ista e...ageró su maestría al volante.
12. E...prime el limón y e...trae más zumo.
13. La e...cusa fue una e...tratagema para ahorrarse el dinero.
14. El ave féni... renace de sus propias cenizas.
15. Se e...ploran numerosas e...planadas en busca de agua.
16. El pró...imo te...to trata de la asfi...ia.
17. El clíma... es la culminación o el punto más alto de un proceso, por tanto, no es e...clusivo del acto se...ual.
18. En la e...cursión estuvimos a punto de into...icarnos con un falso eli...ir. En nuestro au...ilio acudió un e...combatiente anciano.
19. En el e...trado actuó un e...celso intérprete.
20. Los e...pectadores reaccionaron de forma e...pontánea.
21. No aprobó el e...amen de sinta...is e...tructural.
22. E...pectante, e...cudriñó el horizonte.

USO DE X

21 ESCRIBA LA FAMILIA LÉXICA DE LAS SIGUIENTES PALABRAS, TAL Y COMO SE MUESTRA EN EL EJEMPLO:

óxido:	*oxidar, oxidación, oxidante, oxidable*
auxilio:	....
experimento:	....
texto:	....
excluir:	....
exilio:	....
tóxico:	....

VOCABULARIO

asfixia
auxiliar
axioma
elixir
exacerbar
exagerar
exaltar
exangüe
exantema
excelencia
excelso
exceso
excipiente
exclamación
exclaustrar
exclusivo
excluyente
excombatiente
excomulgar
excremento
excursión
excusa
exención
exfoliar
exhibicionista
exigencia
exiguo
exilio
eximir
existencia
éxito
éxodo
exorbitante
expansiva
expedir
experiencia
expulsar
exquisito
extender
exterior
flexible
oxígeno
próximo
relax
saxófono
sexo
sexto
taxi
textil
texto
xilófono

59

PALABRAS DE ORTOGRAFÍA DUDOSA CON *C*, *S*, *X* Y *Z* (HOMÓFONOS)

PALABRAS DE ORTOGRAFÍA DUDOSA CON S Y X (HOMÓFONOS)

contesto de *contestar*

esotérico oculto

espía el que hace espionaje

espiar observar disimuladamente

espirar expulsar el aire al respirar

estático inmóvil

estirpe linaje, casta

lasitud cansancio

laso cansado

seso cerebro

testo de *testar*

contexto entorno

exotérico común

expía de *expiar*

expirar morir

expirar morir

extático en éxtasis

extirpe de *extirpar*

laxitud relajamiento

laxo relajado

sexo (macho o hembra)

texto obra

Atención

Un fenómeno muy extendido en el dominio lingüístico español es el llamado seseo, consistente en la pronunciación de z o c como s. Por tanto, za, zo, zu, ce, ci sonarán como sa, so, su, se, si, respectivamente: «*sapato*» por *zapato*, «*sepo*» por *cepo*, «*sielo*» por *cielo*, «*corasón*» por *corazón*, «*asúcar*» por *azúcar*.

Por esta razón, los hispanohablantes pueden tener dudas ortográficas cuando escriben palabras que se distinguen únicamente por las letras c y s, z y s.

PALABRAS DE ORTOGRAFÍA DUDOSA CON C Y S
(HOMÓFONOS)

acecinar curar la carne
acechanza acecho, espionaje
acechar observar secretamente
bracero jornalero, peón
cebo señuelo
cegar dejar ciego, tapar
cenador espacio cercado
  del jardín
censual del censo
cepa tronco de la vid
cerrar asegurar con cerradura
cesión renuncia, traspaso
cidra fruto del cidro
cien número
ciervo animal rumiante
cilicio prenda para penitentes
cima cumbre de una montaña
cocer hervir
concejo ayuntamiento
fucilar producirse fucilazos
incipiente que empieza
intención voluntad
vocear dar voces

asesinar matar
asechanza engaño, treta
asechar engañar
brasero (para calentarse)
sebo grasa animal
segar cortar con la hoz
senador del senado

sensual de los sentidos
sepa de *saber*
serrar cortar con sierra
sesión reunión, junta
sidra bebida
sien parte de la cabeza
siervo servidor, esclavo
silicio metaloide
sima foso
coser unir con hilo
consejo recomendación
fusilar matar con fusil
insipiente falto de saber
intensión energía
vosear usar *vos* por *tú*

PALABRAS DE ORTOGRAFÍA DUDOSA CON Z Y S
(HOMÓFONOS)

abrazar dar un abrazo
alizar azulejo; cenefa
azada herramienta agrícola

abrasar quemar
alisar poner liso algo
asada de *asar*

azar casualidad
azolar desbastar con azuela
baza (del juego de naipes)
bazar tienda
braza estilo de natación
caza matanza de animales
cazar matar animales
cazo recipiente metálico
corzo animal rumiante
encauzar dirigir por el cauce
lazo nudo de cintas
liza lid
loza porcelana; vajilla
maza herramienta
mazonería fábrica de cal y canto
pazo casa
pozo hoyo en la tierra con agua
rebozar bañar en huevo o harina
remezón terremoto ligero
taza recipiente para líquidos
zeta letra z
zueco cierto calzado
zumo jugo de la fruta

asar tostar
asolar arrasar, destruir
basa base, apoyo
basar asentar sobre base
brasa carbón encendido
casa vivienda, domicilio
casar desposar; encajar
caso suceso
corso de Córcega
encausar llevar a juicio
laso cansado, flojo
lisa plana; cierto pez
losa piedra
masa mezcla; conjunto
masonería grupo secreto
paso andadura
poso sedimento
rebosar derramarse
remesón pelo arrancado
tasa valoración
seta cierta clase de hongo
sueco de Suecia
sumo supremo

EJERCICIOS

22 ESCRIBA **C**, **S**, **X** O **Z** DONDE CORRESPONDA:

1. Quiso abra...ar al ...enador como si fueran íntimos amigos.
2. El e...pía demostró tener poco se...o.
3. Le gusta la ca...a de ...iervos.

4. Cerca de la lo...a que tapa el viejo po...o, podrás ver algunas ...etas.
5. El ...iervo ahorcado pudo e...pirar a las dos: ahora está e...tático.
6. Si golpeas la fruta con la ma...a se derramará todo el ...umo.
7. Intentó a...ar la carne con una bra...a.
8. Nos encontramos por a...ar en el ba...ar.
9. Todo lo e...otérico está muy de moda.
10. ¡Qué extraño! Quiso rebo...ar los filetes después de co...erlos.
11. El ...ueco quiso comprarse unos ...uecos.
12. La luz del sol ...egó al bra...ero mientras sembraba.
13. Está a punto de rebo...ar el agua del vaso.
14. Su madre le enseñó a co...er y a bordar.
15. Ingresó en la clínica para que el doctor Ayala le e...tirpe el tumor.
16. Los po...os habían formado una ma...a en el fondo del ca...o.
17. La ...esión del con...ejo fue un desastre: tuvo que entrar el comisario para rogarles que se abstuvieran de vo...ear.
18. Quiso servir de ...ebo para el e...pía que querían a...e...inar.
19. Si me esperas en el ...enador del jardín, te daré un con...ejo.
20. ...ierra el trozo de puerta que sobresale y, así, la podrás ...errar.
21. Antes de a...e...inar la carne, quítale el ...ebo.
22. Tiró a la ...ima toda la lo...a de la ca...a.
23. Voy a encender el bra...ero: después de ...egar, me he quedado frío.
24. ¿En qué conte...tos aparece la ...eta?

USO DE *D*, *T* Y *Z* A FINAL DE PALABRA

Atención

Algunas pronunciaciones hacen que las letras **d** y **z**, a final de palabra, se confundan: *«parez»* por pared, *«maldaz»* por maldad.

SE ESCRIBEN CON -D:
• Las palabras que hacen el plural en -des:

huésped (huéspedes)   virtud (virtudes)   vid (vides)
altitud (altitudes)   laúd (laúdes)   red (redes)
usted (ustedes)   novedad (novedades) alud (aludes)
ataúd (ataúdes)   verdad (verdades)   azud (azudes)

• La segunda persona del plural del imperativo de todos los verbos:

cargad	barred	salid
jugad	venced	repetid
trabajad	corred	dirigid
ganad	bebed	venid
disfrutad	comed	recibid

SE ESCRIBEN CON -Z:
• Las palabras que hacen el plural en -ces:

avestruz (avestruces)   capaz (capaces)   juez (jueces)
cruz (cruces)   nariz (narices)   voz (voces)
desliz (deslices)   nuez (nueces)   luz (luces)
lápiz (lápices)   tapiz (tapices)   haz (haces)

SE ESCRIBEN CON -T:
• Algunas palabras cultas o de procedencia extranjera:

superávit	*robot*
hábitat	*boicot*
cenit	*debut*
déficit	*fagot*
recésit	*complot*
éxplicit	*argot*

EJERCICIOS

23 ESCRIBA **D**, **T** O **Z** DONDE CORRESPONDA:

1. El saga... periodista escribió sobre robo...s.
2. En toda la pare... hay colgada una sola cru....
3. El barni... a la lu... brilla con cierta intensidad.
4. La latitu... y la longitu... nos proporcionan las coordenadas necesarias para localizar un punto de la superficie terrestre.
5. Liberta..., fraternida... e igualda... fueron los valores ideológicos que triunfaron con la Revolución francesa.
6. Por argo... se entiende el lenguaje especial entre personas de un mismo oficio o actividA....
7. Mientras sirven el vermu... les hablaré del complo....
8. ¿Vas a pescar con re... o con caña?
9. ¡Sali... rápido! ¡Hay una amenaza de bomba!
10. Su nari... aguileña le afea la cara.
11. Tene... cuidado con lo que habláis delante del aba....
12. La redonde... de este utensilio me hace pensar en una pelota.
13. Mira... las consecuencias del alu....
14. El fago... y el laú... son dos instrumentos musicales.
15. La objetivida... y la subjetivida... son las dos caras de la misma moneda.
16. Sepa uste... que no podemos transigir en ese asunto.

17. El mamu... vivió en las regiones de clima frío durante la época cuaternaria.
18. ¡Lucha... y vence... al enemigo!
19. Nos mostraron imágenes de gran emotivida....
20. El capata... ha de ser efica... y tena....
21. La desnude... de su cuerpo provocó un escándalo en la sala.
22. En la veje... como en la niñe... el ser humano precisa de mayores atenciones.
23. La institutri... cometió un desli... y fue despedida.
24. El señor Lópe... ha llegado de Túne... esta mañana.
25. Bajo los efectos de la embriague... dijo: «¡ Arranca... el maí... de raí...!»

24 ESCRIBA LA FAMILIA LÉXICA DE LAS SIGUIENTES PALABRAS, TAL Y COMO SE MUESTRA EN EL EJEMPLO:

desliz:	*deslizante, deslizar, deslizamiento, deslizable*
déficit:	....
pared:	....
robot:	....
lid:	....

USO DE *M*

Atención

Las dudas ortográficas entre **m** y **n** se producen, en la mayoría de casos, cuando estas letras aparecen en el interior de la palabra, delante de consonante: *empezar* frente a *enfermo*, *comprar* frente a *concierto*.

S<small>E ESCRIBE</small> M:
• Antes de **p** y **b**:

romper	*cambio*
trampa	*timbre*
campar	*rumbo*
tempestad	*bomba*
tiempo	*cumbia*

• De acuerdo con la regla anterior, los prefijos **con-**, **en-**, **in-** se escriben **com-**, **em-**, **im-** ante **p** y **b**:

componer	*emplazar*	*impermeable*
compadre	*empaquetar*	*imposible*
compadecer	*embadurnar*	*imprevisto*
compasivo	*embotellar*	*imberbe*
competición	*embocadura*	*imborrable*

• Antes de **n** en algunas palabras:

alumno	*columna*	*himno*
calumnia	*indemne*	*amnesia*
amnistía	*indemnizar*	*solemne*
ómnibus	*omnipresente*	*omnímodo*
omnipotente	*omnisciente*	*omnívoro*

• A final de palabra en voces cultas o procedentes de otras lenguas:

álbum	*ídem*	*ítem*
currículum	*referéndum*	*ultimátum*
tedéum	*vademécum*	*quórum*
mare mágnum	*islam*	*réquiem*

T<small>ÉNGASE EN CUENTA QUE</small>:
• La **m** no se duplica nunca, por tanto es imposible el grupo -**mm**-.
Excepciones: *commelináceo, gamma, digamma, gammaglobulina, ommiada, Emma, Emmanuel.*

EJERCICIOS

25 ESCRIBA **M** O **N** DONDE CORRESPONDA:

1. Le he dado un ulti...átu... al ...ayordo...o: no volverá a co...prar sin ...i co...seti...iento.
2. No co...prendo có...o pudiste caer en la tra...pa; hace tie...po que te avisé.
3. E...badurnó el ti...bre con ...er...elada y nos ...ancha...os al tocarlo.
4. Co...padezco a tu co...padre por perder en la co...petición.
5. El gi...nasta escuchó el hi...no de su país.
6. Es i...posible que detrás de la colu...na se esconda alguien.
7. ¿Existe algún i...pedi...ento para que aca...pe...os después de la te...pestad?
8. La bo...ba explotó de i...proviso, pero E......a salió inde...ne.
9. Dios es in...ortal, o...nipotente y o...nisciente.
10. La e...barcación varió su ru...bo y se ro...pió en ...il pedazos.
11. E...paqueta...os todos nuestros e...seres e...seguida y e...plaza...os al ca...ión de las ...udanzas hasta la tarde.
12. Contra el i...so...nio, lo ...ejor es un so...nífero.
13. Los rayos ga......a se producen en las transiciones nucleares.
14. A...bos co...tribuyeron en el dibujo del g...o...o.
15. La cu...bia y la ba...ba son dos rit...os ...uy populares.
16. La diga......a era una letra del pri...itivo alfabeto griego.
17. La i...portuna e...trada del co...prador hizo que ocultara el álbu...
18. ¿Qué se decide en este referéndu...?
19. Se organizó tal ...are ...ágnu... que no pudi...os escuchar el tedéu....

26 ESCRIBA LA FAMILIA LÉXICA DE LAS SIGUIENTES PALABRAS,
TAL Y COMO SE MUESTRA EN EL EJEMPLO:

gimnasia:	*gimnasio, gimnasta, gimnástico*
componer:	....
cambio:	....
indemne:	....
campo:	....
competir:	....
embajada:	....
trampa:	....
médico:	....
amigo:	....

VOCABULARIO

amígdala	domingo	intermedio
amistad	drama	lampa
aritmética	embutido	lámpara
bamba	escarmiento	limpiar
caimán	factótum	lombriz
campana	frambuesa	lumbre
campeón	gnómico	marco
campo	inmediatez	mayordomo
ciempiés	inminencia	memorándum
complejo	inmoral	mermelada
complemento	inmovilizar	mnemotecnia
comprar	inmueble	mohíno
costumbre	inmundicia	nómada
cremallera	inmunizar	pigmeo

69

pimpollo	sentimiento	timba
pompa	sombra	tótem
ritmo	sombrero	yema
saltimbanqui	temblor	zambomba

USO DE *N*

SE ESCRIBE N:

• Delante de f y v:

inferior	*confesar*	*enfado*
enfermo	*enfoque*	*confidencia*
informe	*infame*	*conflicto*
envío	*invitar*	*invadir*
convertir	*invertir*	*convencer*
convocar	*invocar*	*envase*

• Por regla general, se escribe n ante cualquier consonante que no sea p o b:

bronce	*conductor*	*asunto*
prensa	*danzar*	*ingenuo*
contrato	*conservar*	*control*
dentro	*cancelar*	*cantar*
cansado	*consecuencia*	*tentación*
tentetieso	*panda*	*cándido*

• A final de palabra:

balcón	*examen*	*orden*
huracán	*jardín*	*can*
truhán	*almacén*	*pan*
diván	*fajín*	*maletín*
insolación	*tribulación*	*nación*
sumisión	*escalón*	*común*

TÉNGASE EN CUENTA QUE:

• La **n** se duplica, por lo que nos encontramos con el grupo -**nn**- en:

ennegrecer	*innovación*	*innecesario*
connotación	*connatural*	*innegable*
perenne	*innoble*	*ennoblecer*
ennudecer	*innumerable*	*innato*
connivencia	*sinnúmero*	*perennifolio*

EJERCICIOS

27 ESCRIBA **M** O **N** DONDE CORRESPONDA:

1. Le e...viaremos el so...brero junto con el traje.
2. El i...ve...to presenta un i...co...venie...te serio.
3. A la fiesta co...currieron muchos i...vitados.
4. El e...pleado estaba i...teresado en trabajar en ve...tas.
5. Es i...previsible saber a cuánto ascenderá la i...dem...i-zació....
6. Ha tra...scrito un si......úmero de come...tarios.
7. Son i......egables el ahí...co y el tesó... con que trabaja.
8. Su a...bició... hace tie...po que le co...plica la existe...cia.
9. Convie...e que lo tra...sformes o lo co...viertas en algo más profu...do.
10. Todos los alu......os sin excepció... han obtenido la máxima calificació....
11. Desde que sufrió a......esia realiza ejercicios de ......emotecnia.
12. Se conduce... con gra... le...titud y parsimonia.
13. El pi...o es un árbol de hoja pere......e.
14. ¿Has e...te...dido qué significa te...te...*pié*?
15. E...contré en el divá... un die...te de caimá... de juguete.

16. Cua...do el volcá... e...tra en erupció... co...viene tener suficie...te precaució....

28 ESCRIBA LA FAMILIA LÉXICA DE LAS SIGUIENTES PALABRAS, TAL Y COMO SE MUESTRA EN EL EJEMPLO:

enfermo:	*enfermedad, enfermizo, enfermar, enfermero*
envidia:	....
envase:	....
invento:	....
envío:	....
confidencia:	....
enlace:	....
enfoque:	....

VOCABULARIO

concreto	engranaje	enzarzar
concurso	enlace	fundación
conde	enriquecer	germen
condensar	ensanchar	harén
cóndor	entronizar	inmenso
configuración	envejecer	inmerso
confiscar	envenenar	inmortal
confortar	envergadura	intoxicación
énfasis	envés	mojón
enfocar	envidia	pasión
enfrente	envilecer	punzón
enfundar	envoltorio	ratón
engordar	enyesado	razón

USO DE *R*

SE ESCRIBE R:

• A principio de palabra:

radio	*ramo*	*racimo*
regla	*rebaño*	*reno*
rima	*risa*	*rígido*
roble	*roca*	*ronquido*
rubio	*ruso*	*rumiante*

• En medio de palabra, después de l, n, s y, en algunos casos, b (cuando esta consonante no forma sílaba con la r siguiente):

alrededor	*malrotar*	*alrota*
enredo	*sonrisa*	*honra*
israelita	*desrizar*	*desraizar*
subrepticio	*subrayar*	*subrogar*

• En las palabras compuestas, al principio del segundo elemento, si éste está unido al primer elemento por un guión:

hispano-romano	*político-religioso*	*anglo-ruso*
bulgaro-rumano	*tanzano-ruandés*	*auto-radio*

EJERCICIOS

29 ESCRIBA **R** O **RR** DONDE CORRESPONDA:

1. Con...ado mostraba una ...ara son...isa.
2. ...ecomendé al ...ecio hombre que ...etorciera un poco la cuerda.

3. No sé si se han ...esuelto los problemas político-...eli-
giosos de aquella sociedad.
4. El en...edo se produjo cuando En...ique se confundió de
puerta.
5. ¡...ápido! ...ompan esa ventana para poder saltar al vacío.
6. ...ecuerdo que, de pequeña, ...evolvía todos los cajones.
7. El cauce del ...ío ...eseguía el valle.
8. Los ...icos cada vez se en...iquecen más.
9. Hizo las ...eservas con dos semanas de antelación para
volar a ...oma.
10. ...aspa la superficie para ver si hay ...astro de humedad.
11. En la ...ifa me tocó un ...atón de peluche.
12. Circulaba el ...umor, difundido por la ...adio, de que no
había ...emedio a tal ...uina.
13. Le ...eproché a ...icardo el ...etraso de la entrega de su
...edacción.
14. El ...epartidor ...espondió que el ...esto de la mercancía
ya había sido ...evisada.
15. ...ecogí del suelo la ...osa que me había ofrecido como
...egalo.
16. El ...uido ...esultaba insoportable en los al...ededores de
la ciudad.
17. El ...omántico is...aelí ...emaba al ...esplandor de la luna.

30 ESCRIBA LA FAMILIA LÉXICA DE LAS SIGUIENTES PALABRAS,
TAL Y COMO SE MUESTRA EN EL EJEMPLO:

ruido:	*ruidoso, ruidosamente*
responder:	....
residir:	....
reserva:	....
reproducir:	....

reproche:	....
rozar:	....
ruina:	....
rueda:	....

VOCABULARIO

abrogar	real	rigor
ración	rebaja	rinoceronte
radical	recado	riñón
radiografía	receta	rioplatense
raptar	rechazo	risa
raqueta	recibir	rival
raquítico	récord	rizo
rasgar	recuento	rodear
raso	remoto	rodilla
rayo	ribera	roncar
reacción	ribete	subrayar

USO DE *RR*

SE ESCRIBE RR:

• En el interior de palabra y entre vocales, cuando la pronunciación es más fuerte que la de r en esta misma posición:

gorra	*barrer*	*arriba*
jarrón	*ocurrir*	*correr*
recurrir	*transcurrir*	*carro*
perro	*arroyo*	*correa*
cerro	*zorro*	*cotarro*
marrano	*macarrón*	*zurrar*

75

Téngase en cuenta que:

• Cuando una palabra que comienza por r- pasa a formar parte, como segundo elemento, de una palabra compuesta (sin guión intermedio), la r se duplica:

antirreglamentario	*antirreligioso*	*antirrábica*
contrarréplica	*contrarrevolución*	*contrarrestar*
autorretrato	*autorregulable*	*pelirrojo*
pararrayos	*prórroga*	*prorrateo*

• El prefijo in- se transforma en ir- delante de palabras que empiezan por r:

irrompible	*irracional*	*irregular*
irremediable	*irreprimible*	*irrebatible*
irreverente	*irrelevancia*	*irreflexión*
irrepetible	*irrespirable*	*irreprochable*

• No se escribe nunca rr a principio ni a final de palabra.

EJERCICIOS

31 ESCRIBA R O RR DONDE CORRESPONDA:

1. Apo...eó la puerta al ver que se había quedado ence...ado.
2. Ya se está a...epintiendo de su e...or.
3. El ce...ojo de la ca...oza era de hie...o.
4. A...inconaron al ladrón antes de a...estarle.
5. Se cayeron a tie...a los a...eos del caballo.
6. Se a...emolinó mucha gente para ver la ca...era.
7. Es tan a...ogante que dice que jamás le saldrán a...ugas.
8. Me i...ita que hagas chi...iar el ce...ojo.

9. Tú siempre e...e que e...e: ¡deja de aca...ear la tie...a!
10. Cuando el viento a...eció, a...astró todo hacia la co...iente del ...ío.
11. Subió al ce...o para se...ar la pa...a.
12. Este co...al no tiene a...eglo. ¿Cómo nos lo van a a...endar?
13. Co...eveidile es aquella persona que lleva y trae chismes y ...umores.
14. La co...espondencia o el co...eo nos llegaba a través del co...esponsal.
15. Co...oboró que el co...egidor co...upto había subido al ca...uaje.
16. Durante su a...esto se alimentó de pue...os y a...oz.
17. Se portó inco...ectamente: en el a...obamiento lo a...ojó al a...oyo.
18. Con a...umacos y a...ullos pretendía tranquilizar al cacho...o.
19. El esbi...o a...olló al insu...ecto con su camioneta.
20. Se posaron un go...ión y una coto...a en mi go...a.
21. Cada vez que no te fumes un ciga...illo, piensa en lo que aho...as.
22. Pidió soco...o con un cho...o de voz.

32 ESCRIBA LA FAMILIA LÉXICA DE LAS SIGUIENTES PALABRAS, TAL Y COMO SE MUESTRA EN EL EJEMPLO:

catarro:	*acatarrarse, acatarrado, catarral, catarroso*
perro:	....
ocurrir:	....
arrepentir:	....
porra:	....
carro:	....

VOCABULARIO

acarrear	arruga	corroer
amarrar	carrera	corromper
aporrear	carroza	corrosivo
arrastrar	carruaje	corruptor
arrebatar	cerro	errar
arreciar	cerrojo	erre
arreglo	corral	error
arremolinar	correa	férreo
arrendar	correcto	ferretería
arrestar	corregidor	irritar
arrinconar	correlativo	marrón
arritmia	correo	parra
arrogante	corresponder	pizarra
arrollar	corriente	puerro

USO DE *LL*

Atención

La ll y la y tienen pronunciaciones distintas. Por tanto, bastaría la pronunciación para distinguirlas. Sin embargo, muchos hablantes no las distinguen al hablar y esta confusión provoca dudas ortográficas en la escritura. La pronunciación de ll como y se denomina yeísmo: *«cabayo»* por *caballo*, *«muraya»* por *muralla*, *«bocadiyo»* por *bocadillo*.

SE ESCRIBEN CON LL:
• Las palabras que terminan en -**alle**, -**elle**, -**ello**:

valle	*calle*	*talle*
detalle	*pasacalle*	*entalle*
muelle	*retuelle*	*armuelle*
sello	*aquello*	*atropello*
cabello	*camello*	*cuello*

Excepciones: *plebeyo, leguleyo.*

• Las palabras que terminan en **-illa, -illo**:

villa	*silla*	*rosquilla*
rodilla	*pastilla*	*colilla*
hebilla	*cucharilla*	*mascarilla*
capilla	*casilla*	*orilla*
vajilla	*mejilla*	*manzanilla*
pitillo	*cuchillo*	*tobillo*
tornillo	*ganchillo*	*pillo*
ladrillo	*tresillo*	*pasillo*
gatillo	*grillo*	*bolsillo*

• Las palabras que empiezan por **fa-, fo-, fu-**:

falla	*fallido*	*follaje*
fallar	*follón*	*folletín*
fallecer	*folleto*	*fuelle*

EJERCICIOS

33 ESCRIBA **LL** O **Y** DONDE CORRESPONDA:

1. Te has puesto mucha mantequi...a en el bocadi...o.
2. De chiqui...o, hacía sonar la campani...a.
3. Hace punti...as a ganchi...o.

4. La donce...a dejó los pali...os encima de la mesa.
5. La bata...a se desarro...ó cerca de la mura...a.
6. Recoge las coli...as y las ceri...as del cenicero.
7. Tomaré empanadi...as, costi...as de cordero y, de postre, helado de vaini...a con barqui...os.
8. Fue un fa...o no medir la altura de la ta...a.
9. Plebe...o, be...aco y cana...a tienen connotaciones negativas.
10. ¿Crees que el canci...er admiraba la be...eza de una be...ota?
11. En el baru...o se mezcaban las risas con los chi...idos. ¡Qué bu...a!
12. ¡Ca...a! ¿No has oído un murmu...o?
13. Desde la ventani...a del tren pude ver, tras pasar el va...e, alguna ca...e a lo lejos.
14. ...ama a la puerta. ¿Dónde habré puesto la ...ave?
15. El pasaca...es fue una maravi...a.
16. Ha ...ovido intensamente en el estrecho de Maga...anes.
17. El ga...o se encarga de despertar a todos los habitantes de la vi...a.
18. Me atrope...ó un coche y me golpeó en la rodi...a.
19. ¿No crees que a la si...a le falta un torni...o?
20. La rosqui...a está muy dura. Déjame un cuchi...o, por favor.

34 ESCRIBA LA FAMILIA DE LAS SIGUIENTES PALABRAS, TAL Y COMO SE MUESTRA EN EL EJEMPLO:

llamar: *llamada, llamamiento, llamativo*
llevar: ....
llover: ....
fallecer: ....
calle: ....
llano: ....

VOCABULARIO

ballesta	chiquillo	muralla
barquillo	cigarrillo	murmullo
barullo	costilla	ovillo
batalla	doncella	pestillo
bellaco	embrollo	pitillo
boquilla	fallecimiento	puntilla
bulla	fallo	rollizo
caballo	gallardía	rollo
callo	gallego	rondalla
canalla	gallina	semilla
capullo	gallo	talla
cerilla	malla	ventanilla
chillido	manecilla	

USO DE *Y*

Se escriben con y:
• La conjunción copulativa y:

> *blanco y negro*   *sol y sombra*
> *nieve y frío*   *mujeres y niños*

Atención

La conjunción copulativa y se sustituye por e cuando va delante de palabras que empiezan por i- o hi- (pero no por hie-):

> *otoño e invierno*   *padres e hijos*
> *golpea y hiere*   *cobre y hierro*

Sin embargo, se escribe **y** en lugar de **e,** cuando la conjunción inicia una interrogación:

¿*Y Inés?*   ¿*Y Hilario?*

• Los plurales de las palabras que acaban en -y también se escriben con **y:**

bueyes	*convoyes*	*leyes*
reyes	*virreyes*	*ayes*

Excepciones: *jerséis (jersey), samuráis (samuray), guirigáis (guirigay)*

• Las palabras que contienen el grupo -**yec**-:

trayecto	*proyecto*	*inyección*
inyectiva	*biyectiva*	*suprayectiva*
abyecto	*obyecto*	*deyecto*

• Las palabras que empiezan por **ad**-, **dis**-, **sub**-:

adyacente	*disyunto*	*subyugar*
adyuvante	*disyuntiva*	*subyacer*

• Las formas verbales que, sin tener **ll** ni **y** en el infinitivo (como *oír, ir, caer,* pero especialmente los terminados en -**uir**: *huir, construir, destruir, concluir, atribuir...*), la admiten por irregularidad:

PRES. IND.	PRET. PERF. SIMPLE	PRES. SUBJ.
huyo	*huyó*	*huya*
huyes	*huyeron*	*huyas*
huye		*huya*
huyen		*huyamos*
		huyáis
		huyan

PRET. IMP. SUBJ.	PRES. IMP.	FORMAS NO PERSONALES
huyera/-se	*huye*	*huyendo*
huyeras/-ses		
huyera/-se		
huyéramos/-semos		
huyerais/-seis		
huyeran/-esen		

TAMBIÉN SE UTILIZA Y:

• A final de palabra, cuando va precedida de vocal y no recae sobre ella el acento (la intensidad de la voz):

rey	*hoy*	*ley*
muy	*convoy*	*estoy*
soy	*¡huy!*	*voy*
buey	*hay*	*Paraguay*
Uruguay	*Eloy*	*grey*
Villaguay	*fray*	*¡ay!*

En caso contrario, se escribe -í:

reí	*oí*	*leí*
huí	*constituí*	*rehuí*

• A final de palabra, detrás de consonante, no se escribe -y, sino -i:

carmesí	*maqui*	*alhelí*
esquí	*confundí*	*marroquí*
hurí	*frenesí*	*bisturí*
guaraní	*rubí*	*jabalí*
pirulí	*allí*	*aquí*

• Al principio o en interior de palabra, si va seguida de vocal:

yate	*yogur*	*yoga*
yugo	*yacer*	*yaracuyano*

83

yerno	*yegua*	*yermo*
hoyo	*raya*	*rayo*
papagayo	*guacamayo*	*boya*
uruguayo	*paraguayo*	*ensayo*

EJERCICIOS

35 ESCRIBA I O Y DONDE CORRESPONDA:

1. La a...uda del ma...ordomo ha sido mu... eficaz.
2. Antea...er prometió a...udarnos en el arreglo de la cla-rabo...a.
3. ¿Es su...a esta jo...a?
4. Mi ...erno se está constru...endo una torre cerca de la pla...a.
5. Las le...es naturales no ha... quien las destru...a.
6. Me re... toda la tarde de su disfraz de re....
7. ¡Hu...amos de aqu...! ¡Ha... lobos ... h...enas!
8. ...nés le...ó mu... bien la epope...a.
9. ¿... ...gnacio está aqu...?
10. Cre...eron conveniente ensa...ar el pro...ecto.
11. Tú ... ...o pondremos ho..., sin falta, la tramo...a que de-bimos colocar a...er.
12. Se ca...ó en la pla...a, al tropezar con una vieja bo...a.
13. Las ...eguas están bebiendo en el arro...o.
14. ...o ...a he tomado el desa...uno esta mañana. ¿... ...si-dro?
15. El ra...o ha ca...do directo al pararra...os.
16. Gabriel, cu...o bue... ves, hace de a...udante en la finca.
17. Con el ...odo curaremos la herida que te has hecho con el ...unque.
18. La tra...ectoria del arro...o es clara.

19. O... ... le... que el virre... había salido de viaje.
20. ¡Ojalá constru...a otra escultura de ...eso!

36 CONJUGUE TODOS LOS TIEMPOS DE INDICATIVO, INCLUYENDO TAMBIÉN LAS FORMAS NO PERSONALES —QUE SE ESCRIBAN CON **Y**— DE LOS SIGUIENTES INFINITIVOS, TAL Y COMO SE MUESTRA EN LOS EJEMPLOS:

diluir: *diluyo, diluyes, diluye, diluyen;*
diluyó, diluyeron;
diluyendo
oír: *oyes, oye, oyen;*
oyó, oyeron;
oyendo
constituir: ....
leer: ....
creer: ....
ir: ....
caer: ....

VOCABULARIO

anteproyecto	deyección	onomatopeya
apoyar	diluyente	playa
arroyo	epopeya	plebeya
atalaya	joya	poyo
ayer	maracayá	suyo
chirimoya	maya	tramoya
claraboya	mayor	trayectoria
cuyo	mayordomo	tuyo

85

ya	yema	yodo
yarey	yen	yoyó
yeísmo	yeso	yuca
yelmo	yo	yunque

PALABRAS DE ORTOGRAFÍA DUDOSA CON LL E Y
(HOMÓFONOS POR YEÍSMO)

abollar hacer abolladuras

arrollar llevarse algo por delante

arrollo de *arrollar*

bollero el que vende bollos

callado silencioso

callo dureza de la piel; de *callar*

calló de *callar*

desmallar cortar malla

falla defecto; fractura terrestre

gallo ave de corral; cierto pez

halla de hallar

hulla carbón

malla tejido de red

mallo mazo

mella hendedura en un filo

olla vasija

pollo cría de ave

pulla broma, burla

rallar desmenuzar, raspar

rallo rallador; de *rallar*

rollo objeto cilíndrico

valla cerca; cartelera publicitaria

aboyar poner boyas

arroyar formar arroyos

arroyo río pequeño

boyero el que guía bueyes

cayado bastón corvo

cayo islote

cayó de *caer*

desmayar perder el sentido

faya tejido; peñasco

gayo alegre, vistoso

haya árbol; de *haber*

huya de *huir*

maya pueblo precolombino

mayo mes del año

meya especie de centolla

hoya fosa

poyo banco de piedra

puya pica, púa, punta

rayar hacer rayas

rayo relámpago, radiación

royo rubio, rojo

vaya de *ir;* interjección

EJERCICIOS

37 ESCRIBA **LL** O **Y** DONDE CORRESPONDA:

1. El bo...ero ca...ó después de ver la va...a que había de-rrumbado el bue....
2. El ra...o partió la ma...a.
3. Puso el po...o en la o...a y lo cocinó.
4. Con el ro...o el bo...ero hizo algunos pasteles de nata y chocolate.
5. Cuando sintió que se desma...aba, se sentó en un po...o.
6. Se le ca...ó el ca...ado a la ho...a.
7. Le gastaron una pu...a diciéndole que su esposa había sido arro...ada por una camioneta, pero todo era men-tira.
8. Desde lo alto de la pu...a, vimos cómo el agua que se deshelaba arro...aba.
9. Afíleme este cuchi...o, ya que tiene una me...a.
10. En el ca...o los niños se entretenían desma...ando las redes.
11. Los ma...as habitaban en el Yucatán y regiones adya-centes.
12. Abo...aron esa bahía tan profunda debido al peligro que corrían los bañistas.
13. Te duelen los pies por culpa de los ca...os.
14. Me voy a hacer un vestido de fa...a.
15. ¿Por qué has ra...ado el dibujo de tu hermano?
16. Quisiera comprar una me...a y dos langostas.
17. Al final le añades a la sopa un huevo ra...ado.
18. Estaba ca...ado mirando ese caballo ro...o.
19. ¡Va...a! ¡Cuánto tiempo sin verla!
20. Con la pu...a pinchó la baya del árbol.

USO DE *K*

SE ESCRIBE K:
• En un número reducido de palabras:

kilo	kilogramo	kilómetro
kilolitro	kilocaloría	kiliárea
kilohercio	kilociclo	kilopondio
kilovatio	kilotex	kremlin
kárate	káiser	kril
kantiano	koala	krausismo
kan	kappa	kermés
vikingo	kafkiano	ka
Pakistán	Pekín	Tokio
kirie	karateka	karma
katiuska	kayac	kéfir
kibutz	kirguís	kirsch
klistrón	Kansas	kilográmetro
kurdo	kelvin	kremlinología

Atención

• Se escribe **c** ante las vocales **a**, **o**, **u** y delante de cualquier consonante:

casa	cocodrilo	cucaracha
clave	cromo	acto
acné	dracma	fucsia

• Se escribe **c** a final de palabra:

cómic	frac	tic
cinc	coñac	clic

Excepción: Nueva York, Irak.

EJERCICIOS

38 Escriba **C**, **K** O **QU** DONDE CORRESPONDA:

1. El ya... vive en las altas montañas del Tíbet.
2. ¿Te apetece comer un biste... con patatas fritas?
3. Los habitantes de Pe...ín se denominan pe...ineses.
4. ¿Cuántos ...ilómetros de distancia hay entre Buenos Aires y Santiago de Chile?
5. Creo ...e bebe demasiado coña... y güis...i.
6. El ...árate es una modalidad de lucha japonesa utilizada para la autodefensa.
7. Varios dirigentes se encuentran reunidos en el ...remlin de Moscú.
8. Por favor, ...iero tres ...ilos de ...iwis. ¿A cómo van los ...a...is?
9. Un ...ilovatio e...ivale a mil vatios.
10. Para la fiesta tendré ...e al...ilar un fra....
11. El ...rausismo es el sistema filosófico ideado por el alemán ...rause a principios del siglo XIX.
12. Buster ...eaton fue un famoso actor y director norteamericano.
13. Se oyó un cli... y el reloj dejó de funcionar.
14. La ...appa es la décima letra del alfabeto griego.
15. Dentro de la obra ...af...iana sobresalen *El proceso*, *El castillo*, *La metamorfosis*, *América*, *La muralla china* y otras novelas y narraciones.
16. En la II Guerra Mundial, los pilotos japoneses suicidas fueron llamados ...ami...aces.
17. La capital de ...ansas es Tope...a.
18. ...ant y su doctrina, el ...antismo, revolucionaron la filosofía.
19. El ...arma es la ley de causa y efecto ...e rige los actos físicos y morales en diversas religiones.

20. No sabía ...e la capital del Nepal es ...atmandú.
21. En el descenso del río utilizaron un ...aya....
22. ¿Te gustan los cómi...s?
23. Se compró una blusa de color fu...sia.
24. ¿Has visto los ...oalas en el zoo?
25. ¿De qué murió el último ...áiser alemán?

VOCABULARIO

Katmandú	Kenia	Kodiak
Kauai	Kennedy	kopek
Kazán	Kentucky	Kurdistán
Kelly	Kioto	Kuwait

USO DE *Q*

SE ESCRIBE Q O QU (LA **u** NO SE PRONUNCIA):

• Delante de las vocales **e**, **i**:

paquete	*que*	*quebradizo*
quebradero	*quebrantar*	*quechua*
quedar	*quehacer*	*queja*
quedo	*queltehue*	*querella*
querubín	*queroseno*	*quetzal*
quince	*quinto*	*quinta*
quicio	*quiebra*	*inquietar*

Excepciones: *nequáquam, quid, quórum, Qatar.*

• Se pueden escribir indistintamente con **qu** o **k** –aunque la normativa prefiere la forma que aparece en primer lugar–:

90

kermés/quermés
quinesiterapia/kinesiterapia
coque/cok
alquermes/alkermes
cuaquerismo/cuakerismo
telequinesia/telekinesia
kilogramo/quilogramo
kilómetro/quilómetro

quiosco/kiosco
quif /kif
kirie/quirie
biquini/bikini
cuáquero/cuákero
quivi/kiwi
kilolitro/quilolitro
kiliárea/quiliárea

EJERCICIOS

39 ESCRIBE **C, K** O **QU** DONDE CORRESPONDA:

1. No ...iso ...emar esas maderas viejas ...e estorbaban.
2. Déjame tran...ilo; tengo muchos ...ebraderos de cabeza.
3. En el ...icio de la puerta me esperaba el vecino del ...into.
4. Se ha ...edado exponiendo su ...eja.
5. ¡No seas tan ...ejica, ...erubín!
6. La tele...inesia consiste en el desplazamiento de objetos sin causa física observable.
7. Jamás come ...eso ni bebe te...ila.
8. ¿Sabes bailar cla...é?
9. En el nuevo almana...e he visto ...e el próximo año no será bisiesto.
10. Se ha lastimado el meñi...e.
11. Si te pones miriña...e el disfraz te sentará mejor.
12. El guardabos...e ha comunicado a la du...esa ...e el incendio del bos...e no ha sido grave.
13. Con el cho...e se deshizo el blo...e de cemento.
14. Aun...e el enfo...e del dibujo del tan...e no está mal, prefiero esta perspectiva.
15. No hay forma de ...e arran...e el remol...e.

16. ¡No le salpi...es! Luego no hay ...ien reto...e el ma...illaje.
17. En el true...e permaneció ...edo; eso me in...ieta.
17. Esta má...ina ha estropeado el par...é.
19. En el par...e encontramos unos viejos peni...es.
20. ¿...iere ...e le expli...e por ...é desobedecí la orden de ata...e?
21. Los mar...eses viajaban en bu...e.
22. En el ...iosco encontrarás todo tipo de publicaciones periódicas.
23. ¿Llevas el bi...ini puesto?

VOCABULARIO

albaricoque	embarque	quinoto
almanaque	estanque	quinqué
aplique	estoque	quintaesencia
arenque	guateque	quirófano
bolchevique	jaque	quiste
buque	maqui	quitasol
cacique	meñique	quite
cheque	parque	quivi
claqué	parqué	quizá
desenfoque	quimera	saque
dique	química	tequila
electrochoque	quincallero	yanqui

USO DE *W*

SE ESCRIBE W:

• A principio de palabra en palabras procedentes de otras lenguas:

wagneriano   *waterpolo*   *weberio*
washingtoniano   *westfaliano*   *weimarés*
Walia   *Witerico*   *Washingtonia*
Wenceslao   *Wifredo*   *wellingtonia*

Atención

• En palabras extranjeras plenamente incorporadas al
español, la w- ha sido sustituida por v- o por gü-:

vagón   *vatio*   *vals*
volframio   *valón*   *güisqui*

EJERCICIOS

40 ESCRIBA **W**, **V** O **GÜ** DONDE CORRESPONDA:

1. El ...aterpolo se inventó en Inglaterra hacia 1870.
2. En la batalla de ...aterloo se enfrentaron las tropas de Na-
   poleón y las fuerzas aliadas, a las órdenes de ...ellington.
3. Tomaré ...isqui, gracias.
4. ¿Sabes bailar el ...als?
5. Ha descarrilado un ...agón del tren.
6. El escándalo ...atergate ocurrió en los Estados Unidos
   durante el mandato del presidente Nixon.
7. George ...hasington fue hijo de un plantador de Virginia.
8. Los ...atusi son los individuos de un pueblo melanoafri-
   cano.
9. Este electrodoméstico puede conectarlo a la corriente
   de 125 o de 220 ...atios.
10. El ...olframio es un metal blanco brillante que se usa en
    la fabricación de los filamentos de lámparas eléctricas.

11. La antigua abadía benedictina de ...estminster fue fundada en el siglo X por san Dunstano.
12. Se califica de ...agneriano todo lo relativo al compositor alemán Richard ...agner y a sus obras.
13. En ...all Street se encuentra la bolsa de Nueva York.
14. ...eimarés es el natural de Sajonia-...eimar o de su capital, ...eimar.
15. El culto ...udú es una mezcla de diversos elementos procedentes de las religiones africanas.

VOCABULARIO

Wall Street	Weimar	Windsor
Watergate	willemita	winteráceo
Waterloo	Wimbledon	Wisconsin

CONSIDERACIONES ORTOGRÁFICAS SOBRE GRUPOS CONSONÁNTICOS Y VOCÁLICOS

ORTOGRAFÍA DE ALGUNOS GRUPOS CONSONÁNTICOS

• La normativa permite que en las palabras que empiezan por **ps-**, **mn-** y **gn-** pueda suprimirse la primera consonante. Sin embargo, prefiere la forma que aparece en primer lugar:

psíquico/síquico mnemotecnia/nemotecnia gnomo/nomo

• A principio de palabra, los grupos consonánticos **obs-** y **subs-** (éste último delante de **t**) quedan reducidos a **ob-** y **sus-**, respectivamente:

oscuro	*sustancia*
oscurecer	*sustantivo*
oscuridad	*sustituto*
oscurantismo	*sustraer*

ORTOGRAFÍA DE ALGUNOS GRUPOS VOCÁLICOS

• La normativa también admite reducir el grupo **ee** a **e**. Sin embargo, muestra preferencia por la forma que aparece en primer lugar:

reemplazar/remplazar	*reembolsar/rembolsar*
reemplazo/remplazo	*reembolso/rembolso*

LA ACENTUACIÓN
LA SÍLABA

LETRAS: VOCALES Y CONSONANTES

Las **letras** de la lengua escrita son la representación de los sonidos emitidos en la lengua hablada.

El alfabeto de la lengua española consta de 27 letras:

• 5 vocales: **a, e, i, o, u**.

• 22 consonantes: **b, c, d, f, g, h, j, k, l, m, n, ñ, p, q, r, s, t, v, w, x, y, z**.

El sonido o conjunto de sonidos pronunciados en cada una de las emisiones o golpes de voz constituyen las **sílabas.**

Una sílaba puede constar de una a cinco letras. Una vocal puede constituir una sílaba, pero una consonante, por sí sola, no puede formar una sílaba. Por tanto, las consonantes han de estar acompañadas de una vocal o de varias para poder constituir una sílaba.

En toda sílaba, cualquiera que sea el número y combinación de las letras que la formen, ha de existir, como mínimo, una vocal y, como máximo, tres vocales.

Si representamos la vocal como V y la consonante como C, existen las siguientes **combinaciones silábicas**:

• V:	*ático.*
• VC; CV:	*acto; dado.*
• CVC; CCV; VCC:	*cambio; grito; instituto.*
• CCVC; CVCC:	*plástico, constar.*
• CCVCC:	*transbordador.*
• CVV; VVC:	*cielo; aunque.*
• CVVC; CCVV:	*guardia; trauma.*
• CVCVC:	*buhardilla.*
• CVVVC:	*averiguáis.*

LA DIVISIÓN SILÁBICA

Las principales **normas de división silábica** son las siguientes:

• Cuando una consonante se encuentra entre dos vocales, forma sílaba con la segunda vocal:

me-**ta**	ca-**sa**	ra-**mo**
sa-**lud**	li-**la**	pa-**so**
fo-**ca**	me-**sa**	ro-**ca**
o-**so**	e-**ra**	a-**ro**
o-**ro**	a-**jo**	a-**mo**
o-**jo**	e-no-**jo**	u-**so**

• Cuando dos consonantes (iguales o diferentes) se encuentran entre dos vocales, la primera consonante forma sílaba con la vocal anterior, y la segunda consonante, con la vocal siguiente:

a**c**-ción	i**n**-no-ble	ga**m**-ma
re-da**c**-ción	i**n**-no-var	e**x**-ce-so
a**m**-nis-tí-a	ca**l**-ma	ta**m**-bién
a**l**-he-lí	tie**m**-po	fo**r**-mar

• Téngase en cuenta que las consonantes dobles, **ch**, **ll**, **rr**, no se separan:

co-**ch**e	ca-**ll**ar	ca-**rr**o
biz-co-**ch**o	cue-**ll**o	ce-**rr**ar
cu-**ch**a-ra	me-**ll**a	zo-**rr**o

• Son inseparables los grupos **pr**, **pl**, **br**, **bl**, **fr**, **fl**, **cr**, **cl**, **gr**, **gl**, **tr**, **dr**:

a-**pro**-bar	re-**pri**-mir	a-**pren**-der
a-**pla**-nar	re-**pli**-car	re-**ple**-gar
a-**bra**-zo	li-**bro**	ca-**bra**
a-**blan**-dar	ca-**ble**	pue-**blo**

97

de-*frau*-dar	re-*fres*-co	a-*fron*-tar
a-*flo*-jar	co-li-*flor*	a-*flau*-tar
a-*cró*-ba-ta	a-*cre*-di-tar	re-*cri*-mi-nar
a-*cla*-mar	re-*cla*-mar	re-*clu*-so
a-*gra*-vio	a-*grie*-tar	a-*gre*-dir
va-na-*glo*-riar-se	e-pi-*glo*-tis	de-*glu*-ción
pa-*tria*	po-*tro*	a-*trio*
ma-*dre*	pa-*drón*	cua-*dra*

Excepciones: Las voces compuestas con los prefijos **ab-**, **sub-**, seguidos de **l** o **r**, se dividen separando **b** y **l**, **b** y **r**: *ab-rogar, sub-letal, sub-liminal, sub-lunar, sub-reino, sub-rayar, sub-rogar,* etc.

• En el caso del grupo **tl**, cuando va en interior de palabra, es aconsejable dividirlo por la mitad:

at-las	*at-lán-ti-co*	*at-le-ta*

aunque en la pronunciación dichas consonantes frecuentemente se unen en la misma sílaba:

a-tlas	*a-tlán-ti-co*	*a-tleta*

• Si tres consonantes se encuentran entre dos vocales, las dos primeras van con la vocal anterior y la tercera con la siguiente vocal:

trans-*por-te*	***trans***-*pa-ren-tar*	*in-**trans**-fe-ri-ble*
cons-*pi-rar*	***cons***-*ti-tu-ción*	***cons***-*tar*
ins-*pi-rar*	***ins***-*ti-tu-to*	***ins***-*ti-gar*
cons-*tan-te*	***cons***-*ter-na-do*	***cons***-*ti-par*

• Si la tercera consonante es **l** o **r** y forma parte de los grupos **pr, pl, br, bl, fr, fl, cr, cl, gr, gl, tr, dr** la división silábica recae entre la primera y la segunda consonante y, por tanto, permanecen dichos grupos inseparables:

com-pro-bar	im-pri-mir	des-pre-ciar
com-pli-ca-do	des-pla-zar	ex-pli-car
em-bra-ve-cer	em-bria-ga-do	em-bru-jo
em-blan-que-cer	des-blo-que-ar	em-ble-ma
res-fri-a-do	con-fron-tar	en-fras-car
des-cré-di-to	con-cre-tar	in-cri-mi-nar
en-cla-ve	in-cle-men-cia	en-claus-trar
can-gre-jo	con-gre-so	des-gra-cia
con-glo-me-ra-do	en-glo-bar	des-glo-sar
con-tra-to	en-tre-ga	ros-tro

• Si existen cuatro consonantes entre dos vocales, se reparten dos consonantes para cada vocal:

trans-gre-sión	obs-truc-ción	ins-truir
trans-crip-tor	cons-truc-ción	ins-cri-bir
ads-crip-ción	cons-tric-tor	ins-tru-men-to

• En las palabras compuestas, tanto las formadas por palabras con sentido independiente como las formadas por prefijación, puede optarse entre separar cada uno de los componentes o seguir las normas de división silábica:

malestar:	mal-es-tar	ma-les-tar
nosotros:	nos-o-tros	no-so-tros
inusual:	in-u-sual	i-nu-sual
desahucio:	des-ahu-cio	de-sahu-cio
bisabuelo:	bis-a-bue-lo	bi-sa-bue-lo

Excepciones: Las palabras compuestas que contengan una **h** precedida de otra consonante se dividen únicamente separando ambas letras: *in-hu-ma-no, des-hie-lo, in-hi-ción, des-ha-cer, ad-he-rir, des-ha-bi-tar...*

En función del **número de sílabas**, podemos clasificar las palabras en **monosílabas** (una sílaba) y **polisílabas** (más de una sílaba). Para indicar cuál es exactamente el número de sílabas de una palabra utilizamos la siguiente clasificación:

- **monosílabas** (una sílaba): *pan, sol, dio, fue.*
- **bisílabas** (dos sílabas): *co-che, ca-mión, ci-ta.*
- **trisílabas** (tres sílabas): *lám-pa-ra, te-a-tro, ar-ma-rio.*
- **tetrasílabas** (cuatro sílabas): *mur-cié-la-go, en-fer-me-dad, et-cé-te-ra.*

EJERCICIOS

41 DIVIDA EN SÍLABAS LAS SIGUIENTES PALABRAS:

empobrecer	santiguarse	ultramar
contracción	traspapelar	advertencia
transcriptor	obstruir	trasto
subliminal	destrozar	adyacente
deshecho	multitud	lector
helicóptero	constancia	refresco
perspicaz	transatlántico	inhalar
logro	oprimo	amnistía
sobresalir	subterráneo	correveidile
pelirrojo	cejijunto	benefactor
inapetente	bisabuelo	antihistórico
archiduque	desheredar	inútil
reunido	desahucio	sublunar
subreino	subsiguiente	pararrayos
contrarrevolución	interrelación	interestatal
cooperar	parapsicología	coexistir

UNA SÍLABA O DOS SÍLABAS

EL DIPTONGO Y EL TRIPTONGO

Existen dos clases de vocales: **cerradas** (**i, u**) y **abiertas** (**a, e, o**).

El **diptongo** es la unión de dos vocales en una sola sílaba, una de las cuales ha de ser cerrada (i, u) y la otra, abierta (a, e, o) o ambas cerradas.

Hay que tener en cuenta que:

• La y después de una vocal abierta o de u forma diptongo, exactamente lo mismo que la i:

hay	*ley*	*hoy*
muy	*rey*	*soy*
jer-sey	*con-voy*	*es-toy*

• La h entre dos vocales no impide la formación de diptongos:

buhar-di-lla	*bo-quihun-di-do*	*ahu-yen-tar*
prohi-bir	*cohi-bir*	*a-buha-do*

• La u de gue, gui, que, qui no cuenta como vocal; por tanto, no constituye diptongo con la vocal siguiente:

gue-rra	*gui-ja-rro*	*gui-ta-rra*
que-bra-do	*qui-tar*	*yan-qui*

• La u de güe, güi forma diptongo con e, i, respectivamente:

an-ti-güe-dad	*a-ve-ri-gües*	*ci-güe-ña*
pin-güi-no	*lin-güís-ti-ca*	*güi-ra*

Por tanto, en la lengua española existen 14 diptongos:
- ai : *ai-re, mai-ti-nes, cai-ga.*
- au : *cau-sa, pau-sa, au-lli-do.*

- ei : *plei-to, rei-ne, em-pei-ne.*
- eu : *deu-dor, eu-fo-ria, eu-ro-pe-o.*
- oi : *mohi-ca-no, con-voy, es-toi-co.*
- ou : *bou.*
- ia : *au-da-cia, pa-tria, dia-rio.*
- ua : *cual, cua-dro, an-ti-gua.*
- ie : *hierro, cielo, pen-sa-mien-to.*
- ue : *hue-so, zue-co, cue-llo.*
- io : *si-tio, se-rio, a-ten-ción.*
- uo : *cuo-ta, am-bi-guo, re-si-duo.*
- iu : *ciudad, triunfo, viuda.*
- ui : *cui-da-do, rui-na, je-sui-ta.*

El **triptongo** es la unión de tres vocales (una abierta entre dos cerradas) en una sola sílaba.

Existen los siguientes triptongos :

- iai : *a-ta-viáis, a-li-viáis.*
- iau : *miau.*
- iei : *fiéis, a-ca-ri-ciéis.*
- ioi : *dioi-co*
- uau : *guau.*
- uai : *U-ru-guay, Pa-ra-guay, Guai-ra.*
- uei : *buey, jagüey.*

Conviene advertir que las combinaciones anteriores **no forman diptongo o triptongo** cuando la vocal cerrada (i, u) lleva acento:

va-cí-o	*ca-í-da*	*mo-hí-no*
bú-ho	*pú-a*	*ac-tú-e*
gan-zú-a	*po-drí-a*	*en-ví-a-me*
ven-drí-ais	*corrí-ais*	*sabrí-ais*
re-ír	*o-ír*	*sus-ti-tu-í*

EL HIATO

El **hiato** se forma con dos vocales abiertas sucesivas en una misma palabra. Por tanto, no hay diptongo ni triptongo, sino que estas vocales pertenecen a **sílabas distintas**.

También se forma **hiato** cuando hay una vocal abierta en contacto con una cerrada que lleva acento, o cuando hay dos vocales cerradas en contacto, una de las cuales lleva acento.

Existen las siguientes combinaciones de hiatos:

- a-a : *al-ba-ha-ca, ta-ha, ta-ha-lí.*
- a-e : *a-é-re-o, ca-er, ra-er.*
- a-o : *ca-os, ca-ca-o, na-o.*
- e-a : *cre-ar, te-a-tro, le-al.*
- e-e : *le-er, cre-er, pose-er.*
- e-o : *sor-te-o, co-rre-o, fi-de-o.*
- o-a : *to-a-lla, ca-no-a, bar-ba-co-a.*
- o-e : *hé-ro-e, o-bo-e, No-é.*
- o-o : *mo-ho, lo-or, zo-o-ló-gi-co.*
- a-í : *ca-í-da, pa-ra-í-so, a-ís-la.*
- a-ú : *ba-úl, a-ú-lla, a-ú-pa.*
- e-í : *en-gre-í-do, re-í, co-de-í-na.*
- e-ú : *re-ú-ne, tran-se-ún-te, fe-ú-cha.*
- o-í : *o-í-do, e-go-ís-ta, he-ro-ís-mo.*
- í-a : *ha-cí-a, par-tí-a-mos, se-rí-a.*
- ú-a : *pú-a, grú-a, con-ti-nú-a.*
- í-e : *con-fí-e, de-sa-fí-e, rí-e.*
- ú-e : *ac-tú-e, gra-dú-en, a-cen-tú-en.*
- í-o : *rí-o, es-tí-o, mí-o.*
- ú-o : *dú-o, ac-tú-o, bú-ho.*
- u-í : *con-clu-í, cons-ti-tu-ís, in-flu-í.*

EJERCICIOS

42 Subraye los diptongos existentes en las siguientes palabras:

información	péinate	industria
hueco	puerta	muerte
fraile	adecuar	nieve
radio	cuento	pascua
criatura	anfitrión	fuego
ciudad	Guadalupe	ciego
dialéctica	diecinueve	razonamiento
repetición	hoy	riesgo

43 Subraye los hiatos que pueda haber en las siguientes palabras:

agujerear	albahaca	desleír
creación	geografía	petróleo
acaecer	teatro	ejercicio
tío	bahía	prohíba
océano	solfeo	raíz
relojería	sonríe	cirugía

44 Divida en sílabas las siguientes palabras:

cincuenta	alegoría	Camagüey
exhausto	averiguasteis	reciente
ataúd	imaginación	guión
truhán	guardia	guirigay
diurno	poema	aullar
aéreo	proveer	oboe
Oaxaca	Dios	hacia

EL ACENTO

EL ACENTO DE INTENSIDAD O PROSÓDICO Y EL ACENTO ORTOGRÁFICO O TILDE

No todas las sílabas se pronuncian con la misma intensidad de voz. La mayor intensidad de pronunciación aplicada a una sílaba determinada se denomina **acento**. En cada palabra simple –no compuesta– sólo hay una sílaba sobre la que recae el acento.

El **acento de intensidad** o **prosódico** supone un aumento en la intensidad de la voz con que se pronuncia una sílaba respecto a las otras que la acompañan en la misma palabra. No siempre se representa gráficamente. También se denomina acento fonético o silábico. Todas las palabras tienen acento prosódico, es decir, tienen una sílaba en la que recae la fuerza de la pronunciación.

El **acento ortográfico** o **tilde** es un signo gráfico que se utiliza, en determinadas ocasiones, para indicar el acento prosódico. La tilde se coloca siempre encima de una vocal. Existen diversos tipos de tildes, pero en español sólo se utiliza la tilde aguda (´). El uso de la tilde está sometido a unas normas conocidas como **reglas de acentuación**.

La **tilde diacrítica** se utiliza para diferenciar ciertas palabras de otras de la misma escritura pero que poseen distinta categoría gramatical:

El (artículo) *alcalde no ha regresado todavía al pueblo.*
Él (pronombre) *no ha regresado todavía al pueblo.*

SÍLABAS TÓNICAS Y SÍLABAS ÁTONAS

La sílaba sobre la que recae el acento prosódico, es decir, la sílaba que soporta la mayor intensidad de voz se llama **sílaba tónica**; las restantes sílabas de la palabra son las **sílabas átonas**:

cantante: -*tan*- (sílaba tónica); *can*- y -*te* (sílabas átonas).
lámpara: **lám**- (sílaba tónica); -*pa*- y -*ra* (sílabas átonas).
libro: *li*- (sílaba tónica); -*bro* (sílaba átona).
mármol: **már**- (sílaba tónica); -*mol* (sílaba átona).
feliz: -*liz* (sílaba tónica); *fe*- (sílaba átona).
compás: -*pás* (sílaba tónica); *com*- (sílaba átona).

Según la **posición de la sílaba tónica** dentro de las palabras, éstas se clasifican en:

• **agudas**, cuando la sílaba tónica es la última:

camis**ón**	fren**esí**	ciemp**iés**
vio**lín**	ca**fé**	inter**és**
pa**red**	re**loj**	ha**blar**
inspec**tor**	delan**tal**	sa**lid**

• **llanas** o **graves**, cuando la sílaba tónica es la penúltima:

lápiz	**ár**bol	ce**rra**da
álbum	**á**gil	ca**dá**ver
pena	ca**ri**ño	**pe**lo
te**ji**do	**am**bos	**ca**sa

• **esdrújulas**, cuando la sílaba tónica es la antepenúltima:

cántaro	**pá**jaro	frigo**rí**fico
sábana	**lí**mite	**cón**yuge
víscera	**ló**gica	**mí**mica
página	**mé**dico	te**lé**fono

• **sobreesdrújulas**, si la sílaba tónica es anterior a la antepenúltima:

cómetelo	ex**plí**quenoslo	**tó**meselo
en**tién**dasenos	**cóm**pramelo	**há**gaselo
ásperamente	**crí**ticamente	**mí**seramente
útilmente	**frá**gilmente	**dé**bilmente

EJERCICIOS

45 SUBRAYE LA SÍLABA TÓNICA DE CADA UNA DE LAS SIGUIENTES PALABRAS E INDIQUE SI SE TRATA DE UNA PALABRA AGUDA, LLANA, ESDRÚJULA O SOBREESDRÚJULA EN CADA CASO:

francés	alhelí	diócesis
argentino	plata	árido
sábado	atención	uniforme
llama	secreto	antibiótico
dócil	castaña	enano
móvil	fecha	éxodo
pantera	agua	espuma
sombrero	factura	tiempo
difícil	fácil	examen
vapor	alcohol	botiquín
salud	escribir	subterráneo
carácter	máquina	próximo
tónico	pérdida	lunes
Jesús	Bolivia	decir
cielo	águila	autobús
paisaje	cardenal	húmedo

REGLAS DE ACENTUACIÓN

Se ha de tener en cuenta que:
• Las letras mayúsculas se acentúan igual que las minúsculas.
• La y, pese a su sonido vocálico, cuenta como consonante en lo que respecta a estas reglas de acentuación.
• La h, dado que no corresponde a ningún sonido en español, no cuenta para estas reglas. No impide la formación de diptongos.

LA ACENTUACIÓN

• La **u** de **gue**, **gui**, **que**, **qui** no cuenta como vocal; por tanto, no constituye diptongo con la vocal siguiente:

gue-rra	*gui-ja-rro*	*gui-ta-rra*
que-bra-do	*qui-tar*	*yan-qui*

• La **u** de **güe**, **güi** forma diptongo con **e**, **i**, respectivamente:

an-ti-güe-dad	*a-ve-ri-gües*	*ci-güe-ña*
pin-güi-no	*lin-güís-ti-ca*	*güi-ra*

REGLA GENERAL DE ACENTUACIÓN EN LOS MONOSÍLABOS

• Las palabras **monosílabas** no llevan tilde:

sol	*pan*	*me*
por	*fe*	*fue*
dio	*vio*	*fui*
sal	*dan*	*flor*
son	*can*	*luz*
ley	*hoy*	*rey*

Excepciones: Los casos de tilde diacrítica que a continuación se exponen.

LA TILDE DIACRÍTICA EN LOS MONOSÍLABOS

Algunos monosílabos, que no tendrían necesidad de ir acentuados, llevan tilde diacrítica para distinguirse de otras palabras monosílabas de igual escritura, pero de diferente categoría gramatical. Se diferencian, por tanto, únicamente en la tilde:

108

CON TILDE

mí	pronombre personal
tú	pronombre personal
él	pronombre personal
sí	pronombre personal; afirmación
sé	verbo *saber*; verbo *ser*
dé	verbo *dar*
té	sustantivo
más	adverbio de cantidad
aún	(bisílabo) equivale a 'todavía'

SIN TILDE

mi	adjetivo posesivo; nota musical
tu	adjetivo posesivo
el	artículo
si	conjunción; nota musical
se	pronombre personal
de	preposición
te	pronombre personal
mas	conjunción adversativa
aun	equivale a 'incluso'

*Eso es para **mí**.*
*Siéntate en **mi** silla. / Volved a tocar un **mi**.*

***Tú** mismo lo dijiste.*
*Llevo **tu** cartera.*

*Díselo a **él**.*
*Trae **el** libro.*

*Quiere todo para **sí** mismo. / Dijo que **sí**.*
***Si** llueve, no iré. / Te falta tocar la nota **si**.*

*Ya lo **sé** todo. / **Sé** amable con ella.*
***Se** marchó pronto.*

*Dile que te **dé** el dinero.*
*Es **de** Brasil.*

*Tomé una taza de **té**.*
***Te** andan buscando.*

*No bebas **más**.*
*Lo sabe, **mas** no lo dice.*

***Aún** no han llegado.*
***Aun** sin saberlo, contesté.*

REGLA GENERAL DE ACENTUACIÓN
EN LOS POLISÍLABOS

• Las palabras **polisílabas** se acentúan o no dependiendo de si son agundas, llanas, esdrújulas o sobreesdrújulas.

• Las palabras **agudas** (cuya sílaba tónica es la última) llevan tilde si acaban en **vocal, n** o **s**:

mamá	*café*	*salí*
tisú	*chaqué*	*israelí*
ató	*guión*	*ciempiés*
robó	*truhán*	*feligrés*

• Las palabras **llanas** (cuya sílaba tónica es la penúltima) llevan tilde si **no** acaban en **vocal, n** o **s**:

dócil	*éter*	*fénix*
nácar	*álbum*	*césped*
azúcar	*fértil*	*ágil*
mártir	*lápiz*	*mármol*

Excepciones: bíceps, tríceps, fórceps.

• Las palabras **esdrújulas** (cuya sílaba tónica es la ante-penúltima) llevan tilde todas:

mamífero	electrónica	cápsula
séptimo	árboles	plástico
poético	célebre	éxito
único	sílaba	ígneo

• Las palabras **sobreesdrújulas** (cuya sílaba tónica es cualquiera anterior a la antepenúltima) llevan tilde todas:

demuéstramelo	fusílesele	dígaselo
cómpramelo	justifícanoslo	explícamela
arráncaselo	píntatela	cítamela
dócilmente	irónicamente	fríamente

Excepciones para los polisílabos: Los casos de tilde diacrítica que a continuación se exponen.

LA TILDE DIACRÍTICA EN LOS POLISÍLABOS

Algunos polisílabos, que no tendrían necesidad de ir acentuados, llevan tilde diacrítica para distinguirse de otras palabras polisílabas de igual escritura, pero de diferente categoría gramatical. Se diferencian, por tanto, únicamente en la tilde:

• Las **partículas interrogativas y exclamativas** se escriben siempre con tilde (**qué**, **quién**, **-es**, **cuál**, **-es**, **cuánto**, **-a**, **-os**, **-as**, **dónde**, **cuándo**, **cómo**) para distinguirlos de los pronombres y adjetivos relativos correspondientes (**que**, **quien**, **-es**, **cual**, **-es**, **cuanto**, **donde**, **cuando**, **como**):

*¿**Qué** hora es? / ¡**Qué** frío!*
*La niña **que** viste ayer es mi hermana.*

*No sé **quién** ha venido. / ¡**Quién** pudiera irse de vacaciones!*
*Voy con **quien** quiero.*

111

*¿**Cuál** quieres? / ¡**Cuál** no sería mi sorpresa al verle entrar!*
*El amigo del **cual** te hablé viene hoy.*

*Le pregunté **cuánto** valía. / ¡**Cuántas** cosas!*
*Tiene todo **cuanto** quiere.*

*¿**Dónde** está mi chaqueta?*
*Dejó la casa **donde** vivía.*

*Ignoro **cuándo** va a volver.*
*Llegó **cuando** nos íbamos.*

*¿**Cómo** estás? / ¡**Cómo** llueve!*
*Lo hice **como** me dijeron.*

• Sin carácter obligatorio, es posible acentuar los **demostrativos** masculinos y femeninos cuando funcionan como pronombres (**éste, ésta, éstos, éstas, ése, ésa, ésos, ésas, aquél, aquélla, aquéllos, aquéllas**) para distinguirlos de las mismas partículas cuando funcionan como adjetivos (**este, esta, estos, estas, ese, esa, esos, esas, aquel, aquella, aquellos, aquellas**):

Este coche parece muy nuevo.
Éste me gusta más que ninguno.

*¿Son **éstas** tus zapatillas?*
*¿**Estas** zapatillas son las tuyas?*

Esa llave es la de mi casa.
*Acércame **ésa**, por favor.*

Esos días estaba muy triste.
*Quiero **ésos**, los de la derecha.*

Aquel día llegué tarde.
*Me lo dijo **aquél**.*

Aquella mansión está a la venta.
*¿Cuánto cuesta **aquélla**?*

La última normativa únicamente prescribe la necesidad de la tilde en casos de ambigüedad o confusión:

*El juez llamó a **ése*** (y no a otra persona) *mentiroso.*
*El juez llamó a **ese** mentiroso* (y no a otro mentiroso).

Recuérdese que los pronombres neutros **esto, eso, aquello** no se acentúan nunca, ya que no existen adjetivos neutros con los que pudieran confundirse:

*Mira **esto** y dime tu opinión.*
*¡Dame **eso** que tienes en la mano!*
*¿Qué es **aquello** que se ve a lo lejos?*

• Se puede acentuar *sólo* cuando es adverbio para distinguirlo del adjetivo *solo*. Según la última normativa, la tilde sólo es obligatoria en casos de ambigüedad o de doble sentido:

*Yo estudio **solo** (sin compañía) en mi habitación.*
*Yo estudio **sólo** (solamente) en mi habitación.*

• Es posible acentuar la conjunción *o* cuando va entre cifras para evitar que se confunda con la cifra cero (0).

*Me compró 3 **ó** 4 libros.*
*Vendrá dentro de tres **o** cuatro días.*

EJERCICIOS

46 ACENTÚE LAS SIGUIENTES PALABRAS DONDE CORRESPONDA, SI ES NECESARIO:

volcan	magico	caracter
mandamelo	mal	principe

fertil	sofa	muevo
liquido	liquidar	agil
agarralo	electronica	rellano
amor	fe	fui
diciendoselo	sagaz	fin
huracan	lunes	anis
pesimo	jardin	musica
carcel	avestruz	arbitro

47 INDIQUE SI LAS PALABRAS ANTERIORES SON AGUDAS, LLANAS, ESDRÚJULAS O SOBREESDRÚJULAS.

48 COLOQUE EL ACENTO O TILDE DONDE CORRESPONDA:

1. Solo se ve el mar desde aqui.
2. ¿Has visto tu la casa de esos señores?
3. Me dio unas cuantas lamparas viejas.
4. ¡Que sorpresa! ¿Cuando has venido?
5. No se quien ha podido hacer una cosa asi.
6. Ha llegado cuando menos falta hacia.
7. En esta estanteria solo caben 6 o 7 libros mas.
8. ¿Prefieres este o aquel?
9. Me pregunto en que lugar habiamos dejado estacionado el coche.
10. Me vio a mi en ese sitio.
11. Si se lo ofrecieran, diria que si.
12. ¿Vas a tomar una taza de te? Te conviene algo caliente.
13 El dira lo que mas le interese, mas verdad solo hay una.
14. Se ha comprado otra casa.
15. ¿De donde vienes a estas horas?
16. Se educado y cariñoso con la abuela.
17. No quiero que me de nada.

18. Si, ya se que si no viene el director, no podremos re-
    solver la cuestion.
19. Te temias que esto pasara, ¿verdad?
20. No lo dijo ni aun preguntandoselo su padre.
21. ¿Como? ¡No es posible que cueste tanto!
22. Aun existe la posibilidad de que el biceps no este da-
    ñado.
23 La noticia de la que te hable era un falso rumor.
24. Quien mal anda, mal acaba.
25. Aquellos que pasaron antes son esos mismos.

MÁS SOBRE ACENTUACIÓN

LA TILDE EN LAS PALABRAS
CON DOS VOCALES EN CONTACTO

Existen las siguientes combinaciones con secuencias vo-
cálicas:

• **Vocal abierta** (a, e, o) + **Vocal abierta** (a, e, o):
Se forma un hiato; por tanto, las dos vocales pertenecen
a sílabas distintas. Se sigue la norma general de acentuación para polisílabos:

te-atro	*po-ema*	*gale-ote*
me-andro	*care-o*	*male-ante*
océ-ano	*cré-eme*	*ca-ótico*
ge-ógrafo	*acorde-ón*	*líne-a*

• **Vocal cerrada** (i, u) + **Vocal cerrada** (i, u):
Se forma un diptongo; por tanto, las dos vocales pertenecen
a la misma sílaba. Se sigue la norma general de acentuación:

115

jesuita	*juicio*	*ruido*
triunfo	*ciudad*	*diurno*
construir	*huido*	*fluir*
incluimos	*fluido*	*argüimos*

Si el acento recae en la secuencia vocálica, se coloca siempre sobre la segunda vocal:

casuística	*lingüística*	*cuídate*
porciúncula	*atribuí*	*construís*

Excepciones: Cuentan como polisílabos (**Vocal cerrada + Vocal cerrada = 2 sílabas**) las formas verbales que sólo contengan esta secuencia vocálica –y ninguna otra vocal– siempre que su infinitivo tenga también una secuencia vocálica:

hu-í (huir)	*hu-ís (huir)*
flu-í (fluir)	*flu-ís (fluir)*

• **Vocal cerrada tónica** (i, u) + **Vocal abierta** (a, e, o), o a la inversa, **Vocal abierta** (a, e, o) + **Vocal cerrada tónica** (i, u):

Se forma un hiato; por tanto, las dos vocales pertenecen a sílabas distintas. No sigue la norma general de acentuación para polisílabos, sino que el **acento** siempre recae **sobre la vocal cerrada tónica**, sea cual sea su posición:

Marí-a	*confí-e*	*perí-odo*
pú-a	*actú-e*	*dú-o*
ra-íz	*le-ído*	*o-ído*
ata-úd	*transe-únte*	*re-úne*

• **Vocal cerrada átona** (i, u) + **Vocal abierta** (a, e, o) o, a la inversa, **Vocal abierta** (a, e, o) + **Vocal cerrada átona** (i, u):

Se forma un diptongo; por tanto, las dos vocales pertenecen a la misma sílaba. Se sigue la norma general de acentuación:

116

patria	*hielo*	*serio*
cuaderno	*rueda*	*cuota*
baile	*reina*	*estoico*
pausa	*deuda*	*bou*

Si el acento recae en la secuencia vocálica, se coloca siempre sobre la vocal abierta:

huésped	*periódico*	*soviético*
cuántica	*evacué*	*santiguó*
diábolo	*piérdete*	*cambió*
inicié	*acarició*	*aprecié*

Excepciones: Cuentan como polisílabos las formas verbales que sólo contengan esta secuencia vocálica (vocal cerrada + vocal abierta) –y ninguna otra vocal– siempre que su infinitivo tenga también una secuencia vocálica:

ci-é (ciar)	*ci-ó (ciar)*
cri-é (criar)	*cri-ó (criar)*
fi-é (fiar)	*fi-ó (fiar)*
gui-é (guiar)	*gui-ó (guiar)*
li-é (liar)	*li-ó (liar)*
pi-é (piar)	*pi-ó (piar)*
pu-é (puar)	*pu-ó (puar)*
ri-ó (reír)	*fri-ó (freír)*
tri-é (triar)	*tri-ó (triar)*

LA TILDE EN LAS PALABRAS CON MÁS DE DOS VOCALES EN CONTACTO

Los triptongos (**vocal cerrada + vocal abierta + vocal cerrada**) se acentúan según la regla general de acentuación de monosílabos y polisílabos. Si procede, la tilde se coloca siempre sobre la vocal abierta:

> *a-ve-ri-güéis*   *es-tu-di**éis***   *co-pi**áis***
> *a-cen-tu**áis***   *guau*   *miau*

Hay que tener en cuenta que no siempre que hay tres vocales en contacto se forma un triptongo:

• Si cualquiera de las vocales cerradas lleva tilde, se produce la combinación de un hiato y un diptongo. La vocal acentuada queda separada del resto del grupo vocálico:

sa-lí-ais: **ai** (diptongo); **í-ai** (hiato entre vocal y diptongo).
a-gua-í: **ua** (diptongo); **ua-í** (hiato entre diptongo y vocal).

• Si hay más de tres vocales en contacto, entonces hay una vocal cerrada acentuada –situada en posición intermedia– que produce un hiato con la vocal anterior, y otro, con las vocales posteriores:

cre-í-ais: e-í (hiato); *í-ai* (hiato entre vocal y diptongo).
re-í-ais: e-í (hiato); *í-ai* (hiato entre vocal y diptongo).

EJERCICIOS

49 DIVIDA EN SÍLABAS LAS SIGUIENTES PALABRAS Y, SI ES NECESARIO, COLOQUE LA TILDE DONDE CORRESPONDA:

cianuro	Caucaso	estoy
terapeutico	huesped	naufrago
diocesis	hincapie	tambien
estiercol	apaciguais	sabeis
heroe	fiar	corroer
maiz	huir	actua

caido	pais	baul
vehiculo	reiamos	sentiria
creiamos	guio	truhan
guion	desafiaron	agrieis

50 CONJUGUE EL PRETÉRITO IMPERFECTO, PRETÉRITO PERFECTO SIMPLE Y CONDICIONAL SIMPLE DE LOS SIGUIENTES VERBOS, TAL Y COMO SE MUESTRA EN EL EJEMPLO:

creer: *creía, creías, creía, creíamos, creíais, creían;*
creí, creíste, creyó, creímos, creísteis, creyeron;
creería, creerías, creería, creeríamos, creeríais,
creerían.

conceder: ....
partir: ....
sentir: ....
ceder: ....
volver: ....
concluir: ....

CASOS PECULIARES
DE ACENTUACIÓN

LA TILDE EN LAS PALABRAS COMPUESTAS

• Los **compuestos unidos sin guión intermedio** se consideran como palabras simples por lo que a la acentuación se refiere; por tanto, siguen la regla general de acentuación para polisílabos:

parabién   *tiovivo*   *paracaídas*

119

cortaúñas	*espantapájaros*	*veintidós*
hazmerreír	*cortacésped*	*pelirrojo*
automóvil	*puntapié*	*vaivén*

• Los **compuestos unidos por un guión intermedio** se consideran, a efectos de acentuación, como dos palabras y, por tanto, cada uno de los componentes se acentuará si así lo exige la regla general de acentuación de polisílabos:

teórico-práctico	*físico-químico*	*árabe-israelí*
histórico-geográfico	*hispano-alemán*	*franco-luso*

• Los **adverbios** terminados en -**mente** siguen la regla general de acentuación, pero aplicada a la forma adjetiva de la que se derivan. Llevan tilde si el adjetivo la tiene, si no, no:

común:	*comúnmente*
fácil:	*fácilmente*
última:	*últimamente*
amable:	*amablemente*
suave:	*suavemente*
feliz:	*felizmente*

• Las formas verbales a las que se les añade uno o varios pronombres enclíticos forman una palabra y siguen la regla general de acentuación para polisílabos:

dígame	*dámelo*	*búscala*
pongámonos	*acuérdate*	*cómetela*
vióseles	*fuímonos*	*dióselo*
dame	*vete*	*sentaos*
ponme	*reunirnos*	*lavaos*
atribuirles	*meteos*	*llamarnos*

Excepciones: Las formas verbales ya acentuadas no pierden el acento al añadir uno o varios pronombres enclíticos:

dé: déle, déselas
acabó: acabóse, acabóselas

LA TILDE EN LAS PALABRAS PROCEDENTES DE OTRAS LENGUAS

• Las **voces extranjeras**, cuando se han incorporado a la lengua española, se acentúan siguiendo la regla general de acentuación:

carné	*cómic*	*láser*
chalé	*eslogan*	*claxon*
vermú / vermut	*estándar*	*gángster*
cliché	*parqué*	*cóctel*
estrés	*líder*	*pimpón*

• Los **latinismos** se acentúan siguiendo la regla general de acentuación:

fórum	*accésit*	*currículum*
referéndum	*déficit*	*hábitat*
podium	*quórum*	*ídem*
júnior	*tedéum*	*réquiem*
vademécum	*superávit*	*clímax*

EJERCICIOS

51 COLOQUE TILDE EN LAS SIGUIENTES PALABRAS, SI ES NECESARIO:

asimismo	rapidamente	rioplantense
vamonos	hagase	buscalo

deme	date	estate
austro-hungaro	oigame	donjuan
adios	interin	duodecimo
afro-cubano	ascetico-mistico	disponte
cuentalo	sutilmente	conteneos
heroicamente	portalamparas	videojuego
anglo-egipcio	piamente	ingenuamente
mantente	salios	proponlo

52 COLOQUE TILDE DONDE CORRESPONDA:

1. Su mayor relax es la lectura de comics.
2. ¿Donde has puesto el cortauñas?
3. Rapidamente, escribio un curriculum.
4. Daselas lo mas pronto posible.
5. ¡Callate! Me duele la cabeza de escucharte.
6. Es un sabelotodo y un metomentodo.
7. Subio al podium muy orgulloso.
8. En el interin, todo el mundo se quedo callado.
9. Lialo con cuidado, no vaya a romperse.
10. Ha puesto parque en el suelo del chale.
11. Ahora esta ocupado con el cortacesped.
12. Creo que esta planta esta fuera de su habitat.
13. ¿Has escuchado el tedeum?
14. En muchas discotecas han instalado un rayo laser.
15. Cuando hizo sonar el claxon, salio rapidamente el gangs-
ter de la casa.
16. La mayoria de esloganes siguen cliches establecidos.
17. Tomamos un vermut y un tentempie.
18. ¿Tienes ya el carne de conducir?
19. Con el vaiven se durmio el niño pelirrojo.
20. Dele un saludo de mi parte al guardameta.

21. Considera que jugar al pimpon es un signo de esnobismo.
22. Dejalo en guardarropia.
23. ¡Ten cuidado! Has abollado el parachoques.
24. El estres comienza cuando exiges a tu organismo un rendimiento superior al normal.
25. ¡Vamos! Daos la mano y olvidadlo todo.

ALGUNAS PALABRAS QUE ADMITEN DOBLE ACENTUACIÓN

La normativa admite ambas acentuaciones, pero prefiere las formas que aparecen en primer lugar[2]:

acné	acne
aeróstato	aerostato
afrodisíaco, -a	afrodisiaco, -a
alveolo	alvéolo
ambrosía	ambrosia
amoníaco, -a	amoniaco, -a
anémona	anemona
atmósfera	atmosfera
aureola	auréola
austriaco, -a	austríaco, -a
balaustre	balaústre
beréber	bereber
bimano, -a	bímano, -a
cantiga	cántiga
cardíaco, -a	cardiaco, -a

_____
2. Diversas son las formas que, a pesar de ser las preferidas por la normativa, no lo son por el uso que de ellas hacen los hablantes. Así, por ejemplo, resultan desusadas *conclave, medula, réptil...*

cartomancia	cartomancía
chófer	chofer
cíclope	ciclope
cóctel	coctel
conclave	cónclave
cuadrumano	cuadrúmano
demoníaco, -a	demoniaco, -a
dinamo	dínamo
dionisíaco, -a	dionisiaco, -a
dominó	dómino
égida	egida
elegíaco, -a	elegiaco, -a
elixir	elíxir
exegesis	exégesis
exegeta	exégeta
fríjol	frijol
fútbol	futbol
gladíolo	gladiolo
hemiplejía	hemiplejia
hipocondríaco, -a	hipocondriaco, -a
isóbara	isobara
mama	mamá
maníaco, -a	maniaco, -a
medula	médula
metempsicosis	metempsícosis
meteoro	metéoro
metopa	métopa
misil	mísil
mucilago	mucílago
nigromancia	nigromancía
olimpiada	olimpíada
omóplato	omoplato
ósmosis	osmosis
pabilo	pábilo

paradisíaco, -a	paradisiaco, -a
pelícano	pelicano
pensil	pénsil
pentagrama	pentágrama
período	periodo
policíaco, -a	policiaco, -a
policromo, -a	polícromo, -a
polígloto, -a	poligloto, -a
quiromancia	quiromancía
raíl	rail
reptil	réptil
reuma	reúma
saxófono	saxofón
termostato	termóstato
tortícolis	torticolis
utopía	utopia
Zodíaco	Zodiaco

EJERCICIOS

53 COLOQUE TILDE DONDE CORRESPONDA, SIGUIENDO LAS
RECOMENDACIONES DE LA NORMATIVA:

1. Este poema tiene un tono elegiaco.
2. La exegesis es la explicación o interpretación de un texto.
3. El exegeta nos ha mostrado parte de su trabajo.
4. No te angusties, ese dolor no es grave. ¡Eres un hipo-condriaco!
5. La egida es la piel de cabra con que se representa al dios Zeus y a la diosa Atenea.

6. Practica la quiromancia, es decir, adivina a través de las rayas de la mano.
7. *Pensil* significa pendiente o colgado en el aire.
8. Mira las notas musicales que he escrito en el pentagrama.
9. Su anciana madre sufre mucho de reuma.
10. Le encanta el futbol: no se pierde un partido de su equipo.
11. El elixir que tomé fue un remedio maravilloso para el dolor de cabeza.
12. Con unos pocos gladiolos ha formado un ramo bien vistoso.
13. El frío era tan intenso que llegaba hasta la medula de los huesos.
14. ¿Dónde se celebra la próxima olimpiada?
15. Al mover el brazo se marca el omoplato en la espalda.
16. Nos perdimos cuando llegamos al campo sembrado de frijoles.
17. ¿El caimán es un reptil?
18. No le gusta que sus hijos jueguen cerca del rail del tren.
19. Ha escrito ya varias novelas policiacas.
20. Han decorado esa parte del jardín con un mosaico policromo.
21. La nigromancia pretende adivinar el futuro invocando a los muertos.
22. El misil alcanzó su objetivo tal y como estaba previsto.
23. Es poliglota: sabe hablar inglés, francés, chino, ruso y español.
24. Son meteoros la lluvia, el viento, el arco iris, el rayo...
25. Desde entonces cada noche sueña que la persigue un maniaco.

26. Mama, ¿puedo ir a bañarme a la playa?
27. En el mapa meteorológico las isobaras anunciaban una borrasca.
28. Mañana comienza el campeonato de domino.
29. Fue un periodo muy amplio, pues abarcó varios siglos.
30. He descubierto un lugar paradisiaco: árboles verdes, agua cristalina...
31. El paso recíproco de líquidos de distinta densidad a través de una membrana que los separa se denomina osmosis.
32. El pelicano deposita en la membrana de su pico los alimentos.
33. ¿Cuál es tu signo del Zodiaco?
34. Esta vela ya no tiene pabilo.
35. Es una utopia pensar que la corrupción va a desaparecer tan fácilmente.
36. Se ha estropeado el termostato de la lavadora.
37. Otra vez vuelvo a tener torticolis: no puedo mover el cuello.
38. Toca el saxofono desde muy joven.
39. Según la metempsicosis, las almas transmigran después de la muerte a otros cuerpos más o menos perfectos.
40. La dinamo sirve para transformar la energía mecánica en energía eléctrica o viceversa.
41. Se rumorea que practican ritos demoniacos.
42. Nos ofrecieron unos vinos que hubieran hecho el deleite del más fino paladar dionisiaco.
43. Por favor, avisa al chofer del señor Márquez.
44. Escriba en este papel el nombre de varios mamíferos cuadrumanos.

45. Al coctel asistieron muchos miembros del club.
46. El nuevo Sumo Pontífice ya ha sido elegido por el conclave.
47. En la mitología griega, el ciclope era el gigante de un solo ojo.
48. En las metopas del este del Partenón están representados los combates de los dioses contra los gigantes.
49. La cartomancia es un arte de adivinación muy conocido.
50. El hombre es el único ser bimano.
51. Sufrió un paro cardiaco que le causó la muerte.
52. Las antiguas composiciones líricas que estaban destinadas al canto se denominan cantigas.
53. Los bereberes son los naturales de Berberia, región de África.
54. Tiene toda la cara cubierta de acne.
55. Las imágenes sagradas suelen representarse con una aureola.
56. El máximo mandatario austriaco ha viajado a Perú.
57. ¿Es cierto que el marisco es afrodisiaco?
58. Los alveolos pulmonares son el final de las ramificaciones de los bronquiolos.
59. Necesito un poco de amoniaco para limpiar esto.
60. La anemona de mar se parece a una flor.
61. Cada vez está más contaminada la atmosfera.
62. No quiso subir al aerostato, ya que tiene pánico a las alturas.
63. ¿Qué ambrosia has preparado hoy para comer?
64. Se rompió un balaustre de la barandilla y estuvimos a punto de caer desde el segundo piso.
65. Desde que sufrió la hemiplejia, sólo mueve el lado izquierdo del cuerpo.

ALGUNAS PALABRAS QUE SUELEN PRONUNCIARSE Y ACENTUARSE INCORRECTAMENTE

FORMA INCORRECTA	FORMA CORRECTA
acrobacía	acrobacia
adecúa	adecua
aerodromo	aeródromo
ahi	ahí
alcánfor	alcanfor
álfil	alfil
antitesis	antítesis
apoplejia	apoplejía
ástil	astil
áuriga	auriga
ávaro	avaro
balompíe	balompié
beisbol	béisbol
biósfera	biosfera
cábila	cabila
carácteres	caracteres
catalisis	catálisis
Cátulo	Catulo
cénit	cenit
centígramo	centigramo
centílitro	centilitro
centimetro	centímetro
chiclé	chicle
cólega	colega
condor	cóndor
cónsola	consola
cuádriga	cuadriga
decágramo	decagramo

decálitro	decalitro
decametro	decámetro
decígramo	decigramo
decílitro	decilitro
decimetro	decímetro
dialisis	diálisis
electrolisis	electrólisis
élite	elite
epíglotis	epiglotis
epilepsía	epilepsia
erúdito, -a	erudito, -a
especimen	espécimen
espúrio, -a	espurio, -a
estratósfera	estratosfera
evacúa	evacua
expédito, -a	expedito, -a
fluído, -a	fluido, -a
fluor	flúor
fórmica	formica
futil	fútil
hectógramo	hectogramo
hectólitro	hectolitro
hectometro	hectómetro
hidrolisis	hidrólisis
hipocondria	hipocondría
hipógrifo	hipogrifo
interín	ínterin
intérvalo	intervalo
jesuíta	jesuita
kilógramo	kilogramo
kilólitro	kilolitro
líbido	libido
licúa	licua
litósfera	litosfera

magnetofono	magnetófono
mámpara	mampara
méndigo	mendigo
metamórfosis	metamorfosis
mildiú	mildíu
milígramo	miligramo
mililitro	mililitro
milimetro	milímetro
miriada	miríada
miriágramo	miriagramo
miriálitro	mirialitro
mitín	mitin
monócromo, -a	monocromo, -a
nádir	nadir
nailón	nailon
neumonia	neumonía
nilon	nilón
Nóbel	Nobel
óboe	oboe
pápiro	papiro
paralelógramo	paralelogramo
paralisis	parálisis
patina	pátina
périto, -a	perito, -a
pitecantropo	pitecántropo
prénsil	prensil
pristino, -a	prístino, -a
régimenes	regímenes
reostato	reóstato
retahila	retahíla
sútil	sutil
tactil	táctil
tangana	tángana
záfiro	zafiro

131

EJERCICIOS

54 SUBRAYE LA FORMA ADECUADA EN CADA CASO:

1. El escritor mexicano Octavio Paz recibió el premio *Nobel/Nóbel* de literatura en el año 1990.
2. El *nadir / nádir* es el punto de la esfera celeste diametralmente opuesto al *cenit / cénit*.
3. El *cóndor / condor* habita en los Andes.
4. Casi todos los dentríficos son ricos en *fluor / flúor*.
5. Ha puesto armarios de *fórmica / formica* en la cocina de su casa.
6. ¡Qué *sutil / sútil* fue aquella sugerencia!
7. Esta prenda está compuesta por muy poco *nailón / nailon* o *nilón / nilon*.
8. Este pez es un *especimen / espécimen* único en su especie.
9. El *périto / perito* hizo una tasación muy baja.
10. ¡Vaya *caracteres / carácteres* los de los miembros de esta familia!
11. Lo ha medido *centimetro / centímetro* a *centimetro / centímetro*.
12. En el *intervalo / intérvalo* se marchó el *jesuita / jesuíta*.
13. El *auriga / áuriga* era el conductor de la *cuadriga / cuádriga*.
14. Papá, mira: ésa es la *consola / cónsola* que yo quiero.
15. Se ha perdido un *alfil / álfil* de mi juego de ajedrez.
16. Realizó una *acrobacía / acrobacia* sorprendente.
17. La noche es la *antítesis / antitesis* del día.
18. Con esa tela tan transparente harás que se despierte la *líbido / libido* de quien te vea.
19. Mario ha ido con unos *cólegas / colegas* a ver un partido de... *beisbol / béisbol* o de *balompié / balompié*.
20. Actualmente, ¿qué *regímen / régimen* político hay establecido en tu país?

21. Nos vimos en el *aerodromo / aeródromo*.
22. Este armario huele a *alcanfor / alcánfor*.
23. La *apoplejia / apoplejía* comporta, casi siempre, algún tipo de *parálisis / paralisis*.
24. El *erudito / erúdito* fue muy *expédito / expedito* en su informe, pero éste fue *futil / fútil*.
25. De la *biósfera / biosfera* se encarga la biología; de la *estratósfera / estratosfera*, la meteorología; y de la *litósfera / litosfera*, la geología.
26. El *hectometro / hectómetro*, el *decámetro / decametro*, el *decimetro / decímetro* y el *centimetro / centímetro* son medidas de longitud.
27. Sufre, desde hace meses, de *neumonía / neumonia*.
28. ¿Por qué has enganchado un *chiclé / chicle* en las llaves del *oboe / óboe*?
29. Al *mitin / mítin* no acudió prácticamente nadie.
30. La *cabila / cábila* rendía culto a un gran *zafiro / záfiro*.
31. No seas tan *avaro / ávaro* y regálale una *mámpara / mampara* de mejor calidad.
32. El contenido de la caja no se *adecúa / adecua* al albarán.
33. El *astil / ástil* de la bandera se inclina un poco.
34. *Cátulo / Catulo* fue un poeta latino.
35. Si *evacua / evacúa* con rapidez, puede tomar estas pastillas.
36. *Licua / Licúa* estas frutas, por favor.
37. ¡Vaya *tangana / tángana* que se organizó!

ALGUNAS PALABRAS CON OPOSICIÓN SIGNIFICATIVA ACENTUAL

Las palabras siguientes presentan tres posibilidades de ser pronunciadas. Por tanto, la ausencia o la presencia de la tilde –en una u otra sílaba tónica– es el único modo de distinguir estas palabras que, de otra forma, se confundirían[3]:

AGUDAS	LLANAS	ESDRÚJULAS
animó	animo	ánimo
apostrofó	apostrofo	apóstrofo
arbitró	arbitro	árbitro
articuló	articulo	artículo
calculó	calculo	cálculo
cantará	cantara	cántara
capituló	capitulo	capítulo
cascará	cascara	cáscara
catalogó	catalogo	catálogo
celebré	celebre	célebre
centrifugó	centrifugo	centrífugo
circuló	circulo	círculo
citará	citara	cítara
continuó	continuo, continúo	
contrarió	contrarío	
criticó	critico	crítico
depositó	deposito	depósito
diagnosticó	diagnostico	diagnóstico
dialogó	dialogo	diálogo
dominó	domino	dómino
ejercitó	ejercito	ejército
equivocó	equivoco	equívoco
especificó	especifico	específico
estimuló	estimulo	estímulo
explicitó	explicito	explícito

---

3. Obsérvese que la mayoría de las palabras agudas y llanas, correspondientes a la primera y a la segunda columnas, son formas verbales.

habitó	habito	hábito
indicó	indico	índico
integró	integro	íntegro
interpreté	interprete	intérprete
intimó	intimo	íntimo
invalidó	invalido	inválido
jubiló	jubilo	júbilo
legitimó	legitimo	legítimo
limité	limite	límite
liquidó	liquido	líquido
lubricó	lubrico	lúbrico
mascará	mascara	máscara
medicó	medico	médico
menstruó	menstruo, menstrúo	
moduló	modulo	módulo
monologó	monologo	monólogo
musicó	musico	músico
naufragó	naufrago	náufrago
numeró	numero	número
oxidó	oxido	óxido
oxigenó	oxigeno	oxígeno
palpitó	palpito	pálpito
participé	participe	partícipe
perpetuó	perpetuo, perpetúo	
practicó	practico	práctico
prodigó	prodigo	pródigo
pronosticó	pronostico	pronóstico
prosperó	prospero	próspero
publicó	publico	público
rotuló	rotulo	rótulo
solicitó	solicito	solícito
terminó	termino	término

tituló	titulo	título
traficó	trafico	tráfico
tramité	tramite	trámite
transitó	transito	tránsito
ultimó	ultimo	último
validó	valido	válido
varió	vario	varío
vinculó	vinculo	vínculo
vomitó	vomito	vómito

EJERCICIOS

55 ELIJA VEINTE PALABRAS DISTINTAS DE LA LISTA ANTERIOR Y
CONSTRUYA UNA FRASE CON CADA UNA DE LAS POSIBILIDADES
DE PRONUNCIACIÓN, TAL Y COMO SE MUESTRA EN EL EJEMPLO:

Ayer *celebré* yo mi cumpleaños, no tú.
Esperamos que la reunión se *celebre* antes de que sea tarde.
¿Tienes el autógrafo de algún personaje *célebre*?

ALGUNOS PARÓNIMOS ACENTUALES
(PALABRAS DE ACENTUACIÓN DUDOSA
POR SU SEMEJANZA O RELACIÓN FORMALES)

aca excremento
ala extremidad del ave

angelico diminutivo de
   ángel
apodo sobrenombre
arteria vaso sanguíneo

acá aquí
Alá Dios de los
   mahometanos
angélico relativo a los
   ángeles
ápodo sin pies
artería astucia

atona cierta oveja
cale cierto golpe

cama lecho
cámbara centolla
canido enmohecido

capa prenda de vestir

cará-cará indio americano

carne músculo de los animales

castor cierto mamífero roedor

cesar parar, dejar de hacer algo
citara pared de cierto grosor; verbo *citar*
coco árbol; fruto; fantasma

colera adorno para el caballo

colon porción de intestino

comisaria alta funcionaria

coña guasa, burla

cope parte de la red de pesca

depositaria tesorera
dita préstamo
dolar desbastar con el dolobre

átona no tónica
calé gitano de raza; moneda
camá paloma silvestre
cambará árbol
cánido cierta familia de mamíferos
capá árbol de las Antillas
caracará carancho, ave de rapiña
carné documento personal
Cástor personaje mitológico; astro
César emperador romano
cítara instrumento musical
cocó tierra blanquecina para obras
cólera ira; enfermedad; tela
colón moneda; el que se cuela
comisaría oficina del comisario
coñá coñac, bebida alcohólica
copé especie de betún o nafta
depositaría tesorería
ditá árbol de Filipinas
dólar moneda

137

ejecutoria título o diploma

fusil arma de fuego
lucido de *lucir*

maja hermosa, guapa
misero cierto sacerdote

monada acción propia de
un mono; cosa pequeña
y delicada
notaria funcionaria pública

papa sumo pontífice católico;
padre de familia
parque jardín de recreo

pate árbol de Honduras

penitenciaria sistema
de castigo
pichi prenda de vestir;
arbusto
plato recipiente; comida;
tema de murmuración
pulsar tocar; tomar el pulso

raja abertura, grieta
rape corte de cabello o barba
revolver girar, menear;
inquietar, enredar
sabana llanura sin árboles

sandia necia, simple

ejecutoría oficio
de ejecutor
fúsil que puede fundirse
lúcido claro en el
razonamiento
majá culebra de Cuba
mísero desdichado,
infeliz

mónada protozoo;
cierta sustancia

notaría oficina y oficio
del notario

papá padre de familia

parqué entarimado de
maderas

paté cierto alimento;
cruz

penitenciaría prisión

pichí orina

plató recinto
cinematográfico
púlsar estrella de
neutrones

rajá soberano índico
rapé tabaco en polvo
revólver arma de fuego

sábana pieza de tela
de la cama
sandía planta; fruto

138

secretaria ayudante de
  despacho
seria grave; importante

secretaría oficina,
  despacho
sería de *ser*

EJERCICIOS

56 COLOQUE TILDE DONDE CORRESPONDA:

1. Se te va enfriar la carne del plato.
2. He visto a la secretaria en el parque.
3. Papa, este cuadro te ha quedado muy lucido.
4. Escondió el revolver entre las sabanas.
5. Volcó la lata de pate en el parque nuevo.
6. Sería la notaria recién llegada.
7. Vive como un raja.
8. Están rodando en este plato.
9. Montó en colera cuando supo que me había comido todo el coco.
10. ¡Angelico, se ha quedado dormido! Llévalo a la cama en seguida.
11. ¿Dónde están mi pichi y mi capa?
12. Acá es conocido con el apodo de «El Largo».
13. ¿Otra vez estás de coña? ¿Por qué vas a cesar de director?
14. El dolar es la unidad monetaria de varios países como, por ejemplo, de Estados Unidos.
15. El cambara es un árbol frondoso, de hoja discolora, verde y blanca, y flor blanca muy pequeña.
16. En esta zona podemos encontrar castores.
17. El Papa ha viajado a diversos lugares en poco tiempo.
18. En la penitenciaria le cortaron el pelo al rape.
19. ¿Por qué estás tan seria? ¿No quieres comer sandia?

20. Acabo de ver a la notaria en la notaria ahora mismo.
21. La maja, como todas las serpientes, es un apodo.
22. No hagas monadas con ese fusil. ¡Podría dispararse!
23. Era un escritor anciano y mísero, pero muy lucido.
24. ¡Eres un colon! ¡Yo había llegado antes a la depositaria!
25. El perro y el lobo son canidos.
26. Si os decidís por poner parque en el comedor, recuerda que de vez en cuando tendréis que pulirlo.
27. Se llama atona a la oveja que cría un cordero de otra madre.
28. Mira, esa paloma está herida en un ala.
29. ¡Salve, Cesar! Los que van a morir te saludan.
30. ¡Qué monada de joyero!

LOS SIGNOS DE PUNTUACIÓN

USO DE LA COMA (,)

La **coma** marca una pausa breve en la lengua hablada; sin embargo, hay casos en que es obligada la coma en la escritura sin que exista pausa obligada en la pronunciación.

<small>SE ESCRIBE COMA:</small>
• Para delimitar y unir, en una serie enumerativa, los diversos elementos –de equivalente categoría gramatical–, cuando éstos no van unidos por las conjunciones *y, e, ni, o, u*. La coma suele suplir a la conjunción en la unión de todos los elementos de la serie, excepto en la unión de los dos últimos, que se enlazan mediante la conjunción:

Había ropa, zapatos, libros, discos, papeles
y algunas cosas más en aquella maleta.

Prefiere leer, pasear, hablar con los amigos, jugar
al ajedrez o escuchar música.

No quiere hablar con nadie, no quiere comer ni salir
de su habitación.

En verano me levanto tarde, estudio un poco, voy
a la playa y tomo un poco el sol.

Sin embargo, la coma y las conjunciones *y, e, ni, o, u* no son necesariamente incompatibles. Se utiliza **coma + conjunción** cuando se trata de delimitar y unir dos series, que aparecen juntas en el texto:

Compró platos, vasos y copas, y colchas, sábanas
y mantas.
(Una serie estaría formada por elementos de una «vajilla» y la otra, por elementos de «ropa de cama».)

141

Mi amigo conoce Puerto Rico y Chile, y piensa ir
a Brasil.
(Una serie estaría formada por los países que conoce mi
amigo y otra, por los verbos «conoce» y «piensa ir»).

También se utiliza **coma + conjunción** cuando se quiere
realizar el contraste entre dos oraciones con sujetos distintos:

Ella pidió, rogó suplicó, y él no la miró siquiera.
Yo como mucho y bebo más, y tú apenas pruebas nada.

• Para intercalar distintos tipos de incisos –fragmentos
que contienen información adicional y, por tanto, pueden
ser suprimidos sin que la secuencia quede afectada– en
una oración:

Es condición natural del hombre, común a todos
los animales, el instinto de procrear.

Juan, el mayor de los hermanos, se ocupó de cuidar
la casa.

Los estudiantes, que se habían desplazado en tren,
llegaron tarde.

¿Cómo está mi hijo, doctor?

El puesto, según me dijeron, ya había sido ocupado.

Su jefe, francamente, es muy buena persona.

El señor Ayala, como mencionamos anteriormente,
ha salido de viaje.

Francamente, no sé qué pensar.

Téngase en cuenta que, si el inciso va al principio de la
oración, la coma se coloca justo después del inciso; si va
en medio de la oración, el inciso debe ir entre comas; y, si va
al final de la oración, la coma se coloca justo antes del inciso.

• Para sustituir a una forma verbal, con o sin otros elementos de la oración, que ha sido omitida por haber sido mencionada antes o por sobreentenderse en la situación:

En la montaña lo paso bien; en el mar, regular.

Este queso, buenísimo.

Antes el taxista ha adelantado al coche azul por la derecha; ahora, por la izquierda.

• Para marcar los cambios de orden de diversos elementos dentro de la oración. Cuando un elemento de la oración ha sido desplazado de su lugar habitual, la pausa que hay entre este elemento y el resto de la oración se señala con una coma o con dos comas:

Tomó el hacha y, de un solo tajo, partió el tronco.
(Tomó el hacha y partió el tronco de un solo tajo.)

A Carlos, no lo he visto todavía.
(No he visto todavía a Carlos.)

A tu amigo, ofrécele una copa.
(Ofrece una copa a tu amigo.)

De política, no permitiremos que se hable en esta reunión.
(No permitiremos que se hable de política en esta reunión.)

En cuanto a lo de antes, nada tengo que añadir.
(Nada tengo que añadir en cuanto a lo de antes.)

Respecto de esa cuestión, tengo que hacer una pequeña aclaración.
(Tengo que hacer una pequeña aclaración respecto a esa cuestión.)

143

Sin embargo, no se considera cambio de orden la aparición de sujetos detrás de ciertos verbos:

Han venido muchos turistas este año.
Se me caído el jarrón accidentalmente.
No se me ocurre nada interesante.
No hay nada que decir al respecto.
Me duele bastante la cabeza.
Le ha molestado mucho que dijeras aquello.

Tampoco se considera cambio de orden el que aparece en las oraciones interrogativas o exclamativas:

¿Qué has comprado tú?
¡Qué tarde habéis venido!

• Para marcar los cambios de orden dentro de una oración compuesta:

Si vienes a Madrid, lo pasarás bien.
(Lo pasarás bien si vienes a Madrid.)

Aunque me mate a estudiar, no voy a aprobar.
(No voy a aprobar aunque me mate a estudiar.)

Cuando lo sepas, me lo dices.
(Me lo dices cuando lo sepas.)

Terminado el trabajo, se marcharon.
(Se marcharon terminado el trabajo.)

Yendo por la calle, me encontré con tu padre.
(Me encontré a tu padre yendo por la calle.)

Porque no le dejamos jugar con nosotros, nos pega.
(Nos pega porque no le dejamos jugar con nosotros.)

• Después de un grupo muy heterogéneo de elementos que ayudan a organizar el texto, muestran la opinión del autor o introducen aclaraciones o resúmenes. Estos elementos son *pues, así pues, por consiguiente, en consecuencia, por tanto, por eso, con todo y con eso, es decir, o sea, esto es, por ejemplo, a saber, o bien, si acaso, además, aparte de esto, en efecto, en general, al menos, no obstante, a pesar de todo, siquiera, también, al contrario, sin duda, de todos modos, sobre todo, en fin, en definitiva, a primera vista, en principio, por lo que parece, de hecho, en realidad, probablemente, por un lado, por otro lado, en primer lugar, en segundo lugar, por último, al fin y al cabo, sin embargo...*

Estos elementos pueden ser considerados también como incisos:

Creo, sin duda, que vamos por el camino adecuado.

Por un lado, estamos al borde de la quiebra si no se produce un milagro. Por otro lado, aunque tuviera dinero, no sabría en qué invertirlo.

A primera vista, el problema no es grave.

• Para determinar cuál es la interpretación adecuada, si existe más de una en una oración:

Minutos después de los sangrientos asesinatos no hablaba nadie.

El viajero de París sale en tren camino de Milán.

Si no hay coma, la interpretación es la siguiente:

[Minutos después de los sangrientos asesinatos] no hablaba nadie.
(Todos estaban callados poco tiempo después de que ocurrieran los sangrientos asesinatos.)

[El viajero de París] sale en tren camino de Milán.
(El viajero ha nacido en París o vive en esta ciudad.)

145

Si hay coma, el lector se ve obligado a realizar otra interpretación:

Minutos después, [de los sangrientos asesinatos no hablaba nadie].
(Nadie hablaba de los sangrientos asesinatos poco tiempo después de que éstos ocurrieran.)

El viajero, [de París sale en tren camino de Milán].
(El punto de partida del viaje es París.)

Un caso especial de doble interpretación es el que se produce con las oraciones en las que intervienen ciertos pronombre relativos:

Los estudiantes que se habían desplazado en tren llegaron tarde.
(Sólo un grupo de estudiantes se habían desplazado en tren y éstos fueron los que llegaron tarde; los otros estudiantes utilizaron otro medio de transporte y no llegaron tarde.)

Los estudiantes, que se habían desplazado en tren, llegaron tarde.
(Todos los estudiantes se habían desplazado en tren y, por tanto, todos llegaron tarde.)

• Para separar los decimales de los números enteros. Puede utilizarse la coma alta o la coma baja:

Esta habitación mide 3, 25 metros de ancho.
El pollo que he comprado para la cena pesa 1'340 kilos.

• Después de *etcétera* o de *etc.* cuando éstos no finalizan la oración:

146

Compró guantes, gorros, calcetines, etc., para toda su familia.

Finalmente sacó pañuelos, cartas, huevos, etcétera, del sombrero.

TÉNGASE EN CUENTA QUE:

• No debe colocarse coma entre sujeto y verbo, si no hay ningún inciso:

Este muchacho llegará a ser importante.

Este muchacho, si sigue tus consejos, llegará a ser importante.

• No debe colocarse coma entre el verbo y sus complementos si siguen un orden lineal o si no aparece ningún inciso:

Pedro dejó los apuntes a sus compañeros de colegio.

Pedro dejó, como bien sabes, los apuntes a sus compañeros de colegio.

• No debe colocarse coma detrás de *pero* cuando éste va delante de una oración interrogativa:

Pero ¿te aprobaron al final?

Ya sé que es muy tarde, pero ¿no podríamos adelantar algo de trabajo?

• No debe colocarse coma antes de los puntos suspensivos que aparecen en las enumeraciones:

Me gustaría saber tocar cualquier instrumento musical: violín, piano, guitarra...

147

EJERCICIOS[4]

57 COLOQUE COMA DONDE CORRESPONDA:

1. Con este robot de cocina usted puede triturar batir picar rallar trocear licuar etc.
2. Ricardo haz el favor de acompañarme pues tengo mucho miedo.
3. ¿Qué va a tomar de postre: helado flan melocotón en almíbar o fruta del tiempo?
4. Si supieras Leonor lo que te espera en casa...
5. Han salido de acampada Diego Sonia Alberto Pedro Ana...
6. Mi hermano que ya es arquitecto acaba de conseguir un buen trabajo.
7. Yo prefiero las películas de terror y ella las musicales.
8. Enojado se marchó sin despedirse de su familia.
9. En el supermercado terminó comprando más de lo necesario.
10. Enrique se compró un reloj y Carmen un libro.
11. En el monedero guardaba monedas antiguas billetes y tarjetas de visita tiques y alguna fotografía.
12. Cuando ya llevábamos recorrido un buen trecho nos dimos cuenta de que estábamos dando vueltas en círculo.
13. Antes de que llegue el taxi debes tenerlo todo listo.
14. Entre tú y yo estoy completamente arruinado.
15. El aire del mar especialmente para las personas débiles es muy saludable.

---

4. Para la realización de los ejercicios de todo el tema de «Los signos de puntuación», sería muy útil escuchar antes atentamente y varias veces, si es preciso, la lectura que otra persona haga de los textos ya puntuados, recogidos en las «Soluciones de los ejercicios» (págs. 515-526).

16. Aunque no me interesaba me quedé.
17. Un buen descanso durante el día lo constituye por ejemplo mantener cerrados los párpados durante unos instantes.
18. Finalmente decidí como en otras ocasiones hacer lo que me aconsejaban mis padres.
19. La voz humana bien modulada despierta en nosotros las más gratas sensaciones.
20. El hombre sin duda es bueno por naturaleza.
21. Si hay huelga de metro no tendré más remedio que tomar un taxi.
22. No subas tanto niña que te vas a caer.
23. Te habrás distraído porque si no no me explico lo que te ha ocurrido.
24. Siempre que me llames acudiré.
25. A no ser que llueva iremos de excursión.
26. Pero ¿cómo se te ha ocurrido preguntarle eso Joaquín?
27. Sí señor. Ya he subido su equipaje a la habitación.
28. Y en efecto cuando abrió la puerta de su casa se encontró todo revuelto.
29. De esa manera pensó Juan podemos ganar dinero.
30. Vinieron todos a visitarme excepto Luis.

58 ESTAS ORACIONES TIENEN MÁS DE UNA INTERPRETACIÓN DEPENDIENDO DE LA PRESENCIA O LA AUSENCIA DE LA COMA. EXPLIQUE CUÁLES SON ESAS INTERPRETACIONES:

1. Les enviaré a mis colaboradores el material que recibimos en una carta certificada.
2. Les enviaré a mis colaboradores el material que recibimos, en una carta certificada.
3. Tenía conejos, gatos, perros muy cariñosos.

4. Tenía conejos, gatos, perros, muy cariñosos.
5. Traerás la caja que recibió tu compañero antes del sábado.
6. Traerás la caja que recibió tu compañero, antes del sábado.
7. Convence al niño de que hable a su hermano con buenas palabras.
8. Convence al niño de que hable a su hermano, con buenas palabras.
9. Marcos compró carne y vino (bebida) de Francia.
10. Marcos compró carne, y vino (bebida) de Francia.
11. Los estudiantes que no han hecho los ejercicios no aprobarán.
12. Los estudiantes, que no han hecho los ejercicios, no aprobarán.
13. Mi hija María dice que no quiere ir de colonias.
14. Mi hija, María, dice que no quiere ir de colonias.
15. La policía encontró el dinero que perdió la empresa por tu culpa.
16. La policía encontró el dinero que perdió la empresa, por tu culpa.

USO DEL PUNTO Y COMA (;)

El **punto y coma** señala una pausa de duración intermedia, un poco más larga que la de la coma y no tan intensa como la del punto. Con frecuencia, el uso del punto y coma es cuestión de estilo y depende del grado de independencia que el autor del escrito quiera atribuir a las oraciones. Este signo tiende a ser sustituido, en muchos casos, por el punto o por la coma.

Se escribe **punto y coma**:

• Para separar los miembros de una oración extensa con partes ya separadas con comas:

Algunos de los asistentes se habían divertido;
otros, habían vuelto a ver a los viejos amigos;
los demás, habían pasado una tarde agradable.

En la ciudad, la masificación, la contaminación
y el aislamiento individual constituyen verdaderos
problemas; en el campo, los inconvenientes pueden
ser la escasez de servicios y las habladurías.

• Delante de las conjunciones o locuciones *pero, mas, aunque, no obstante, sin embargo, por el contrario...* cuando la proposición anterior es extensa o contiene ya alguna coma:

Por el momento, parece ser que se encuentra bastante
bien después de tan grave operación; sin embargo,
yo le noto cierta tristeza.

Llovía a mares, el camino estaba embarrado,
la niebla nos desorientó y anduvimos varias horas
sin rumbo fijo; no obstante, conseguimos llegar.

EJERCICIOS

59 Sustituya algunas comas por punto y coma donde corresponda:

1. Hágalo usted como le parezca, si así va a trabajar más a gusto, pero tenga en cuenta que yo me opongo.
2. Éste está terminado, aquél, todavía no.

3. La nieve, descendiendo espesa sobre el monte y el valle, borró los caminos, llenó los barrancos y cubrió con su triste blancura el suelo, los vientos, glaciales y recios, arrebataron sus hojas a los árboles, llevándolas muy lejos.

4. Primero, introduzca la moneda, luego, marque el número, por último, espere a...

5. La suerte de los cazadores fue diversa, variada, algunos de ellos, agotados, no habían matado ninguna pieza, otros, sin embargo, habían terminado la munición y habían cobrado muchas piezas.

6. Lleva una vida muy tranquila: después de comer, lee el periódico, a las cuatro en punto acude al café, al salir, pasea un rato, y antes de volver a casa, ya al atardecer, se reúne con los amigos en la plaza.

7. Los primeros que salían de la ciudad no encontraron la densa caravana de vehículos, más tarde, a eso de las once, ya se formaban colas bastante largas con algunas retenciones, a las dos, el movimiento de los coches era de todo punto imposible, y el colapso, total.

8. El terreno de granos finos se denomina arcilla, el de granos medianos, limo, y el de granos gruesos, arena.

USO DE LOS DOS PUNTOS (:)

Los **dos puntos** señalan una pausa; pero, a diferencia del punto, indican que no se termina con ellos la enunciación del pensamiento completo.

SE ESCRIBEN DOS PUNTOS:

• Delante de una enumeración previamente anunciada:

Había tres personas: dos hombres y una mujer.

*Los días de la semana son siete: lunes, martes,
miércoles, jueves, viernes, sábado y domingo.*

• Antes de copiar una cita textual, que va entre comillas:

*Ya lo dice el refranero: «Dime con quién andas
y te diré quién eres».*

Contestó: «Yo ya he trabajado bastante por hoy».

• En los textos narrativos (novelas, cuentos...), antes de
iniciar el diálogo, si éste va precedido por verbos como *decir, preguntar, responder, contestar, exclamar, gritar*, etc.:

*Fue entonces cuando aquel desconocido le preguntó:
– ¿Puedo sentarme con usted mientras come?*

• Al final de una afirmación que inmediatamente se explica o se desarrolla:

*Estaba seguro de que le admitirían: se había
preparado muy bien para la prueba.*

Es un encanto de niño: no se le puede negar nada.

• Antes de una afirmación que es consecuencia, conclusión o resumen de lo expuesto en la oración anterior:

Caramelos, pasteles, helados: todo lo dulce le encanta.

*Los atletas están ya preparados, el público aguarda
con expectación: la carrera está a punto de comenzar.*

• Después del encabezamiento o saludo en las cartas y
tras las fórmulas de cortesía en instancias, discursos, documentos, etc.:

Querida amiga: Me alegró mucho recibir noticias tuyas.

*Señoras y señores: Estamos hoy aquí reunidos para
celebrar un gran día.*

153

Téngase en cuenta que después de los puntos se puede escribir con mayúscula o con minúscula. No obstante, se utiliza la mayúscula para las citas textuales, para los diálogos de textos narrativos y para la frase siguiente al encabezamiento de una carta o fórmula de cortesía.

EJERCICIOS

60 COLOQUE DOS PUNTOS DONDE CORRESPONDA Y ESCRIBA LAS MAYÚSCULAS NECESARIAS:

1. La escala de la dureza es la siguiente talco, yeso, caliza, etc.
2. Distinguida señora me es grato dirigirme a usted...
3. Dice Cervantes «con la Iglesia hemos topado, Sancho».
4. Eso es lo malo que nunca está contenta.
5. Los puntos cardinales son cuatro norte, sur, este y oeste.
6. La obra se compone de dos grandes bloques uno teórico y otro práctico.
7. El abajo firmante solicita teniendo en cuenta el informe que se halla en poder del interesado, le sea reintegrado el importe establecido...
8. Aquello fue lo que la asustó que su padre no llegara a la hora habitual.
9. Total la puerta se cerró con el viento y nosotros nos quedamos fuera, sin llave para abrir.
10. Julio César dijo «llegué, vi, vencí».
11. La casa debe estar limpia, aireada, sin humedades, con luminosidad, en definitiva en condiciones de habitabilidad.
12. Me dijo lo de siempre que me callara.
13. Existen serios problemas en este país; a saber la inflación, el paro, el déficit público, el terrorismo, el narcotráfico...

14. Me voy de esta casa no hay quien os aguante.
15. Los libros que ha leído últimamente son dos una novela policíaca y un tratado sobre los cuidados que necesitan los perros.
16. Mira, una cosa es cierta cada vez que vienes, algo se estropea.
17. Ya lo dice el refranero «libro prestado, libro perdido.»
18. Querido amigo te escribo para darte las gracias...
19. Carlos está muy gordo come mucho.

USO DEL PUNTO (.)

El **punto** es la mayor pausa –superior a las pausas de los dos puntos, del punto y coma y de la coma– que puede representar un signo de puntuación. En la lectura, la duración de la pausa indicada por el punto puede variar más o menos, según el sentido y la interpretación del lector. La cantidad de puntos de un escrito depende del tipo de texto y del estilo del autor.

Se escribe punto cuando el período tiene sentido completo.

Recuerde que después de punto se escribe mayúscula.

Debemos distinguir entre punto y seguido, punto y aparte y punto final.

El **punto y seguido** se utiliza entre una oración y otra, relacionadas ambas entre sí. Por tanto, el texto continúa inmediatamente después del punto y seguido.

El **punto y aparte** se utiliza a final de párrafo, es decir, cuando cambiamos de asunto o tratamos un nuevo aspecto del mismo tema. El nuevo párrafo se suele iniciar con una sangría (pequeño espacio en blanco añadido al margen de la izquierda).

El **punto final** señala el fin de un escrito o el fin de una división importante de un texto (capítulo, parte, etc.).

SE ESCRIBE PUNTO:

• Después de una abreviatura. La palabra siguiente no lleva mayúscula a no ser que lo requiera por su significado o la abreviatura sea la última palabra de la oración:

SS. MM. los Reyes llegaron ayer de Portugal.
El señor Vargas vive en el nº 23, 4º dcha. Y tú, ¿dónde vives?

Excepción: Las abreviaturas del Sistema Internacional de Unidades:

A	amperio	*J*	Julio
cd	candela	*kg*	kilogramo
ceV	centielectronvoltio	*km*	kilómetro
cg	centigramo	*kN*	kilonewton
clx	centilux	*lm*	lumen
cm	centímetro	*lx*	lux
dam	decámetro	*Mlm*	megalumen
damol	decamol	*m*	metro
daW	decavatio	*mA*	miliamperio
dA	deciamperio	*mHz*	milihercio
dlm	decilumen	*mm*	milímetro
dW	decivatio	*mN*	milinewton
eV	electronvoltio	*mol*	mol
hg	hectogramo	*N*	newton
hN	hectonewton	*W*	vatio
hZ	hercio	*V*	voltio

• Después de las iniciales de nombres o apellidos:

R. L. Stevenson es el autor de la novela «La isla del tesoro».

S. P. D. fue agredida mientras caminaba por su calle.

156

Téngase en cuenta que:
• No se escriben puntos en las siglas:

¿Sabes cuántos países forman parte de la ONU?

El hombre asesinado era miembro de la CIA.

Ha ingresado en la UVI porque su estado de salud es muy grave.

• Cuando el punto coincide con el cierre de paréntesis o de comillas, se escriben estos signos delante del punto si se abrieron después de iniciada la oración que concluye:

Le respondieron que era «imposible atenderle hasta el próximo mes». Era la primera vez que solicitaba sus servicios (después de seis años de estar abonado).

• Se escriben dichos signos detrás del punto si el paréntesis o las comillas abarcan todo el enunciado desde el punto anterior:

«Es imposible atenderle hasta el próximo mes.»
Con estas palabras respondieron a su petición.
(Y hacía seis años que estaba abonado.)

EJERCICIOS

61 Coloque punto (punto y seguido, punto y aparte y punto final) donde corresponda y escriba las mayúsculas que sean necesarias:

I. En América del Sur se halla uno de los sistemas montañosos más extensos y elevados del mundo, los Andes cuenta con unos ocho mil quinientos kilómetros de longitud y multitud de altas cumbres, de las que alrededor de una docena yerguen sus cimas nevadas por encima de los seis mil metros sobre el nivel del mar: Chimborazo, Huascarán, Coropuna, Ampato, Illampú, Illimani, Sajama, Parinacota, Pomerape, Llullaillaco, Ojos del Salado y, el pico líder, Aconcagua la enorme cadena de cordilleras bordea el contorno oeste de Sudamérica, desde el norte de Venezuela hasta Tierra de Fuego, alcanzando más de ochocientos kilómetros de anchura en la zona boliviana

2. Pensó que ahora ya era muy tarde para arrepentirse y que, tal vez, si hablaba con su hermano, podría solucionar el problema esos pensamientos le hicieron conciliar el sueño era invierno y hacía mucho frío en una esquina, muy abrigada, vio a una mujer con aires de marquesa ella no sospechaba nada, seguro

3. A las cataratas de Iguazú o «agua grande» en significado guaraní, llamaron también los misioneros españoles «de Santa María» su gigantesco y altísimo vertedero hacía inexpugnables los paradisíacos territorios ribereños de la parte superior, habitados por comunidades tribales primitivas, que con la caza, la pesca y rudimentarios cultivos vivían holgadamente el río Iguazú nace en la sierra del Mar del Brasil, y su longitud es de unos tres mil trescientos kilómetros

62 ESCRIBA COMA, PUNTO Y COMA, DOS PUNTOS Y PUNTO DONDE CORRESPONDA:

1. Para la elaboración de este plato debe hacer lo siguiente primero coloque en una olla medio litro de agua y caliéntela hasta que hierva segundo añada una

pizca de sal mejor si es sal yodada tercero añada también un chorrito de aceite de oliva o en su defecto un
poco de mantequilla a continuación introduzca la pasta en el agua...

2. Recomendamos a los usuarios de este aparato que eviten colocar encima recipientes que contengan líquidos
por si éstos pudieran derramarse que no utilicen productos cáusticos y abrasivos en su limpieza porque podrían deteriorar la superficie esmaltada que dejen un
pequeño espacio libre entre la pared y el aparato a fin
de que éste pueda tener la suficiente ventilación una
vez tomadas estas precauciones le aseguramos una larga vida de su aparato

USO DE LOS PUNTOS SUSPENSIVOS (...)

Los **puntos suspensivos** expresan una pausa inesperada
o un final de oración inacabado, vago, impreciso. Indican
que el sentido queda en suspenso e incompleto. Sólo se
deben escribir tres. El tono de la palabra a la que afectan
se alarga durante unos segundos.

SE ESCRIBEN PUNTOS SUSPENSIVOS:

• En las enumeraciones incompletas, aunque a veces se
emplea en su lugar la abreviatura *etc.*, precedida de coma:

Aceptamos cualquier regalo: libros, discos, licores...
Aceptamos cualquier regalo: libros, discos, licores, etc.

Los puntos suspensivos y *etc.* son incompatibles: o escribimos puntos suspensivos, o escribimos *etc.*, pero no
ambos a la vez.

159

• Para indicar que alguien es interrumpido por su interlocutor:

– *Estoy harto: haces lo que quieres con mi dinero y encima...*
– *¡Cállate! ¡No voy a consentirlo!*

• Para indicar que lo que sigue se da por sobreentendido, o sea, es conocido por el oyente o por el lector:

Y después de tanto batallar... Bien, el final ya lo conocen ustedes.

A buen entendedor...

• Cuando la palabra que sigue es malsonante:

El conductor, en un arrebato de cólera, dijo que Zacarías era un hijo de..., ya que se había marchado sin pagar.

¡Eres un...! ¡Cómo has podido hacerme una cosa así!

Otra posibilidad consiste en poner la inicial de la palabra malsonante y, a continuación, los puntos suspensivos:

¡M...! ¡Nos han robado el auto!

• Cuando se quiere sorprender al interlocutor o lector con una salida inesperada:

Y después de tanta expectación, resultó que el invitado era ... ¡una burra!

• Para expresar estados anímicos como duda, temor, expectación, emoción, etc.:

¡Dios mío! ... ¿Sabe ya lo que ha ocurrido?
¡Qué puedo hacer...! Ya es demasiado tarde.

• Para indicar titubeo, inseguridad, nerviosismo:

*Tenía que decirte..., ¡ejem!..., que tu madre y yo
vamos a casarnos.*

Esto... ¿va a venir tu madre también?

TÉNGASE EN CUENTA QUE:

• Los puntos suspensivos entre corchetes [...] o paréntesis (...) indican la supresión de palabras, oraciones, fragmentos..., que sí se encuentran en el texto original citado:

*«En un lugar de la Mancha [...], no ha mucho tiempo
que vivía un hidalgo [...].»*

• Los puntos suspensivos pueden ir seguidos, si es necesario, de coma, punto y coma o dos puntos:

*En el circo vimos elefantes, tigres, leones...,
pero no había focas.*

*Si viene, se va a enterar...; sin embargo, hemos de
tener cuidado.*

Rosas, gladiolos, claveles...: le encantan las flores.

• Los puntos suspensivos se colocan antes de la interrogación o la exclamación si lo dicho tiene sentido completo, y se colocan detrás si el sentido queda incompleto:

*¿Vienes?... ¡Te he echado tanto de menos!
¡Qué pena!...
¿Pero no decías que...?
¡Te voy a partir la...!*

• Los puntos suspensivos van delante de la apertura de
paréntesis, corchetes y rayas cuando queda incompleto el
sentido de las palabras ya expresadas. Pueden ir también
antes del cierre de esos signos, si corresponden al inciso.
Por último, se escriben después del signo de cierre cuando
indican la continuidad de una enumeración:

161

*Aquel individuo... (he olvidado su nombre) merecía
su desgraciada muerte.*

*Los frutos que nos ofrecían (manzanas, peras,
uvas...) no despertaban nuestro apetito.*

*La obra fue publicada en Buenos Aires (1978),
Caracas (1980), Santiago de Chile (1985)...*

• Detrás de puntos suspensivos, se escribe mayúscula si
lo dicho tiene sentido completo y se escribe minúscula si
el sentido queda incompleto:

*Te lo diré si te empeñas... Me ha dicho Adela que no que-
ría verte nunca más, que no quiere saber nada más de ti y
que, para ella, es como si te hubieras nuerto. ¿Satisfecho?*

*Me gustaría contarte mis problemas, pero... no merece
la pena.*

• No se deja un espacio intermedio en blanco entre la pa
labra anterior y los puntos suspensivos, pero sí entre los
puntos suspensivos y la palabra posterior.

EJERCICIOS

63 COLOQUE PUNTOS SUSPENSIVOS EN CADA ORACIÓN
DONDE CORRESPONDA:

1. Recuerda lo que dice el refrán: «Año de nieves».
2. Iba a llamarte, pero.
3. La noche estaba oscura, tenebrosa, desapacible, como
si algo malo fuera a suceder.

---

4. Cézanne, Renoir, Degas son algunos de los más famosos pintores impresionistas.
5. Se convocó la reunión, se distribuyó la orden del día y llegamos a reunirnos tres personas.
6. Esa maldita manía de interrumpir a cada paso.
7. Ya ve usted: mucho hablar, poco hacer y.
8. No siga usted, que creo que.
9. – Sabes que no me gusta que me vengas tan tarde y tú.
   – ¡Yo ya sé cuidarme sola!
10. No sabría cómo decirte: es es una mezcla entre plástico y metal, ¿sabes?
11. El precio de los alimentos mejor no comentarlo.
12. Y en el momento más emocionante ¡se apagaron las luces!

USO DE LA INTERROGACIÓN (¿?)
Y DE LA EXCLAMACIÓN (¡!)

Los **signos de interrogación** (¿?) sirven para indicar que e formula una pregunta, dirigida a un oyente y de la cual e espera una respuesta (aunque hay interrogaciones de las que no se espera una respuesta, porque ésta es evidente: *Acaso sabemos cuándo moriremos?*). En las preguntas parecen una serie de partículas como: *qué, quién, quiénes, cuál, cuáles, cómo, cuándo, dónde, cuánto, cuánta, cuántos, cuántas, por qué...* La pregunta puede hacerse de los formas: directa o indirectamente.

La **interrogación directa** se caracteriza por una entonación especial. En la escritura aparecen los signos de interrogación (¿?):

¿Ha llegado ya Guadalupe?
¿Cuándo has venido?

La **interrogación indirecta** carece de entonación espe
cial. En la escritura no aparecen los signos de interroga
ción:

Me preguntó si había llegado ya Guadalupe.
Quería saber cuándo había venido.

Como puede observarse, cualquier interrogativa direct
puede transformarse en interrogativa indirecta, y viceversa

Los **signos de exclamación** (¡!) sirven para indicar la ex
presión de los sentimientos del hablante: alegría, sorpresa
ira, dolor, admiración... En las exclamaciones aparece
una serie de partículas como: *qué, quién, quiénes, cuál
cuáles, cómo, cuándo, dónde, cuánto, cuánta, cuántos
cuántas...* En su forma más simple, la oración exclamativ
se reduce a una interjección:

¡Ah!, ¡eh!, ¡oh!, ¡cielos!, ¡fuera!, ¡qué día!...

SE EMPLEAN LOS SIGNOS DE INTERROGACIÓN O LOS SIG
NOS DE EXCLAMACIÓN:
• Para señalar el principio y el final –y no sólo el final
como se hace en la mayoría de lenguas– de una pregunt
o de una exclamación. El signo de apertura (¿ o ¡) y el d
cierre (? o !) se han de colocar donde realmente empiec
o finalice –respectivamente– la pregunta o la exclama
ción, aunque no coincida con el comienzo o el final de l
oración:

Si salimos tarde, ¿me acompañarás hasta mi casa?

¿Visteis la película de anoche?, pregunta cada
mañana el jefe.

Al verlos aparecer sanos y salvos, ¡qué escenas
de alegría y emoción entre la gente!

¡Adelante, sin miedo!, gritaba el capitán.

TÉNGASE EN CUENTA QUE:
• Cuando una frase es exclamativa e interrogativa a la vez, se puede abrir con exclamación y cerrar con interrogación, o, al revés, abrir con interrogación y cerrar con exclamación, o bien abrir y cerrar al mismo tiempo, sin que importe el orden, con signos exclamativos e interrogativos:

¡Pero cómo se atreve a negar eso?
¿Qué has hecho, Dios mío!
¡¿Tanto dinero tienes?!
¿¡Quieres que vayamos!?

Sin embargo, es aconsejable, en los escritos no literarios, no abusar de estas combinaciones.

• Cuando existe una serie de frases interrogativas o exclamativas, pueden escribirse con minúscula –excepto la primera, si le corresponde mayúscula–, separándolas entre sí con coma o punto y coma. Por tanto, serían posibles:

¿Qué hicisteis ayer? ¿Por qué no vinisteis?
¿No quedamos en que os pasaríais por casa?

¿Por qué te comportas así con nosotros?,
¿qué te hizo ella?, ¿qué te hice yo?

¿A qué se debe tanta broma?; ¿Es que no tenéis trabajo?, ¿Acaso queréis que os mande más?

¡Qué bochorno! ¡Qué vergüenza! ¡Vaya día!

¡Márchate!; ¡sal de mi casa!; ¡déjame en paz!

¡Qué frío!, ¡y sin calefacción!, ¡qué desastre!

• Aunque en las obras literarias se permite poner dos o más signos de exclamación –no es usual en la interrogación este fenómeno–, es aconsejable no utilizar la reduplicación en los escritos normales:

165

¡¡¡Socorro!!!
¡¡Al ladrón!!

• Después de los signos de interrogación y de exclamación puede escribirse cualquier otro signo de puntuación, excepto el punto, que ya está expresado en el propio signo:

–¿Sabes qué hora es? –dijo Antonio.

*El vicario (¡Dios lo perdone!) no supo salir
del embrollo.*

*Cuando salía de casa, ¡qué casualidad¡, apareció
mi madre.*

• El signo interrogativo de cierre, situado entre paréntesis, (?), indica duda, ironía o sorpresa, o bien, que el dato que se ofrece no es seguro o puede contener algún error:

Tardó en llegar a su tierra noventa años (?)

Si se usa en cita directa deben emplearse corchetes en lugar de paréntesis [?]:

«Estos son los fieles [?] servidores del rey.»

• El signo exclamativo de cierre, situado entre paréntesis (!), indica duda, ironía, sorpresa, etc.:

*Se presentó tres horas más tarde y dijo que había
llegado a tiempo (!)*

Si se usa en cita directa deben emplearse corchetes en lugar de paréntesis [!]:

*«Todos mataban, todos se compadecían [!], ninguno
sabía detenerse.»*

EJERCICIOS

64 COLOQUE LOS SIGNOS DE INTERROGACIÓN EN LOS LUGARES ADECUADOS DE LAS ORACIONES SIGUIENTES, TENIENDO EN CUENTA QUE PUEDE HABER INTERROGATIVAS INDIRECTAS. SUPRIMA EL PUNTO FINAL Y ESCRIBA MAYÚSCULA CUANDO SEA NECESARIO:

1. Doctor, cómo está mi hijo.
2. Cómo está, doctor, mi hijo.
3. Cómo está mi hijo, doctor.
4. Ignoro por qué ha reaccionado así.
5. Qué, estás chafardeando.
6. Qué estás chafardeando.
7. En cualquier caso, crees que tengo razón.
8. –Comes mucho –me preguntó, inquieta.
9. A este muchacho vais a admitir.
10. Al traerlo, no dijo nada.
11. No sé si seguir su consejo.
12. Y quién te lo dijo.
13. Sabes no te esperaba tan pronto.
14. De dónde venimos y adónde vamos.
15. Por cuánto dice que me lo vende.
16. Sales, o entras.
17. Me preguntó: «cuándo ha llegado.»
18. Me pregunto cuándo había llegado.
19. Si lo sabías, por qué no me lo dijiste.
20. De quién es ese libro. Es tuyo.

65 COLOQUE LOS SIGNOS DE EXCLAMACIÓN EN LOS LUGARES ADECUADOS DE LAS SIGUIENTES ORACIONES. SUPRIMA EL PUNTO FINAL Y ESCRIBA MAYÚSCULA CUANDO SEA NECESARIO:

167

1. Cuántas veces os he dicho que no es conveniente que vayáis con esa gente.
2. Pedro Pedro dime que no es verdad.
3. No hay-derecho. Yo estoy haciendo todo el trabajo, mientras tú estas hablando con tus amigos.
4. Qué importa ya; este año toda la cosecha se ha echado a perder.
5. Atiza si yo juraría que...
6. Estás loca. Cualquiera que te vea, pensaría que te has escapado de un manicomio.
7. Bah no será para tanto.
8. Estaba el cachorro abandonado –qué lástima– y lo recogimos nosotros.
9. Bravo ha sido un espectáculo formidable.
10. Ayer te vi en tu casa (quién lo iba a decir) estudiando por primera vez.

USO DEL PARÉNTESIS [()]

Los paréntesis sirven para encerrar oraciones, fragmentos, palabras, cifras, etc., aclaratorios, sin enlace necesario con los restantes constituyentes de la oración.

SE ESCRIBE PARÉNTESIS:

• Cuando se interrumpe el texto con una aclaración más o menos extensa que tenga cierta conexión con éste, es decir, para intercalar incisos:

Se enzarzaron en largas disputas (unas veces los conservadores y otras los liberales), que impidieron resolver la cuestión.

Se enzarzaron en largas disputas (unas veces los conservadores y otras los liberales).

Se enzarzaron en largas disputas. (Unas veces los conservadores y otras los liberales.)

Obsérvese que nunca se utiliza coma, punto y coma ni dos puntos antes de paréntesis. Cuando haya punto antes del paréntesis, se debe comenzar con mayúscula dentro de éste y poner punto final dentro de él.

TÉNGASE EN CUENTA QUE:
• Van entre paréntesis los datos aclaratorios, fechas, referencias a autores y a sus obras, explicación de abreviaturas, provincia o país a que pertenece un pueblo o ciudad, etc.:

Pablo Neruda (1904-1973) obtuvo el Premio Nobel.

Se considera que Plauto escribió alrededor de cien comedias («Anfitrión», «Aulularia», «Miles gloriosus», entre otras).

«Pienso, luego existo» (R. Descartes).

Nació en Caracas (Venezuela).

• Si dentro del paréntesis han de escribirse nuevos paréntesis, éstos suelen ser sustituidos por corchetes y, en ocasiones, por rayas:

... se denominan atributos. (El término «atributo»había sido usado también por Descartes en un sentido similar [«Principios», I, 56].)

Por desgracia, hay algunos animales en Uruguay (la nutria, el capibara, –o también denominado carpincho–, el ciervo de las pampas, el ocelote, el ñandú, el yacaré) que corren serio peligro de extinción.

169

• A veces sirve para abreviar la escritura, al encerrar entre paréntesis dos o más posibilidades de realización de un término:

Sr(a).

Cortar(se).

Dos cuerpos cargados con cargas del mismo signo (contrario) se repelen (atraen) mutuamente.

• Se encierran entre paréntesis las siglas cuando siguen a su enunciado, o, a la inversa, el enunciado cuando sigue a la sigla:

La Organización de Estados Americanos (OEA) ha iniciado hoy una nueva sesión.

La OEA (Organización de Estados Americanos) ha iniciado hoy una nueva sesión.

• Se encierran entre paréntesis las acotaciones en obras teatrales:

VERÓNICA (Enfadada): ¿Te marchas?
FELIPE (Se aleja): Sí.
VERÓNICA (Tajante): ¡Muy bien!
FELIPE (Se acerca, rápido, y la toma en brazos): Verónica, por favor... ¡Si tú me quieres!

TAMBIÉN SE ESCRIBE PARÉNTESIS:
• Para enmarcar la traducción de palabras o frases extranjeras cuando éstas aparecen esporádicamente a lo largo del texto:

La frase «time is money» (el tiempo es oro) debe regir tu comportamiento.

Entonces dijo: «Alea iacta est» (la suerte está echada).

EJERCICIOS

66 COLOQUE PARÉNTESIS DONDE CORRESPONDA:

1. En Latinomérica, los lagos más extensos son: Maracaibo 13.500 km^2, Titicaca 8.786 km^2 y Nicaragua 8.200 km^2; en tanto que los montes más altos son: Aconcagua 6.959 m, Orizaba 5.747 m y Tajumulco 4.220 m.

2. En la escena aparece un dormitorio. Son las nueve de la mañana.
   SIRVIENTE Muy serio: Buenos días, señor. ¿Qué desea?
   SR. MARCIAL Desperezándose: Quiero desayunar en la cama. Tráeme un zumo y unas tostadas con mantequilla y mermelada. Tráeme también el periódico y la correspondencia. ¡Ah! Y dile a la cocinera que venga.
   SIRVIENTE Irónico ¿El señor no desea nada más?

3. Los boxeadores subieron al «ring» cuadrilátero mientras eran aclamados por sus seguidores.

4. En Gizeh ciudad de Egipto se encuentran las pirámides más importantes.

5. Franz Lehar 1870-1948 compuso la famosa opereta «La viuda alegre».

6. La familia vivía en una «roulotte» caravana porque trabajaban en el circo.

7. Expresa tu opinión en un escrito que adjuntarás al informe sobre el estado de la cuestión.

8. Era un libro de Thomas Mann, por cierto muy viejo y con las pastas algo estropeadas, el que había llamado su atención.

9. D. Roberto el padre de la criatura no dejaba de sonreír a todo el mundo.

10. El descubrimiento de América 1492 da paso a una nueva época histórica.

USO DE LOS CORCHETES ([])

SE ESCRIBE **CORCHETE**:
• Cuando se quiere introducir un nuevo paréntesis dentro de una frase que ya va entre paréntesis:

En esta huerta cultiva variadas hortalizas (tomates, judías, patatas, fresas [muy buenas, por cierto] y pimientos) que vende en el mercado.

Fueron acontecimientos de gran trascendencia (abolición de la Monarquía, proclamación de la República [1792]).

• Cuando en la cita o en la transcripción de un texto el copista cree necesario interpolar alguna aclaración o alguna palabra o letra omitida en el original:

«Y así desembarcó [Colón] después de más de dos meses de navegación.»

• Para enmarcar los puntos suspensivos que indican la supresión de algún fragmento de texto:

«Pobrecita mía, no estés demasiado afligida por mí. Nadie me enviará al Hades antes de lo dispuesto por el destino. Ningún hombre, sea cobarde o valiente, puede librarse de su suerte una vez nacido. Vuelve ahora a casa, hila y teje con celo [...] Deja para nosotros, los hombres nacidos en Troya, la preocupación de la guerra.» (Homero, *Ilíada*)

«En un lugar de la Mancha, [...] vivía un hidalgo [...].» (Cervantes, *Don Quijote*)

Llegué tarde a la conferencia, justo cuando el conferenciante decía: «[...] aprendan la lengua española con entusiasmo. Una vez hecho este preámbulo, me dispongo a [...]».

USO DEL GUIÓN (-)

EJERCICIOS

67 COLOQUE CORCHETES DONDE CORRESPONDA:

1. Hay que emplear bien la palabra «desternillarse» (algunas personas dicen «destornillarse» de «tornillo» en vez de «ternilla»).
2. Gabriel dijo: «Ya sabemos que a este café La estrella matutina acuden muchos intelectuales...».
3. «... es el resultado de estudios y esfuerzos que se hicieron a lo largo de más de cincuenta años.»
4. Esta preocupación la podemos observar en la obra de Gonzalo Fernández de Oviedo («Sumario de la Historia Natural de las Indias» 1525, la «Primera Parte de la General y Natural Historia de las Indias» 1535).
5. Se trata de escritores (Pablo Neruda 1904-1973, Rubén Darío 1867-1916...) de reconocido prestigio.

USO DEL GUIÓN (-)

SE ESCRIBE GUIÓN:

• Para indicar la división de una palabra que no cabe entera en la línea o renglón:

Hay que advertir sobre la mala costumbre de algunas personas de poner comas allí donde se paran a pensar.

Me encontraba desanimada, deprimida, sin ganas de comer, de ver nada ni a nadie. Sin embargo, una llamada de una amiga mía peruana me animó.

• Para unir entre sí los elementos de una palabra compuesta o para indicar que dos palabras guardan estrecha relación entre sí:

173

Es un tratado teórico-práctico.

En la introducción, el autor nos porporciona las coordenadas espacio-temporales de la obra.

La conferencia Norte-Sur ha suscitado mucha polémica.

Cabe recordar a este respecto que los adjetivos gentilicios dobles se escriben unidos (sin guión) cuando corresponden a una realidad estable y consolidada, no a unas relaciones fortuitas o temporales (y en este caso sí se escriben con guión intermedio):

norteamericano   latinoamericano   judeoespañol
franco-prusiano   germano-soviético   hispano-árabe

• Detrás de los prefijos (o de palabras inacabadas) y delante de los sufijos (o de palabras cuyo inicio se ha suprimido), cuando se utilizan en calidad de tales:

anti-   re-   in-
-ero   -izar   -ón

• Entre años que indican principio y fin de un período, especialmente para indicar el nacimiento (primera cifra) y la muerte (segunda cifra) de una persona:

El curso 1994-95 se inició según lo previsto.

Beethoven (1770-1827) es famoso por sus sinfonías.

• Entre números de páginas (el guión ocupa el lugar de las que se omiten):

En el índice verás que el autor habla de esa cuestión en las páginas 23-30.

En las páginas 12-15 del periódico se encuentra la sección de economía.

• Entre palabras (o siglas) y cifras, o viceversa:

Ven a casa, tengo un vídeo de México-86 (Mundial de Fútbol).

Se ha comprado un R-18 (Renault 18).

EJERCICIOS

68 ESCRIBA GUIÓN DONDE CORRESPONDA:

1. El campeonato mundial de F I (Fórmula I) de 1991 lo ganó el brasileño Ayrton Senna.
2. Ese atleta no acudió a Los Ángeles 84 (Juegos Olímpicos).
3. Los pasatiempos se encuentran al final de este capítulo, en las páginas 23 25.
4. Vive en el número 8 10 de la calle de Nuestra Señora de Fuenfría.
5. La guerra de Secesión (1861 1865) fue un conflicto que, en los Estados Unidos, enfrentó a los estados del Norte y a los estados del Sur.
6. Su último curso en esta facultad fue el 1992 93.
7. La guerra del Pacífico (1879 1883) fue un conflicto armado entre Chile y la entente Perú Bolivia, surgido como consecuencia de las divergencias chileno bolivianas sobre la explotación del salitre de Antofagasta.
8. Soplarán fuertes vientos en dirección este oeste.
9. El partido de fútbol Brasil Italia del Mundial de Fútbol de 1994 levantó mucha expectación.
10. La guerra del Chaco (1932 1935) enfrentó a Bolivia y Paraguay.
11. Tienen una relación amor odio muy especial.

LOS SIGNOS DE PUNTUACIÓN

12. Sufre un trastorno maníaco depresivo.
13. El tupí guaraní es la lengua de los indios que habitaban en la costa del Brasil cuando llegaron los portugueses.
14. Él no jugó en México 86 (Mundial de Fútbol).
15. Trabajó en la Metro Goldwyn Mayer.
16. Está a punto de despegar un DC 10.
17. El asesinato ha sido cometido por una organización político militar.
18. El acuerdo greco chipriota no prevé esa situación.
19. Pueden producirse alteraciones fonético sintácticas en los pronombres enclíticos: *íbamonos* en lugar de *íbamos-nos, etc.*
20. Por favor, tráeme el tomo de diccionario de las inciales A D.

USO DE LA RAYA O GUIÓN LARGO (–)

La **raya** es un segmento de recta, horizontal, de mayor longitud que el guión. A continuación se detallan los usos principales de este signo.

SE ESCRIBE RAYA:
• Para acotar ciertos incisos que presentan un grado algo menor de relación con el texto que el de las comas y el de paréntesis:

Los distintos estamentos de este Centro –dirección, profesorado, alumnado– deberán estar siempre en contacto.

Se trata de unos muebles –muy viejos ya– que quiero vender a buen precio.

No siempre resulta fácil distinguir el uso de la raya de de las comas y, sobre todo, del uso del paréntesis.

• En los diálogos, para indicar las intervenciones de los distintos hablantes:

–*No sé si serás capaz de hacerlo.*
–*Pues claro que sí.*
–*Yo no estaría tan seguro. ¿Has visto morir a alguien alguna vez?*

–*¿Le dejaste entrar?*
–*Naturalmente; no le iba a dejar en la calle.*
–*¡A quien se le ocurre!...*
–*La verdad es que un poco de miedo sí que tuve, pero me armé de valor.*

• En los diálogos, para encerrar los incisos hechos por el autor:

–*¿Qué ha ocurrido? –preguntó al verme–. ¡Usted está muy pálido!*

–*Todo ha terminado... –le contesté, meditabundo.*

–*¿Tú la escribiste?*
–*Sí, lo hice –declaró–; escribí la carta, y no tengo de qué avergonzarme.*

Préstese especial atención a la combinación de la raya con otros signos de puntuación y al uso de la minúscula. Cuando el inciso comienza describiendo una frase que se aparta de lo expresado en el diálogo, debe ir precedido de punto y, por tanto, empezar con mayúscula:

–*Perdone. –Se levantó y fue hacia la puerta.*
–*¡Espere un momento! –También Alberto se puso en pie.*

• Para acotar los incisos del autor en las citas textuales directas y en los pensamientos personalizados:

«*La fe sin obras –dice Santiago– es una fe muerta*».

«Así no voy a ninguna parte –pensó Juan– a no ser que cambie de vida.»

Si la cita es indirecta (y, por tanto, no hay comillas), los incisos aclaratorios del autor pueden colocarse entre comas o entre rayas (estas últimas se utilizan si los incisos son extensos):

El asunto, dijo el ministro, se está estudiando.

El asunto –dijo el ministro, que acababa de llegar del Consejo de Ministros– se está estudiando.

• En las obras de teatro, para separar el nombre del personaje y sus palabras:

ANA.– Me voy de aquí para siempre.
MADRE.– (Enfadada) ¿Por qué? ¿Es que no estás bien aquí?

• En las enumeraciones que se hacen en renglones diferentes:

Las ventajas que comporta estudiar en el extranjero son las siguientes:
– aprendizaje o perfeccionamiento de la lengua hablada en ese país;
– fácil acceso a otra cultura (vestimenta, costumbres...);
– viajar, hacer turismo, conocer gente nueva...

• Para representar el menos que va delante de un año indicando que éste es anterior a Jesucristo; si la cifra es de temperatura indica que es bajo cero:

–80 (= 80 a. de C.)　　　　*–8 °C (= 8 °C bajo cero)*

Téngase en cuenta que, a final de línea, la raya es inseparable de la palabra a la que afecta; de forma que la raya que abre inciso no puede quedar a final de línea, ni la que cierra inciso puede quedar al principio de la línea siguiente. Así pues, son incorrectos estos ejemplos:

Si la gente no ha llegado todavía a la puerta del bar–
dijo Luis Alfredo– es que ha ocurrido algo malo.

Si la gente de las afueras no ha llegado todavía a la
puerta del bar –dijo sentenciosamente Luis Alfredo
–es que ha ocurrido algo malo.

EJERCICIOS

69 COLOQUE RAYA DONDE CORRESPONDA:

1. Hija, Mercedes, no hables así. ¿Es que no te hace ilusión? dijo dolida la madre. ¿No piensas en los cotilleos? Ya sabes lo que dice el refrán: «Ande yo caliente, y ríase la gente». No, ni me hace ilusión ni me importan los comentarios; sólo me interesa la felicidad de Víctor y la mía respondió Mercedes, un poco alterada.
2. En el estudio de un país deben destacarse, al menos, los siguientes aspectos:
   físicos;
   económicos;
   políticos;
   sociales.
3. ISABEL. He decidido casarme con Anselmo.
   ANTONIO. (Colérico) ¿Casarte con Anselmo? ¿Y yo? ¿Qué pasa conmigo? ¿Qué represento yo en tu vida?
4. ¡Vaya! El cochero arreó a los caballos. Eso es muy interesante.

179

5. El Caribe según creo es un lugar ideal para pasar las vacaciones.
6. Algo va mal pensó María; tengo que rectificar.
7. «Al finalizar la década, la enfermedad dijo el doctor se fue extinguiendo.»
8. Por la noche y en las cimas de las montañas la temperatura no supera los 15° bajo cero, o sea, 15 °C.
9. Un político ¿quien será capaz de alabar el tratamiento que la mayoría de políticos aplican al idioma? hizo unas declaraciones en la prensa sobre la importancia de conservar el medio ambiente.
10. Las hermanas alegres, según me dijeron, llenas de vida e inquietas no estaban de buen humor: el reproche de sus padres les había dolido y enojado.

USO DE LAS COMILLAS («» "")
Y DE LAS COMILLAS SIMPLES ('')

Existen diversos tipos de comillas, pero se han de destacar las comillas latinas y las comillas inglesas.

SE ESCRIBEN COMILLAS LATINAS («»):
• En la reproducción fiel de las palabras escritas o dichas por alguien, es decir, en las citas textuales en estilo directo:

Dijo Jesucristo: «Amaos los unos a los otros».

Y entonces el niño le preguntó: «¿Qué es un invento?».

El director respondió, enérgico: «Vamos a resolver el problema».

Las citas indirectas, es decir, cuando la reproducción no es estrictamente fiel, se escriben sin comillas:

Jesucristo dijo que nos amáramos los unos a los otros.

Y entonces el niño preguntó qué era un invento.

El director respondió que solucionaría el problema.

• Para poner de relieve una palabra, expresión u oración:

Se les preguntó «si estaban de acuerdo o no con lo dicho hasta ese momento».

La palabra «ateneo» se compone de cuatro sílabas.

• Cuando se proporciona el significado o traducción de una palabra o expresión:

El nombre del tulipán deriva de una voz persa que significa «turbante».

La palabra «ígneo» significa «de fuego».

La expresión «hot dog» quiere decir «perrito caliente».

• Cuando una palabra o expresión está utilizada en un sentido especial (irónico, burlesco, impropio, etc.):

Su simpatía es tan «arrolladora» que siempre está solo.

Dijo Luisito que su «pofesor» había solucionado un «poblema» de matemáticas que era muy difícil.

• En los títulos de libros, revistas, periódicos, cuadros, obras musicales, películas, piezas teatrales, esculturas, etc.:

A Mario Vargas Llosa se le concedió, en 1963, el premio Biblioteca Breve por su novela «La ciudad y los perros».

Esta noche veremos «Casablanca» en la televisión.

Diego Rivera realizó el mural la «Conquista de México» en el año 1929.

*Creo que están representando «El círculo de tiza cauca-
siano» en el teatro que hay cerca de tu casa.*

• En los títulos de partes importantes de obras o publicaciones: capítulos, artículos...:

*No pude ver el capítulo 21, «La venganza de Carla»,
de esa nueva serie. Cuéntame qué pasó, por favor.*

*¿Has leído el artículo «La historia se repite» publicado
esta mañana en el periódico?*

Téngase en cuenta que, en los textos impresos, la palabra o expresión entrecomillada suele escribirse en letra
cursiva, excepto cuando se trata de una cita textual en estilo directo y de un título dentro de otro título más amplio.

SE ESCRIBEN COMILLAS INGLESAS (""):
• Dentro de un entrecomillado con comillas latinas:

*Dijo su padre: «Ya que te gusta tanto salir por la noche
con tus amigos, durante la semana "tampoco dormirás
en casa". ¿Qué te parece?».*

*Dijo Luisito: «Mi "pofesor" ha solucionado un
"poblema" de matemáticas que era muy difícil».*

Téngase presente que las comillas inglesas deben utilizarse además de las comillas latinas, no en lugar de éstas.

SE ESCRIBEN COMILLAS SIMPLES (''):
• Para incluir una palabra, expresión u oración que se encuentran dentro de un texto escrito entre comillas inglesas
(lo cual quiere decir que éstas ya van encerradas entre comillas latinas):

*Él dijo: «Habéis de comentar el texto "De vacaciones
en una 'dos caballos' por el desierto" y me lo entregáis
al final de la clase».*

182

• Para indicar, en lingüística, que lo abarcado entre ellas es un significado:

El adjetivo «valetudinario» significa 'achacoso'.

«Condenar» 'imponer una pena' es distinto de
«condonar» 'perdonar una pena'.

NO SE DEBEN ESCRIBIR COMILLAS:
• En los títulos de obras que enuncian su propio contenido:

Código de la Circulación   Callejero de Buenos Aires
Guía telefónica   Código de Justicia militar
Código civil   Reglamento de Caza y Pesca

• En los nombres de los libros sagrados, o de una de sus partes:

la Biblia   el Apocalipsis   el Corán
el Nuevo Testamento el libro de Job   los Apóstoles

• En las denominaciones de organismos, entidades, instituciones, empresas, compañías, firmas comerciales, establecimientos, edificios, fincas, etc., cualquiera que sea el idioma en que estén escritos:

Casa Blanca   Carrefour
Hotel Metropol   American Express
Instituto Nacional   Pemex
*   de cinematografía   Pluna*

• En los nombres de razas, pueblos, tribus, etc.:

pigmeos   bosquimanos   arahuacos
apaches   comanches   alanos
mongoles   vikingos   tártaros

• En los nombres de razas de animales, aunque estén en idioma extranjero:

183

alazán	*dobermann*	*pequinés*
chihuahua	*poni*	*galgo*
mastín	*setter*	*foxterrier*

• En los nombres de productos comerciales:

Tómate un buen tazón de Cola-Cao.

¡A mí también me gusta un Rolls Royce!

Para su cumpleaños, le he comprado un chándal Adidas.

• En los refranes, máximas, proverbios, frases hechas...,
salvo cuando se ponen en boca de algún hablante:

¿Acaso allí atan los perros con longaniza?

Lo que tenía que haber hecho es morderse la lengua.

El campesino, pensativo, me dijo: «Año de brevas, nunca lo veas».

EJERCICIOS

70 COLOQUE LOS DISTINTOS TIPOS DE COMILLAS DONDE
CORRESPONDA:

1. Cree el ladrón que todos son de su condición, le dijeron.
2. ¿Has visto el último capítulo, Por fin, juntos, de la telenovela?
3. Tiene tanta curtura (sic) que nos dejó pasmados a todos.
4. En natación, prefiere el estilo crol.
5. Quiere comprarse una computadora Macintosh.
6. Hemos quedado en vernos esta noche en la sala de fiestas Caribe.

7. Me preguntó: ¿Cuánto tiempo hace que no vienes por aquí?
8. Le respondí que, al menos, haría un año que no ponía los pies allí.
9. Se ha quedado en el paro y ahora se encuentra con el agua al cuello.
10. Le espetó: ¡Está usted un poco piripi!
11. Me siento mal, pensó Elena.
12. El profesor explicó: Para el próximo día de clase, ha de estar hecho el Comentario del primer capítulo de El ingenioso hidalgo don Quijote de la Mancha, pues hace ya dos semanas que os encargué este trabajo.
13. Por favor, préstame La casa de los espíritus de Isabel Allende.

USO DE LA DIÉRESIS (¨)

La **diéresis** consiste en dos puntos horizontales que se colocan sobre la vocal afectada.

SE ESCRIBE DIÉRESIS:

• Sobre la u de las sílabas güe, güi para indicar que la vocal u debe pronunciarse y, por tanto, para distinguirla de cuando la u es muda en las sílabas gue, gui:

vergüenza	bilingüe	ambigüedad
antigüedad	cigüeña	santigüéis
paragüero	agüero	atestigüé
lingüística	pingüino	argüir
piragüista	contigüidad	exigüidad

En cambio, la u es muda en las siguientes palabras:

185

guerra	*ceguera*	*albergue*
guitarra	*erguido*	*anguila*

• En poesía, ocasionalmente, sobre la primera vocal d
un diptongo, para deshacerlo y dar a la palabra (y, en con
secuencia, al verso) una sílaba más:

Qué descansada vida / la del que huye del mundanal rüido

PARÓNIMOS CON Y SIN DIÉRESIS

pingüe gordo, abundante
pingue embarcación
güito sombrero; hueso
de albaricoque
guito animal de carga falso

EJERCICIOS

71 ESCRIBA DIÉRESIS DONDE CORRESPONDA EN LAS
ORACIONES SIGUIENTES:

1. Ojalá que averigue dónde escondió las joyas.
2. ¡Agua! ¡Aguita fresca!
3. Se aloja en el departamento contiguo.
4. Su respuesta rayó en la ambiguedad.
5. Creo que Gueldres está en Holanda, ¿verdad?
6. Los guelfos se enfrentaron a los gibelinos durante la
   Edad Media.
7. Este cóndor padece de guérmeces.
8. Ese negocio les proporciona pingues beneficios.
9. Los pinguinos han acudido a la pinguinera para hacer
   sus nidos.

10. Les espera un futuro muy halagüeño.
11. Este mueble lo compré en una tienda de antiguedades.
12. ¡Mira! El piraguista ha salido despedido de la piragua.
13. No tengo ganas de arguir, así que le daré la razón.
14. He dejado el paraguas en el paraguero porque estaba mojado.
15. ¿Su marido es nicaraguense?
16. Tomaré un poco de guisqui, gracias.
17. Ése es un pájaro de mal agüero.
18. El conferenciante es un eminente lingüista.
19. Si tiras de la lengüeta, abrirás la caja.
20. Espero que atestigüe sobre el asesinato que presenció.
21. Ha anidado una cigüeña en el campanario de la iglesia.
22. La exigüidad es la cualidad de exiguo.
23. Con la corteza del fruto de la güira hacen los campesinos cuencos, platos, etc.
24. Nos comimos un pastel con guindas.
25. Me gusta escuchar cómo tocan el güiro.
26. Queremos gastarle una broma con una guindilla.
27. Al entrar a la iglesia, quiero que te santigües con agua bendita.
28. Os preparó un guiso con guarnición de guisantes.
29. ¡Eres un sinvergüenza!

USO DE LAS LLAMADAS

La **llamada**, que puede ser asterisco (*) o número (1), se emplea para advertir al lector que al pie de página –o, a veces, al final del capítulo o del libro– hay una nota acerca del asunto de que se está tratando en el lugar donde se ha insertado el signo. Cuando hay varias notas en una misma página, se va aumentando el número de asteriscos: (**), (***), o la cifra: (2), (3), etc.

Tanto el asterisco como la cifra pueden presentarse sin paréntesis; en tal caso, la cifra se escribe en voladita (en forma de exponente): [1], [2], [3], etc.

DIVISIÓN DE LA PALABRA
A FINAL DE RENGLÓN

El guión sirve para indicar, a final de línea, que una palabra no cabe entera en ella y que el resto pasa al principio de la línea siguiente.

Como es lógico, para esta división sólo es necesario separar la palabra en dos partes; a pesar de ello, se indicará, siempre que sea posible, las diversas posibilidades de partición.

Al dividir palabras a fin de línea deben tenerse en cuenta las siguientes reglas fundamentales:

• Las palabras simples se dividen por sílabas[5]:

li-bro	*san-to*	*siem-pre*
ci-clo	*co-fre*	*de-trás*
ten-sión	*bú-ho*	*char-la*
en-tre	*cons-tar*	*iz-quier-da*
cas-ta	*cam-pa-na*	*bo-lí-gra-fo*

• Los diptongos y triptongos son inseparables:

afi-ción	*hi-gié-ni-ca*	*cie-lo*
cau-ce	*cui-dar*	*adua-na*
hués-ped	*te-nue*	*ciu-dad*
pei-ne	*adeu-dar*	*pai-sa-no*
cuo-ta	*ciá-ti-ca*	*len-gua-do*
buey	*miau*	*guau*
co-piáis	*es-tu-diéis*	*acen-tuáis*

• Ninguna sílaba constituida por una sola letra puede quedar a principio o fin de línea. Son, pues, correctas las divisiones:

---

5. Si es preciso, consúltese el apartado «La división silábica» (págs. 97-100) en el capítulo de La acentuación.

*a*la-bar	*e*dul-co-rar	*o*fus-car
*u*lu-lar	*a*le-gría	*to*-reo
pe-da-le*o*	*a*trac-ti-vo	de-cí*a*
*i*dio-ta	*a*se-si-no	*a*je-drez
*e*je	*o*la	*a*mo

No obstante, una vocal puede quedar aislada si va precedida de **h**:

       hu-mo   **ha**-bi-ta-ción   **hé**-li-ce

• En las palabras simples, dos vocales en contacto no
pueden separarse, aunque pertenezcan a sílabas distintas:

pe-*río*-do	ca*ó*-ti-co	oc-*tae*-dro
*lea*l	*pea*-je	oc*éa*-no
ce-r*ea*l	*tea*-tro	tr*ae*r
l*éa*-lo	cr*ée*-me	c*aos*
m*aíz*	r*eír*	sa-l*ían*

• Son inseparables **ch, ll, rr, gu, qu**:

co-**ch**e	fe-**ch**a	re-pro-**ch**e
ca-**ll**e	se-**ll**o	ca-ba-**ll**o
co-**rr**o	ca-**rr**o-ce-ría	zu-**rr**ón
al-ber-**gu**e	ju-**gu**e-te	pa-**gu**en
gui-ta-**rr**a	á**gu**i-la	**gu**i-sante
tro-**qu**el	al-ma-na-**qu**e	ma-**qu**e-ta
en -**qu**i-lo-sar	pes-**qu**i-sa	yan-**qu**i

• Si la palabra que hay que dividir contiene una h en posición medial y precedida de consonante, se deja esta consonante a final de renglón y se comienza el siguiente con
la **h**:

al-**h**a-ra-ca	clor-**h**i-dra-to	in-**h**i-bi-ción
des-**h**i-dra-tar	in-**h**u-ma-no	ad-**h**e-rir

| *al-ham*-bra | *des-ha*-cer | *des-ho*-jar |
| *al-ha*-ja | *en-ho*-ra-bue-na | *ex-hi*-bir |

• Si la **h** va entre vocales, no impide la formación de diptongos:

| *de-sahu*-cio | *sahu*-me-rio | *prohi*-bir |
| *car-bohi*-dra-to | *cohi*-bir | *ahu*-mar |

• Si la **h** va entre vocales, no impide la existencia de hiatos:

al-mo-ha-da	*en-mo-he*-ci-do	*pro-hí*-be
co-he-te	*bo-he*-mio	*ta-húr*
ve-he-men-cia	*za-he*-rir	*va-hí*-do
re-ta-hí-la	*co-he*-cho	*fe-ha*-cien-te

• Cuando la **x** es intervocálica, se une a la segunda vocal; si le sigue una consonante, se divide separando ambas letras.

| *ta-xi* | *co-ne-xión* | *éxo*-do |
| *ex-tra*-or-di-na-rio | *ex-ce*-den-te | *ex-pli*-car |

• La -**cc**- se separa, pues cada **c** pertenece a una sílaba distinta:

lec-ción	*dis-trac-ción*	*se-lec-ción*
ins-pec-ción	*ca-le-fac-ción*	*pro-tec-ción*
construc-ción	*ins-truc-ción*	*des-truc-ción*

• Las palabras compuestas pueden dividirse separando sus componentes o separando sus sílabas:

vosotros:	*vos-o-tros*	*vo-so-tros*
desamparo:	*des-am-pa-ro*	*de-sam-pa-ro*
suboficial:	*sub-o-fi-cial*	*su-bo-fi-cial*

• En los compuestos con **rr**, ésta no se divide, tanto si la **rr** inicia el segundo componente como si el primer componente acaba en **r** y el segundo empieza por **r**:

con-tra-rres-tar *se-mi-rrí-gi-do* *in-fra-rro-jo*
in-te-rre-la-ción *hi-pe-rre-ac-ti-vo* *su-pe-rre-a-lis-ta*

• En los compuestos en los que el primer componente acaba en r y el segundo componente empieza por vocal se aplica la división por sílabas:

in-te-res-ta-tal *su-pe-res-ta-dio* *hi-pe-rac-ti-vo*
in-te-rin-su-lar *su-pe-rá-vit* *hi-pe-res-te-sia*
in-te-rin-di-vi-du-al *su-pe-res-tra-to* *su-pe-res-truc-tu-ra*

• Cuando ab- y sub- van seguidos de un segundo componente que empieza por l, esta consonante inicia sílaba:

ab-le-ga-do *sub-len-gua* *sub-li-mi-nal*
sub-le-tal *sub-li-te-ra-tu-ra* *sub-le-ma*

Excepciones: su-bli-me, su-ble-var y sus derivados.

• Cuando ab-, ob- y sub- van seguidos de un segundo componente que empieza por r, esta consonante inicia sílaba:

ab-ro-gar *ob-rep-ti-cio* *sub-ro-gar*
sub-re-gión *sub-rei-no* *sub-ru-ti-na*

Excepciones: abrup-to, sus compuestos *(exa-brup-to)* y derivados *(abrup-ta-men-te).*

• Cuando a post- le sigue un segundo componente que empieza con l o r con las que la t no se funde:

post-lu-dio *post-lin-gual* *post-ro-mán-ti-co*
post-re-nal *post-re-ti-nal* *post-re-na-cen-tis-ta*

• Cuando se encuentran dos vocales una perteneciente al primer componente y otra al segundo componente se dividen ambas:

*la-ti-no-a*me-ri-ca-no   *ex-tre-mo-o*rien-tal
*con-tra-o*fen-si-va   *en-tre-a*brir

Pueden dividirse separando sus componentes o sus sílabas, aunque es preferible la división silábica –la segunda forma–:

reanudar:	*re-a*nu-dar	*rea*-nu-dar
cooperar:	*co-o*pe-rar	*coo*-pe-rar
coexistir:	*co-e*xis-tir	*coe*-xis-tir
preeminente:	*pre-e*mi-nen-te	*pree*-mi-nen-te

• Los compuestos con el grupo -ps- en interior de palabra no se dividen separando ambas letras:

pa-ra-psi-co-lo-gía   an-ti-psi-quia-tría   pre-psi-có-ti-co

• En los nombre extranjeros, se separan las sílabas con arreglo a la costumbre de la lengua respectiva:

     Mul-lins   *Guare-schi*   *Mus-set*

• Se procurará evitar no dividir una palabra de manera que quede al final o al principio de renglón un fragmento malsonante. Por tanto, se intentará no escribir:

| *ano-malía* | *caca-huete* | *pene-tración* |
| *pedo-filia* | *espectá-culo* | *sa-cerdote* |

En resumen, es preferible la división silábica porque:
– es la única división que admiten las palabras simples, excepto en los hiatos sin **h** intercalada;
– es la que admiten la mayoría de palabras que no son simples, salvo las que empiezan por **abl-**, **subl-**, **abr-**, **obr-**, **subr-**, **postl-** y **postr-**, ya que no están lexicalizadas (el hablante, ante estas palabras, tiene la conciencia de estar pronunciando dos palabras, no una sola).

EJERCICIOS

72 SUPONGA QUE TIENE QUE SEPARAR AL FINAL DE UN RENGLÓN LAS SIGUIENTES PALABRAS. ESCRIBA TODAS LAS POSIBILIDADES EXISTENTES, TAL Y COMO SE MUESTRA EN EL EJEMPLO:

gracioso:	*gra-cioso, gracio-so.*
alegría:	....
alharaca:	....
atún:	....
canoa:	....
carro:	....
coche:	....
corrección:	....
desamparo:	....
enfoque:	....
guitarra:	....
inspirar:	....
interrelación:	....
latinoamericano:	....
malhumorado:	....
monstruo:	....
parapsicología:	....
prerromano:	....
proximidad:	....
reanudar:	....
subalterno:	....
subrayar:	....
teatro:	....
torneo:	....
transpirar:	....
zoológico:	....

RECOPILACIÓN DE PALABRAS DE IDÉNTICA PRONUNCIACIÓN Y DE DISTINTA ORTOGRAFÍA (HOMÓFONOS)

HOMÓFONOS *B* / *V*

abalar mover de un lugar
abiar cierta planta
abocar aproximar
acerbo cruel, desagradable
albino blanquecino
baca (de los coches)
bacada batacazo
bacante mujer que celebra bacanales

bacía (de barbero)
bacilar de bacilo
bacilo microbio
baga cápsula del lino; soga
bagar echar baga el lino
bago distrito de tierras; de *bagar*
balar dar balidos
balido voz de la oveja
balón pelota
balsar terreno con zarzas
bao barrote de un buque
baqueta vara; moldura
baria cierto árbol de Cuba
bario metal
barita óxido de bario
barón título nobiliario

avalar garantizar
aviar aderezar, arreglar
avocar (término jurídico)
acervo montón; conjunto
alvino del bajo vientre
vaca hembra del toro
vacada manada de vacas
vacante empleo sin cubrir

vacía no llena; de *vaciar*
vacilar titubear; oscilar
vacilo de *vacilar*
vaga ociosa; de *vagar*
vagar ir sin rumbo fijo
vago ocioso; de *vagar*
valar relativo al muro
valido primer ministro
valón de Valonia
valsar bailar el vals
vaho vapor
vaqueta cuero curtido
varia diversa; variable
vario diverso; variable
varita vara pequeña
varón hombre

195

basar fundar

basca malestar

bascular oscilar

bastar ser suficiente

basto poco fino

bastos del juego de naipes

bate palo de béisbol

baya cierto fruto

be letra *b*; balido

bello hermoso

bidente de dos dientes

biga carro de dos caballos

billar cierto juego

binario de dos elementos

bis repetido

biso secreción de los moluscos

bobina carrete de hilo

bocal jarro; tabla de embarcación

bocear mover los labios el caballo

bolar tierra con que se hace el bol

botar dar botes, arrojar

boto tipo de bota

cabo militar; accidente geográfico

embero cierto árbol de África

embestir atacar

encobar incubar las aves

gabina sombrero de copa

graba de *grabar*

grabar marcar

grabe de *grabar*

hierba vegetal

huebos necesidad

nabal de nabo

Nobel premio

vasar estante para vasos

vasca vascongada

vascular de las venas

vastar talar, destruir

vasto extenso

vastos extensos

vate adivino; poeta

vaya de *ir*; burla

ve de *ir*

vello pelo suave

vidente adivino

viga pieza del techo

villar pueblo pequeño

vinario relativo al vino

vis vigor, fuerza

viso prenda de vestir

bovina de ganado vacuno

vocal de voz; letra

vocear dar voces o gritos

volar desplazarse por aire

votar hacer votos

voto promesa, deseo

cavo de *cavar*

envero color de la uva

envestir investir

encovar guardar en cueva

gavina gaviota

grava arena gruesa

gravar cargar, pesar

grave de *gravar*; serio

hierva de hervir

huevos plural de *huevo*

naval de nave

novel nuevo, principiante

óbolo peso; moneda
rebelarse sublevarse
recabar conseguir; reclamar
ribera orilla, huerto
sabia con sabiduría
sebero recipiente con sebo
silba de *silbar*
toba cierta planta
tubo cilindro hueco
ubada medida de tierra
ube cierta planta de Filipinas

óvolo moldura, adorno
revelarse mostrarse
recavar volver a cavar
rivera arroyo
savia jugo vegetal
severo riguroso, grave
silva tipo de estrofa
tova alondra
tuvo de *tener*
uvada abundancia de uva
uve letra *v*

EJERCICIOS

73 ESCRIBA **B** O **V** DONDE CORRESPONDA:

1. Por favor, ayúdame a bajar esta maleta de la ...aca.
2. El ca...o instructor no se encuentra aquí, señor.
3. Es muy rico el acer...o cultural de este país.
4. Juan sil...a muy bien.
5. No he visto persona más ...asta: ¡qué modales!
6. ¿Has re...elado el carrete de fotos?
7. Como se hizo ...aho, tu...o que limpiar el cristal.
8. La ...aronesa nos dijo que el puesto de cocinera estaba ...acante.
9. ¿Cuantas ...acas conduce ese ...aquero?
10. Dile que ...aya deprisa: las ovejas comienzan a ...alar.
11. Los monjes de ese monasterio han hecho ...oto de silencio.
12. Se ha comprado unos muebles de em...ero.
13. Ya ...ocea el caballo: mira cómo mueve los labios.

14. Se desprendió una ...iga y causó gra...es desperfectos.
15. Por más que ca...o no consigo hacer un pozo.
16. Si cortas el tallo, verás la sa...ia de esta planta.
17. La to...a ha puesto ya sus hue...os.
18. Se trata de un hombre muy serio, se...ero y gra...e.
19. En la ri...era de ese río hay un cultivo na...al.
20. El pueblo se re...eló contra el dirigente.
21. Ha llegado un camión cargado de gra...a y de sacos de cemento.
22. Es un chico al...ino porque tiene la piel, el pelo y el iris muy blancos.
23. No resulta ...ello: tiene mucho ...ello en el cutis.
24. No soy tan sa...ia como tú, por eso ...acilo en la respuesta.
25. Con la ...arita señaló un ...illar que se veía a lo lejos.
26. Vive en esta calle, en el número 24 ...is.
27. Ganó la partida porque tenía el as de ...astos.
28. Acércame una bo...ina de hilo blanco para zurcir el ...iso.
29. A la reunión vinieron un ...ate, un ...idente y un ...arón.
30. ¿Por qué sois tan ...agos? Hay que cargar la carreta que esta ...acía.
31. Las letras ...e y u...e ocasionan muchas faltas de ortografía.
32. El entrenador le dijo al jugador no...el: «¡Sujeta bien el ...ate!».
33. Reca...a un poco las tomateras antes de regarlas.
34. Ese grupo musical ha gra...ado un nuevo disco.
35. ¡Ya ...asta! ¡No tienes ningún argumento en que ...asarte!

HOMÓFONOS *G* / *J*

agito de *agitar*
geta natural de un pueblo
   de la Dacia
gira viaje; serie de actuaciones
   artísticas
gragea confite; pastilla
ingerir introducir por la boca

ajito ajo pequeño
jeta boca saliente; hocico

jira pedazo de tela rasgado

grajea chilla el grajo
injerir entremeterse

EJERCICIOS

74 ESCRIBA **G** O **J** DONDE CORRESPONDA:

1. Ha estado de …ira por diversos países de Latinoamérica y ha obtenido muchos éxitos.
2. El niño ha sacado tu blusa del armario y la ha hecho
   …iras.
3. Trató de suicidarse in…iriendo un producto tóxico.
4. Hirieron al jabalí en la …eta.
5. En su opinión, ese país se in…iere en el conflicto bélico.
6. Las vasijas halladas podrían haber pertenecido al pueblo
   …eta.
7. Tómese una gra…ea cada cuatro horas y desaparecerá
   el dolor.
8. Corte un a…ito muy menudo y échelo por encima del
   guiso.
9. ¿Oyes? Es el cuervo que gra…ea.
10. Ahora a…ito la mezcla de licores y ya está preparado
    el cóctel.

HOMÓFONOS H / Ø

¡ah! interjección

ahijada femenino de *ahijado*

alharma cierta planta

alheñar teñir con alheña

alhoja alondra

aprehender prender

aprehensión de *aprehender*

aprehensivo capaz de
  aprehender

azahar flor de naranjo

cohorte conjunto

deshojar quitar las hojas

dúho asiento indio

ha de *haber*

haba planta herbácea

habada caballería con tumor

habano de La Habana; puro

habido de *haber*

habitar vivir

hablando de *hablar*

habría de *haber*

hacedera femenino de *hacedero*

hachote vela corta y gruesa

¡hala! interjección

halagar adular

halar tirar hacia sí

haldea de *haldear*

halón meteoro luminoso

haloque embarcación

hamo anzuelo de pescar

hampón bribón

hanega fanega

a preposición

aijada vara larga

alarma aviso

aleñar hacer leña

aloja de *alojar*

aprender instruirse

aprensión escrúpulo

aprensivo escrupuloso

azar casualidad

corte séquito; inciso

desojar cegar un aparato

dúo grupo musical de dos

a preposición

aba medida de longitud

abada rinoceronte

abano abanico

ávido ansioso

abitar asegurar postes

ablando de *ablandar*

abría de *abrir*

acedera cierta planta

achote cierto árbol

ala extremidad del ave

alagar llenar de lagos

alar alero del tejado

aldea pueblo

alón ala desplumada

aloque de color rojo claro

amo dueño

ampón amplio

anega de *anegar*

hará de *hacer*	ara altar
haré de *hacer*	aré de *arar*
harma cierta planta	arma utensilio para luchar
harón holgazán	arón cierta planta
harte de *hartar*	arte maña, astucia
harto sobrado	arto cierto arbusto
has de *haber*	as nombre de naipe
hasta preposición	asta cuerno; palo
hatajo ganado pequeño	atajo camino corto
hato ropa de uso ordinario	ato de *atar*
hay de *haber*	ahí adverbio de lugar
haya cierto árbol; *de haber*	aya educadora de niños
hayo coca del Perú	ayo educador de niños
he de *haber*	e conjunción copulativa
hecho de *hacer*	echo de *echar*
Hera diosa	era período
herrar poner herraduras	errar no acertar; vagar
hético muy flaco, tísico	ético moral
hice de *hacer*	ice de *izar*
hinca de hincar	inca pueblo amerindio
hojear pasar hojas de un libro	ojear mirar detenidamente
ojoso de muchos ojos	hojoso de muchas hojas
¡hola! interjección de saludo	ola onda del mar
hollar pisar; despreciar	ollar orificio nasal equino
hombría calidad de hombre	ombría parte sombría
honda (para arrojar piedras)	onda ondulación
hondear utilizar la sonda	ondear hacer ondas
hora medida de tiempo	ora de *orar*; conjunción
horca instrumento de ejecución	orca cierto cetáceo
hornada lo que se cuece en el horno	ornada adornada
hosco intratable	osco de Osco-Umbría
hostia pan de misa	ostia ostra
hostiario caja de hostias	ostiario clérigo

201

hoto confianza, esperanza
huno pueblo bárbaro
husillo tornillo de la prensa
huso instrumento para hilar
¡oh! interjección
rehusar no aceptar, rechazar
zahína cierta planta

oto especie de lechuza
uno unidad; de *unir*
usillo achicoria silvestre
uso utilización; de *usar*
o conjunción
reusar volver a usar
zaina traidora, falsa

EJERCICIOS

75 ESCRIBA **H** DONDE CORRESPONDA:

1. Esperemos que el aya no se arte de esos niños tan traviesos.
2. ¡O! Esa paloma tiene lastimada un ala.
3. Ablamos de muchos temas, incluso de la cultura inca.
4. ¿As ojeado ya el periódico?
5. Esta masa está muy dura. ¿La ablando un poco?
6. El rey y su corte residen en la capital.
7. Ice la bandera aunque el asta no esté muy firme.
8. Finalmente le preguntó al errero: «¿Cuándo va a errar mi caballo?».
9. La policía a apreendido al famoso ladrón de joyas.
10. ¡A! Me e echo un corte.
11. Abría que desojar la margarita para saber si te quiere.
12. Es muy aprensivo: siempre está pensando que se va a contagiar.
13. Fuimos a ver a ese dúo abano que tanto te gusta.
14. E aprendido a tener un comportamiento más ético.
15. A su aijada le encanta comer abas.
16. A andado errabundo por caminos y atajos.

17. Ávido de grandes ganancias les gritaba a sus empleados que eran un atajo de arones.
18. Ará lo que tú le ordenes sobre todo si le amenazas con esa arma.
19. La ostia se usa para la comunión de los fieles.
20. En nuestra visita al zoológico pudimos ver una orca.
21. Desde que aré el campo no a crecido una sola zaína.
22. Con el uso a echo inservible el aparato.
23. En esa aldea ondea una bandera.
24. Nos inundó una ola gigantesca.
25. Ésta es la parte ombría de la montaña.
26. ¡Ola! Aí está el usillo que me encargaste.
27. Es uno de los empresarios que no llegó a reusar nuestra invitación.
28. Me alagas al decirme que tú no lo abrías echo mejor.
29. Mientras abría la puerta me acordé de que él llevaría esperándome media ora.
30. Ay que ver cuántas ayas crecen en este bosque.
31. Estoy arto de tus trampas: siempre tienes tú el as de copas.
32. Alambra el campo para que los animales no destrocen la plantación.
33. Dé la voz de alarma de que el ampón a escapado.
34. ¿Ato yo la cuerda o lo arás tú?
35. Colocaron en el ara una ofrenda que consistía en astas de toro y algún alón de pollo.

contesto de *contestar*
esotérico oculto

contexto entorno
exotérico común

espía el que hace espionaje

espiar observar disimuladamente

espirar expulsar el aire
al respirar

estático inmóvil

estirpe linaje, casta

lasitud cansancio

laso cansado

seso cerebro

testo de *testar*

expía de *expiar*

expiar borrar una culpa

expirar morir

extático en éxtasis

extirpe de *extirpar*

laxitud relajamiento

laxo relajado

sexo (macho o hembra)

texto obra

HOMÓFONOS *C / S*

acechanza acecho, espionaje

acechar observar secretamente

acecinar curar la carne

bracero jornalero, peón

cebo señuelo

ceda de *ceder*

cegar dejar ciego, tapar

cenador espacio cercado
del jardín

censual del censo

cepa tronco de la vid

cerrar asegurar con cerradura

cesión renuncia, traspaso

cidra fruto del cidro

cien número

ciento número

ciervo animal rumiante

cilicio prenda para penitentes

cima cumbre de una montaña

asechanza engaño, treta

asechar engañar

asesinar matar

brasero (para celentarse)

sebo grasa animal

seda líquido de algunos
artrópodos

segar cortar con la hoz

senador del senado

sensual de los sentidos

sepa de *saber*

serrar cortar con sierra

sesión reunión, junta

sidra bebida

sien parte de la cabeza

siento de *sentir*

siervo servidor, esclavo

silicio metaloide

sima foso

cocer hervir
concejo ayuntamiento
fucilar producirse fucilazos
incipiente que empieza
intención voluntad
paces de *paz*
vocear dar voces

coser unir con hilo
consejo recomendación
fusilar matar con fusil
insipiente falto de saber
intensión energía
pases de *paso*
vosear usar *vos* por *tú*

HOMÓFONOS Z / S

abrazar dar un abrazo
alizar azulejo; cenefa
azada herramienta agrícola
azar casualidad
azolar desbastar con azuela
baza (del juego de naipes)
bazar tienda
braza estilo de natación
caza matanza de animales
cazar matar animales
cazo recipiente metálico
corzo animal rumiante
encauzar dirigir por el cauce
lazo nudo de cintas
liza lid
loza porcelana; vajilla
maza herramienta
mazonería fábrica de cal
  y canto
pazo casa
pozo hoyo en la tierra con agua
rebozar bañar en huevo
  o harina

abrasar quemar
alisar poner liso algo
asada de *asar*
asar tostar
asolar arrasar, destruir
basa base, apoyo
basar asentar sobre base
brasa carbón encendido
casa vivienda, domicilio
casar desposar; encajar
caso suceso
corso de Córcega
encausar llevar a juicio
laso cansado, flojo
lisa plana; cierto pez
losa piedra
masa mezcla; conjunto
masonería grupo secreto

paso andadura
poso sedimento
rebosar derramarse

205

remezón terremoto ligero
taza recipiente para líquidos
zeta letra *z*
zueco cierto calzado
zumo jugo de la fruta

remesón pelo arrancado
tasa valoración
seta cierta clase de hongo
sueco de Suecia
sumo supremo

EJERCICIOS

76 ESCRIBA **C**, **S**, **X** O **Z** DONDE CORRESPONDA:

1. Al ...errar la puerta me di cuenta de que en el rellano yacía el cuerpo e...tático del e...pía.
2. Sacaron de conte...to las palabras del ...enador.
3. Ese bra...ero tiene menos se...o que un mosquito.
4. En la ...ima de la montaña vive una manada de ...ien ...iervos a los que no se les puede dar ca...a en esta época del año.
5. Has roto una ta...a de mi lo...a nueva.
6. El viejo ...iervo e...piró a causa de los duros trabajos a que era sometido.
7. El con...ejo se reunió con la inten...ión de votar la ...esión de competencias.
8. Quiso ...egar una ...epa, pero le dije que tenía que ...errarla.
9. Esperemos que e...tirpe de raíz el in...ipiente quiste.
10. Una parte importante de la población de Latinoamérica vo...ea.
11. Que yo ...epa, la ...idra se obtiene de la manzana.
12. No siguió mi con...ejo y se dejó encendido el bra...ero.
13. ¿Estás segura de que tengo que co...er la ma...a antes de rebo...arla?

14. El juez ...ueco es el encargado de este ca...o.
15. Con las bra...as podemos a...ar algunas ...etas.
16. Quita el ca...o del fuego antes de que se vaya a rebo...ar la leche que está hirviendo.
17. En el ba...ar compró varios la...os, unos ...uecos y una ma...a.
18. Antes de a...e...inar la carne, quítale el ...ebo.
19. En el fondo del po...o encontraron, a lo ...umo, unas cuantas lo...as.
20. Fíjate, se van a ca...ar esta tarde y todavía no han buscado ca...a para vivir.
21. Le encantan los ...umos naturales porque no tienen po...os.
22. No sé en qué te puedes ba...ar para afirmar que todo lo e...otérico es cosa del demonio.
23. «¿Cuál es el se...o del bebé?», preguntó la madre la...a después del parto.
24. Hemos podido apreciar la sacudida de un reme...ón que ha agrietado las viejas columnas del ...enador del jardín.
25. Es una mala persona: intenta a...echar a personas desvalidas. No creo que podamos encau...ar su comportamiento.
26. Intentaron a...e...inar al mafioso cor...o sujetándole de forma que no pudiera ni inspirar ni e...pirar.
27. Es una chica muy ...ensual, pero no te dejes a...echar por ella.
28. Dicen que la ma...onería trató de a...olar su casa abra...ándola, pero sólo es un falso rumor.
29. ¿Tu crees que lo van a fu...ilar? Quizás lo acusen de a...echanza, ya que lo atraparon intentando e...piar al enemigo.
30. Me duele la ...ien izquierda después de tropezar cerca de la ...ima y estar a punto de caerme dentro.

31. Trata de ali...ar esta pared, es decir, procura dejarla li...a.
32. No estoy de acuerdo con la ta...a; perdemos dinero.
33. No empieces a vo...ear, que te ...iega la ira.
34. El ...ilicio se extrae de la sílice.
35. Al abrir el armario, encontró un ...ilicio.

HOMÓFONOS *LL / Y*

abollar hacer abolladuras	aboyar poner boyas
arrollar llevarse algo por delante	arroyar formar arroyos
arrollo de *arrollar*	arroyo río pequeño
bolla panecillo	boya señal
bollero el que vende bollos	boyero el que guía bueyes
callado silencioso	cayado bastón corvo
callo dureza de la piel; de *callar*	cayo islote
calló de *callar*	cayó de *caer*
desmallar cortar malla	desmayar perder el sentido
falla defecto; fractura terrestre	faya tejido; peñasco
galla agalla	gaya ave
gallar cubrir el gallo a la gallina	gayar adornar
gallera jaula	gayera fruta
gallo ave de corral; cierto pez	gayo alegre, vistoso
halla de *hallar*	haya árbol; de *haber*
hulla carbón	huya de *huir*
malla tejido de red	maya pueblo precolombino
mallo mazo	mayo mes del año
mella hendedura en un filo	meya especie de centolla
olla vasija	hoya fosa
pollo cría de ave	poyo banco de piedra
pulla broma, burla	puya pica, púa, punta

rallar desmenuzar, raspar
rallo rallador; de *rallar*
rolla trenza
rollo objeto cilíndrico
valla cerca; cartelera publicitaria

rayar hacer rayas
rayo relámpago, radiación
roya hongo
royo rubio, rojo
vaya de *ir;* burla

EJERCICIOS

77 Escriba **LL** o **Y** donde corresponda:

1. Espero que no hu...a del ca...o.
2. ¡Va...a! ¿Cómo ha podido hacer un ra...o algo así?
3. Saca el po...o de la o...a.
4. Sintió que se desma...aba y se sentó en un po...o.
5. Era un cuchillo fácilmente identificable: tenía una me...a.
6. Utiliza como molde un ro...o de plástico.
7. ¡Pues claro que no me ca...o!
8. La pu...a de sus amigos le sentó muy mal.
9. El pelaje del caballo es de color ro...o.
10. Como castigo, pintarás la va...a del jardín.
11. Cuando friegues, ten cuidado de no ra...ar las copas de cristal.
12. En ma...o visitaremos unos yacimientos de hu...a.
13. Me hacen daño los zapatos porque tengo un ca...o en un dedo.
14. Permaneció ca...ado el resto de la tarde.
15. Se ha escapado un ga...o del corral.
16. Da largos paseos por el sendero que atraviesa el bosque de ha...as.
17. Se apoyaba en un ca...ado cuando caminaba.

209

18. No ha...a la forma de ir al dentista para sacarse esa muela.
19. El pavo real tiene un ga...o plumaje.
20. Nos hemos mojado al cruzar el arro...o.
21. ¡Es un bo...ero excelente! Estos dulces los ha hecho él.
22. No se ca...ó hasta que el público le abucheó.
23. No hay suficiente ma...a para la red que necesitamos.
24. Es un entusiasta de la cultura ma...a.
25. Estaba tan enfadado que, con el coche, quiso arro...ar todo lo que se le ponía por delante.
26. Dicen que se ca...ó en la ho...a, porque nadie lo ha vuelto a ver.
27. Con el golpe abo...ó la carrocería del coche.
28. Él mismo eligió la me...a que le provocó la indigestión.
29. Acabo de ver pasar al bo...ero conduciendo un par de bueyes.

ALGUNAS PALABRAS DE ORTOGRAFÍA DUDOSA POR SU SEMEJANZA O RELACIÓN FORMALES (PARÓNIMOS)

PARÓNIMOS ACENTUALES[6]

aca excremento	acá aquí
ala extremidad del ave	Alá Dios de los mahometanos
angelico diminutivo de *ángel*	angélico relativo a los ángeles
apodo sobrenombre	ápodo sin pies
arteria vaso sanguíneo	artería astucia
atona cierta oveja	átona no tónica
cale cierto golpe	calé gitano de raza
cama lecho	camá paloma silvestre
cámbara centolla	cambará árbol de América del Sur
canido enmohecido	cánido cierta familia de mamíferos
capa prenda de vestir	capá árbol de las Antillas
cará-cará indio americano	caracará carancho, ave de rapiña
carne músculo de los animales	carné documento personal

---

6. Tal vez el lector atento pudiera apreciar la ausencia de los parónimos s/x, c/s, z/s y ll/y, pero han sido considerados como homófonos por lo que a esta obra se refiere, ya que, en la práctica, las pronunciaciones, más que similares, son idénticas. Remítase, pues, el lector a «Recopilación de palabras de idéntica pronunciación y de distinta ortografía (homófonos)» (págs. 195-210).

castor cierto mamífero roedor

Cástor personaje mitológico; astro

cesar parar, dejar de hacer algo

César emperador romano

citara pared de cierto grosor; verbo *citar*

cítara instrumento musical

coco árbol; fruto; fantasma

cocó tierra blanquecina para obras

colera adorno para el caballo

cólera ira; enfermedad; tela

colon porción de intestino

colón moneda; el que se cuela

comisaria alta funcionaria

comisaría oficina del comisario

coña guasa, burla

coñá coñac, bebida alcohólica

cope parte de la red de pesca

copé especie de betún o nafta

depositaria tesorera

depositaría tesorería

dita préstamo

ditá árbol de Filipinas

dolar desbastar con el dolobre

dólar moneda

ejecutoria título o diploma

ejecutoría oficio de ejecutor

fusil arma de fuego

fúsil que puede fundirse

lucido de *lucir*

lúcido claro en el razonamiento

maja hermosa, guapa

majá culebra de Cuba

misero cierto sacerdote

mísero desdichado, infeliz

monada acción propia de mono; cosa pequeña, delicada

mónada protozoo, cierta sustancia

notaria funcionaria pública

notaría oficina y oficio del notario

papa sumo pontífice católico; padre de familia

papá padre de familia

parque jardín de recreo

parqué entarimado de maderas

pate árbol de Honduras

paté cierto alimento; cruz

penitenciaria sistema de castigo

penitenciaría prisión

212

pichi prenda de vestir
plato recipiente; comida
pulsar tocar; tomar el pulso
raja abertura, grieta
rape corte de cabello o barba
revolver girar, menear
sabana llanura sin árboles

sandia necia, simple
secretaria ayudante de
   despacho
seria grave; importante

pichí arbusto; orina
plató recinto cinematográfico
púlsar estrella de neutrones
rajá soberano índico
rapé tabaco en polvo
revólver arma de fuego
sábana pieza de tela de la
   cama
sandía planta; fruto
secretaría oficina,
   despacho
sería de *ser*

EJERCICIOS

78 COLOQUE TILDE DONDE CORRESPONDA:

1. En el parque encontré una cajita de rape vacía.
2. Seria la una de la tarde cuando encontré a la nueva secretaria.
3. Se ha comido un plato de tostadas con pate.
4. Puedes pasar a recoger la escritura de la casa por la
   notaria.
5. En este plato se rodaron algunas de las mejores películas de la historia del cine.
6. Un raja de la India ha venido de viaje a este país.
7. Se cortó el pelo al rape a pesar de las prohiciones de
   sus padres.
8. Esos documentos están guardados en la secretaria.
9. La tribu cara-cara habitaba en la margen derecha de río
   Paraná.

10. Estoy harta de que siempre esté de coña: no se toma nada en serio.
11. Es lógico que citara aquellos versos para defenderse.
12. Montó en colera cuando supo que le habían arruinado.
13. ¡Estáte quieto: no paras de revolverlo todo!
14. Por favor, enséñeme el carne de identidad.
15. Me apetece un helado de coco.
16. ¿Quieres una copa de coña?
17. Envolvió el fusil en una sabana.
18. Nos preparo un guiso de carne y, después, tomamos rape.
19. ¿Qué prefieres: melón o sandia?
20. El arma del crimer fue un revolver.
21. El actual Papa ha sufrido varios atentados contra su vida.
22. Ha lucido el sol esta mañana, pero ahora se ha nublado.
23. Deja de pulsar esa tecla; vas a bloquear el ascensor.
24. Esta capa no te sienta bien con el pichi que llevas.
25. A pesar de su edad, se encuentra extraordinariamente lucido.
26. Creo que todos le conocen por su apodo.
27. ¡Qué maja que estás! ¿Has ido a la peluquería?
28. Al Cesar lo que es del Cesar.
29. El castor tiene una cola muy característica.
30. Se halla recluido en la penitenciaria.

PARÓNIMOS *GÜ* / *GU*

güito sombrero; hueso de albaricoque

guito animal de carga falso

pingüe gordo, abundante

pingue embarcación

EJERCICIOS

79 COLOQUE DIÉRESIS DONDE CORRESPONDA:

1. No me hagas reír: he estado a punto de tragarme un guito.
2. Tendrás que guardar toda esta carga en la bodega del pingue.
3. ¿No sabes que este caballo es guito?
4. No creas que ha conseguido pingues beneficios de ese negocio.

OTROS PARÓNIMOS

balanzar lanzar
abeja insecto
abertura grieta, orificio, hueco
abjurar desdecirse
ablución lavatorio
ábside parte abovedada
del templo
absolver perdonar
abstemio que no bebe alcohol
acceso entrada, paso
acta documento
actitud disposición; postura
acto hecho, acción
adaptar acomodar, ajustar

adicción hábito perjudicial
afección enfermedad
afectividad emotividad

avanzar ir hacia delante
oveja hembra del carnero
apertura inauguración
adjurar conjurar, suplicar
avulsión extirpación
ápside extremo del eje
mayor de la órbita astral
absorber empapar
astenia decaimiento
absceso cúmulo de pus
apta idónea, hábil
aptitud capacidad, cualidad
apto idóneo, hábil
adoptar tomar como hijo;
tomar un acuerdo

adición suma
afición inclinación a algo
efectividad eficacia

215

afectivo cariñoso, sensible

efectivo que produce efecto

afecto cariño, simpatía

efecto resultado; impresión

alocución cierto discurso

elocución modo de hablar

aludir mencionar veladamente

eludir evitar, esquivar

alusión mención velada

elusión acción de *eludir*

apático pusilánime

hepático del hígado

apogeo punto culminante

hipogeo subterráneo

apóstrofe invocación; acusación

apóstrofo signo
  ortográfico (')

apotegma frase sentenciosa

apotema línea en geometría

bávaro natural de Baviera

bárbaro pueblo antiguo;
  cruel; excesivo

bilis hiel

viles *les vi*; despreciables

bulbo parte del tallo
  de las plantas

vulgo gente popular

bursátil de la bolsa de valores

versátil voluble

capto de *captar*

cacto planta

carabela embarcación

calavera cráneo

carabina arma de fuego

caravana tráfico denso;
  vehículo; recua

cartabón instrumento
  de dibujo

carcavón barranco

casual fortuito, azaroso

causal relativo a *causa*

casualidad azar

causalidad causa, origen

cohesión unión

conexión trabazón, enlace

defección abandono; desertación

decepción desengaño

desbastar quitar lo basto

devastar destruir, arrasar

discreción sensatez, prudencia

disección acción de *disecar*

drama tragedia

dracma moneda; medida

embalse pantano; de *embalsar*

envase recipiente

embate acometida impetuosa

envite apuesta; empujón

enebro arbusto

enervo de *enervar*

enojo enfado, molestia

hinojo planta; rodilla

error equivocación

horror terror; atrocidad

especie clase, tipo

espectro fantasma

estío verano

extracto resumen

factura recibo

giba joroba

habituar acostumbrar

hacendado de *hacienda*

hatillo pequeño ajuar

herejía error contra la fe

hermético bien cerrado

hípico relativo al caballo

hostil enemigo, contrario

hundir meter en lo hondo

huraño poco sociable

hurtar robar

infligir causar daño o castigo

intercesión acción
de *interceder*

laso cansado

oneroso pesado, gravoso

oquedad espacio vacío

pábilo mecha de la vela

pábulo pasto

perjuicio daño, inconveniente

pretexto excusa; de *pretextar*

privar quitar

probidad honradez

ratificar sostener, afirmar

respeto consideración

rotura acción y efecto
de *romper*

especia condimento

experto hábil; especialista

hastío tedio

estrato capa de suelo; nube

fractura rotura

jibia cefalópodo

avituallar proveer
de alimentos

acendrado puro

autillo ave

elegía poema; de *elegir*

emético vomitivo

épico relativo a la epopeya

astil mango de hacha

urdir maquinar

uranio metal

untar aplicar aceite o grasa

infringir incumplir la ley

intersección zona común

lapso espacio de tiempo

honroso que da honra

hosquedad cualidad de
hosco

pávido tímido, medroso

párvulo pequeño

prejuicio idea preconcebida

protesto de *protestar*

probar examinar

pravedad perversidad

rectificar modificar, variar

respecto relativo a

ruptura desavenencia, riña

217

subsidio ayuda	susidio inquietud
tesitura actitud	textura tejido; estructura
tracto espacio entre dos lugares	trato de tratar
vagido llanto de recién nacido	vaguido vahído
vaina funda	boina gorra sin visera
vajilla conjunto de vasos	valija maleta; cierto correo
vasija recipiente cóncavo	baliza señal
venial leve	bienal que dura dos años
viril varonil; custodia	buril instrumento de acero
viscosidad pegajosidad	bascosidad inmundicia
visón mamífero parecido a la nutria	bisonte bóvido salvaje
volquete carro	boquete entrada angosta
¡zis, zas! onomatopeya	zigzag cierta línea

EJERCICIOS

80 SUBRAYE LA FORMA CORRESPONDIENTE:

1. Le tengo mucho *afecto / efecto* a Carmen, ya lo sabes.
2. Este chico no es *acto / apto* para ese trabajo.
3. Se aprueba el *acta / apta* de la sesión anterior.
4. Está prohibido el *acceso / absceso* a personas ajenas a la zona residencial.
5. Hoy tiene lugar la *abertura / apertura* de un nuevo bar en el barrio.
6. Una *abeja / oveja* está volando cerca de ti; ten cuidado.
7. Su *alusión / elusión* a mi forma de trabajo me molestó.
8. Sufre una *afección / afición* de estómago que le obliga a seguir una dieta.
9. *Adaptaron / Adoptaron* a Carlos cuando aún era un bebé.

10. La *adicción / adición* a las drogas provoca graves trastornos físicos y psíquicos.
11. Me defraudó su *actitud / aptitud* ante el asunto que nos ocupa.
12. Se *avanzó / abalanzó* sobre mí inesperadamente.
13. Puedes tirar el *embalse / envase* a la basura porque es no retornable.
14. Fue un encuentro *casual / causal:* ella paseaba con su marido y yo volvía del trabajo.
15. ¡Qué *error / horror!* Cuando llegó a casa se encontró todo revuelto.
16. He comprado varias *especies / especias* para que puedas cocinar a gusto.
17. Tienes la cara muy pálida; parece que hayas visto un *espectro / experto.*
18. Falla la *cohesión / conexión* entre esos cables.
19. Al cavar en el jardín descubrieron varios restos humanos, entre los cuales había una *carabela / calavera.*
20. Aunque el *apóstrofe / apóstrofo* no se utiliza en español, sí se usa en otras lenguas.
21. No riegues mucho ese *capto / cacto* o se pudrirán las raíces.
22. Llegué cuando la fiesta todavía estaba en todo su *apogeo / hipogeo.*
23. Esa obra teatral es un *drama / dracma* en tres actos.
24. A la vuelta, estuvimos dos horas en *carabina / caravana* a causa de un accidente de tráfico.
25. Se hincó de *enojos / hinojos* para pedirle perdón.
26. Habla del *bulbo / vulgo* con mucho desprecio.
27. No hemos recibido todavía la *factura / fractura* del pedido de libros.
28. No se *habitúa / avitualla* a comer fuera de casa.

29. No era consciente de que con su acción *infligía / infringía* el código de la circulación.

30. *Hundieron / Urdieron* toda una trama para acusarle de asesinato.

31. En ese *laso / lapso* de tiempo el ladrón pudo escapar con el botín.

32. Con su *intercesión / intersección* pudo solucionarse el conflicto.

33. No se da cuenta de que esa conducta va en *perjuicio / prejuicio* suyo.

34. Tuvo un accidente *hípico / épico* y ahora tiene que utilizar collarín.

35. Este recipiente dispone de un cierre *hermético / emético* que permite conservar muy bien los alimentos.

36. Ha de *hurtar / untar* esta pomada en la zona afectada.

37. Se ha comprado un abrigo de *visón / bisonte* que le ha costado una fortuna.

38. Como se ha quedado sin trabajo ha solicitado un *subsidio / susidio* de desempleo.

39. El navegante no consiguió orientarse porque no vio la *vasija / baliza*.

40. Se pasaban el día discutiendo: la *rotura / ruptura* de ese matrimonio era inevitable.

41. Tenía entendido que ése era un pecado *venial / bienal*.

42. Quita la *vaina / boina* a los guisantes y ponlos a hervir.

43. Con la taladradora hizo un *volquete / boquete* en la pared del vecino, sin querer.

44. Esta tela tiene una *tesitura / textura* muy suave al tacto.

45. Este artefacto carece de *afectividad / efectividad*, pues hay que repasar todas las piezas.

46. Sírveme un refresco, si no te importa: soy *abstemia / astenia*.

47. Para el próximo dibujo son imprescindibles la escuadra y el *cartabón / carcavón*.
48. ¡Qué *defección / decepción*! Esperaba que se acordara de mi santo.
49. Su conducta ha sido *bávara / bárbara* e inhumana.
50. La *viles / bilis* desempeña un papel muy importante en el proceso de digestión.

PREFIJACIÓN Y SUFIJACIÓN

PRINCIPALES PREFIJOS Y SUFIJOS GRIEGOS Y LATINOS

PRINCIPALES PREFIJOS Y RAÍCES PREFIJAS GRIEGOS[7]

a(n)-	'sin'	*ateo, átono, apatía, anorexia*
acro-	'cima, lo alto'	*acróbata, acrobacia*
an(a)-	'contra'	*anacrónico, anión*
anfi-	'alrededor'; 'doble'	*anfiteatro; anfibio*
anti-	'contra'	*antiaéreo, anticristo, antibiótico*
antropo-	'hombre'	*antropológico, antropomorfo*
apo-	'lejos de'	*apogeo, apofonía*
archi-	'superior'	*archidiócesis, archiduque*
arqueo-	'antiguo'	*arqueología, arqueozoología*
arqui-	'mando'	*arquitecto, arquisinagogo*
auto-	'por sí mismo'	*autobiografía, automóvil*
bibl-	'libro'	*biblioteca, bibliografía, bibliófilo*
braqui-	'breve, corto'	*braquicéfalo, braquícero*
caco-	'malo'	*cacofonía, cacosmia, cacografía*
cian-	'azul'	*cianuro, cianógeno*
cinet-	'movimiento'	*cinética*
col(e)-	'bilis'	*colagogo*

---

7. Los prefijos son elementos que, al anteponerlos, forman palabras derivadas y compuestas. Los sufijos, en cambio, son elementos que se posponen.

cosmo-	'mundo'	*cosmología, cosmopolita*
cripto-	'oculto'	*criptología, criptograma, cripta*
dactil-	'dedo'	*dactilar, dactiloscopia, dactiliforme*
deca-	'diez'	*decámetro, decálogo, decalitro*
demo-	'pueblo'	*democracia, demografía*
dia-	'a través de'	*diagnóstico, diacronía, diámetro*
dinamo-	'fuerza'	*dinamómetro, dinamógeno*
dis-	'anomalía'	*disentería, dislexia, disnea*
dodeca-	'doce'	*dodecaedro, dodecasílabo*
en-	'dentro'	*encéfalo, energúmeno, energía*
endo-	'dentro de'	*endogastritis, endocrino, endocarpio*
entero-	'intestino'	*enteritis, entérico*
entomo-	'insecto'	*entomólogo, entomófilo*
epi-	'encima'	*epidermis, epitafio, epiglotis*
estoma-	'boca'	*estomatólogo, estomatópodo*
eu-	'bueno'	*eutanasia, eufemismo, eugenesia*
exo-	'fuera'	*exógeno, exócrino, exogamia*
foto-	'luz'	*fotografía, fotofobia, fotosíntesis*
galacto-	'leche'	*galactómetro, galactófago*
gastro-	'estómago'	*gastrópata, gastritis, gastroenteritis*
geo-	'tierra'	*geografía, geólogo, geofísica*
geria-	'vejez'	*geriatría, geriátrico*
geronto-	'viejo'	*gerontología, gerontocracia*
ginec(o)-	'mujer'	*ginecología, gineceo*
glos(o)-	'lengua'	*glosario, glosopeda*
hect(o)-	'cien'	*hectárea, hectómetro, hectolitro*

223

helio-	'sol'	*helioterapia, heliocentrismo*
hemi-	'medio'	*hemiciclo, hemisferio, hemistiquio*
hemo-	'sangre'	*hemorragia, hemorroide, hemofilia*
hepat(o)-	'hígado'	*hepatitis, hepático*
hepta-	'siete'	*heptágono, heptasílabo*
hetero-	'distinto'	*heterosexual, heterogéneo*
hexa-	'seis'	*hexágono, hexámetro*
higro-	'humedad'	*higrómetro, higroscopio*
hiper-	'exceso de'	*hipertenso, hipersensibilidad*
hipno-	'sueño'	*hipnosis, hipnotizar*
hipo-	'debajo de'	*hipoclorhidria, hipogastrio*
	'caballo'	*hipódromo, hipopótamo*
histo-	'tejido'	*histología, histograma*
homo-	'igual'	*homogéneo, homosexual*
icono-	'imagen'	*iconografía, iconoclasta*
idio-	'propio'	*idioma, idiotismo*
iso-	'igual'	*isóbara, isosílabo, isomorfo*
kilo-	'mil'	*kilómetro, kilogramo, kilocaloría*
macro-	'grande'	*macrobiótica, macromolécula*
meso-	'en medio'	*mesodermo, mesozoico*
meta-	'cambio; más allá'	*metamorfosis; metatórax*
micro-	'pequeño'	*microbio, microscopio, microfilme*
miria-	'diez mil'	*miriámetro, miriápodo*
mito-	'leyenda'	*mitología, mitómano, mitografía*
neo-	'nuevo'	*neoclasicismo, neocristiano, neófito*
neuro-	'nervio'	*neuralgia, neurosis, neurocirujano*

224

orto-	'recto'	*ortografía, ortopedia, ortodoncia*
paleo-	'antiguo'	*paleógrafo, paleolítico, paleozoico*
pan(t)-	'todo'	*panacea, panteísmo, panamericano*
para-	'más allá; contra, cerca'	*paraestatal, paradoja, paráfrasis*
pato-	'dolencia'	*patología, patógeno, patografía*
penta-	'cinco'	*pentagonal, pentagrama*
peri-	'alrededor'	*perímetro, periscopio, periferia*
petro-	'roca'	*petrología, petróleo*
poli-	'varios'	*polideportivo, polifonía, políglota*
proto-	'el primero'	*prototipo, protomártir, protomédico*
(p)seudo-	'falso'	*pseudoprofeta, pseudónimo*
psico-	'alma, mente'	*psicología, psicoterapia*
sin-	'unión'	*sincronía, sintonizar, sinestesia*
tele-	'lejos'	*televisión, teleobjetivo, teléfono*
tetra-	'cuatro'	*tetraedro, tetrasílabo, tetrápodo*

PRINCIPALES PREFIJOS Y RAÍCES PREFIJAS LATINOS

ab(s)-	'separación'	*ablación*
ad-	'hacia, junto con'	*adverbio, adquirir, admirar*
bi(s)-	'dos'	*bicicleta, bípedo, bisagra*
circun-	'alrededor'	*circunloquio, circunvalación*
co(m)-	'con'	*compadre, conciudadano, cooperar*

225

cordi-	'corazón'	*cordial, cordiforme*
des-	'privación'	*desnatada, desconfiar, deshacer*
ex-	'fuera de'	*excéntrico, extraer, extender*
extra-	'fuera de'	*extraordinario, extrajudicial*
i(n)-	'en'; 'no'	*insolar, incluir, irreal, inacción*
infra-	'debajo'	*infradotado, infrahumano*
inter-	'entre'	*internacional, intercostal*
intra-	'dentro'	*intravenoso, intramuscular*
mini-	'pequeño'	*minifundio, minifalda*
minus-	'menos'	*minúscula, minusválido*
multi-	'muchos'	*multicolor, multiforme*
omni-	'todo'	*omnipotente, omnisciente*
peni-	'casi'	*península, penitencia*
per-	'a través de'	*perenne, perdurable, permanecer*
pluri-	'varios'	*pluriempleo, plurivalente*
plus-	'más'	*pluscuamperfecto, plusmarquista*
post-	'después'	*postdata, postromántico*
pre-	'antes de'	*precalentamiento, prematuro*
pro-	'delante, a favor'	*prólogo, progenitor*
re-	'de nuevo'	*reponer, reconstruir, rehacer*
retro-	'hacia atrás'	*retrovisor, retrógrado, retroactivo*
semi-	'medio'	*semicírculo, semirrecta, semisuma*
sot(a)-	'debajo de'	*sotabarba, sotacoro, sotobosque*
sub-	'bajo'	*subterráneo, submarino, subsuelo*
super-	'encima de'	*superestructura, superhombre*
supra-	'sobre'	*supraclavicular, suprarrenal*
trans-	'al otro lado'	*transalpino, transoceánico*
ultra-	'más allá de'	*ultramarino, ultratumba, ultrarrojo*
uni-	'uno'	*unicelular, uniforme, unilateral*
vermi-	'gusano'	*vermífugo, vermicida*
vice-	'en lugar de'	*vicedirector, vicesecretario*

PRINCIPALES SUFIJOS Y RAÍCES SUFIJAS GRIEGOS

-algia	'dolor'	*neuralgia, cefalalgia, nostalgia*
-arca	'gobernante'	*monarca, patriarca, jerarca*
-arquia	'mando'	*monarquía, anarquía, oligarquía*
-atra	'médico'	*pediatra, psiquiatra, geriatra*
-cefal(o)	'cabeza'	*bicéfalo, macrocéfalo, acéfalo*
-ciclo	'círculo'	*triciclo, hemiciclo, epiciclo*
-cidio	'acción de matar'	*suicidio, homicidio, parricidio*
-cracia	'gobierno'	*democracia, mesocracia, aristocracia*
-doxia	'opinión'	*heterodoxia, ortodoxia*
-dromo	'carrera'	*hipódromo, canódromo, aeródromo*
-edro	'cara'	*poliedro, decaedro, hexaedro*
-estesia	'sentir'	*anestesia, sinestesia, hiperestesia*
-ismo	'doctrina'	*clasicismo, individualismo*
filia	'afición'	*halterofilia, bibliofilia, colombofilia*
fobia	'aversión'	*hidrofobia, claustrofobia, xenofobia*
foro	'llevar'	*semáforo, necróforo, melanóforo*
gamia	'matrimonio'	*poligamia, monogamia, endogamia*
grama	'gráfico'	*crucigrama, telegrama, cardiograma*
itis	'inflamación'	*otitis, gastritis, conjuntivitis*

-latría	'adoración'	*idolatría, egolatría, zoolatría*
-logía	'estudio'	*geología, filología, cardiología*
-mancia	'adivinación'	*cartomancia, quiromancia*
-manía	'obsesión'	*melomanía, cleptomanía, piromanía*
-metro	'que mide'	*termómetro, barómetro, cronómetro*
-oide	'parecido a'	*ovoide, antropoide, androide*
-oma	'tumor'	*epitelioma, osteoma, angioma*
-ónimo	'nombre'	*antónimo, topónimo, sinónimo*
-osis	'enfermedad'	*tuberculosis, artrosis, silicosis*
-patía	'enfermedad'	*cardiopatía, ludopatía, homeopatía*
-poli	'ciudad'	*metrópoli, necrópolis, acrópolis*
-ptero	'con alas'	*díptero, áptero, coleóptero*
-rragia	'derrame'	*hemorragia, blenorragia*
-sclerosis	'endurecimiento'	*arteriosclerosis, aterosclerosis*
-scopio	'ver'	*telescopio, microscopio, endoscopio*
-semia	'significación'	*polisemia, monosemia*
-teca	'armario, depósito'	*biblioteca, hemeroteca, videoteca*
-tecnia	'ciencia, arte'	*electrotecnia, pirotecnia*
-terapia	'curación'	*helioterapia, fisioterapia*
-tomo	'cortar'	*micrótomo, átomo, neurótomo*
-uria	'orina'	*anuria, melanuria, poliuria*

SUFIJOS Y RAÍCES SUFIJAS LATINOS

-forme	'forma'	*fusiforme, forme*
-fugo	'que ahuyenta'	*centrífugo, vermífugo*
-voro	'que come'	*carnívoro, herbívoro, omnívoro*

RAÍCES PREFIJAS O SUFIJAS GRIEGAS

bio	'vida'	*biología, anaerobio*
cito	'célula'	*citología, leucocito*
crom(o)	'color'	*cromatismo, policromo*
crono	'tiempo'	*cronómetro, isócrono*
derm(o)	'piel'	*dermatólogo, paquidermo*
didact	'enseñar'	*didáctica, autodidacta*
fago	'comer'	*fagocito, antropófago*
fil(o)	'aficionado'	*filatelia, anglófilo*
fono	'sonido'	*fonología, micrófono*
geno	'origen'	*genocidio, hidrógeno*
gon(o)	'ángulo'	*goniómetro, pentágono*
grafo	'escribir'	*grafología, mecanógrafo*
hidro	'agua'	*hidroavión, anhidro*
lito(s)	'piedra'	*litografía, megalito*
logo	'palabra'	*logopeda, filólogo*
mega	'grande'	*megalito, esplenomegalia*
metro	'medida'	*metrónomo, centímetro*
morfo	'forma'	*morfología, amorfo*
odont	'diente'	*odontología, mastodonte*
podo	'pie'	*podólogo, miriápodo*
teo	'dios'	*teología, ateo*
zoo	'animal'	*protozoo, zoológico*

229

RAÍCES PREFIJAS O SUFIJAS LATINAS

oleo 'aceite' *oleoducto, petróleo*

EJERCICIOS

81 AVERIGÜE EL SIGNIFICADO, SI ES PRECISO CON AYUDA DEL DICCIONARIO, DE LAS SIGUIENTES PALABRAS MEDIANTE LA DIVISIÓN DE SUS COMPONENTES, TAL Y COMO SE MUESTRA EN EL EJEMPLO:

grafología: *grafo 'escribir' + logía 'estudio' →*
estudio de la escritura

helioterapia: ....

zoología: ....

sinfonía: ....

periscopio: ....

hemofilia: ....

isomorfo: ....

sincronía: ....

zoolatría: ....

átomo: ....

encéfalo: ....

microbio: ....

multiforme: ....

polisemia: ....

omnívoro: ....

PALABRAS QUE EMPIEZAN POR *TRANS-* O *TRAS-*

La presencia o no de la **n** en las palabras que empiezan por **trans-/tras-** provoca con frecuencia dudas ortográficas. Puede ocurrir que la **n** sea necesaria, que la **n** no deba aparecer, o que pueda escribirse **trans-** o **tras-**.

PALABRAS QUE SE ESCRIBEN CON *TRANS-*

transacción	transitable
transbordador	transitar
transcontinental	transitivo, -a
transeúnte	tránsito
transexual	transitoriedad
transiberiano	transitorio, -a
transición	translimitar
transido, -a	transliteración
transigencia	transliterar
transigente	transoceánico, -a
transigir	transpacífico, -a
transilvano	transubstanciar

PALABRAS QUE SE ESCRIBEN CON *TRAS-*

trascoro	trasgo
trasdós	trashojar
trasegar	trashumancia
trasfondo	trashumante

trashumar
trasiego
trasladable
trasladador
trasladar
traslado
trasluz
trasmano, -a
trasminar
trasmundo
trasnochado, -a
trasnochador, -a
trasnochar
trasoír
trasojado, -a
traspapelarse
traspasable
traspasar
traspaso
traspié
trasplantable
trasplantar

trasplante
traspunte
trasquilar
trastabillar
traste
trastear
trastienda
trasto
trastocar
trastornable
trastornadura
trastornamiento
trastornar
trastorno
trastrocamiento
trastrocar
trastrueque
trasudar
trasunto
trasver
trasverter
trasvolar

PALABRAS QUE SE ESCRIBEN CON *TRANS-* O *TRAS-*

La normativa prefiere la primera de las dos formas, o sea, las palabras que empiezan por trans-:

transalpino, -a
transandino, -a
transatlántico, -a
transbordar
transbordo

trasalpino, -a
trasandino, -a
trasatlántico, -a
trasbordar
trasbordo

transcribir	trascribir
transcripción	trascripción
transcriptor	trascriptor
transcurrir	trascurrir
transcurso	trascurso
transferencia	trasferencia
transferible	trasferible
transferidor, -a	trasferidor, -a
transferir	trasferir
transfigurable	trasfigurable
transfiguración	trasfiguración
transfigurar	trasfigurar
transfijo	trasfijo
transformable	trasformable
transformación	trasformación
transformador	trasformador
transformamiento	trasformamiento
transformar	trasformar
tránsfuga	trásfuga
transfundir	trasfundir
transfusión	trasfusión
transfusor, -a	trasfusor, -a
transgredir	trasgredir
transgresión	trasgresión
transgresor, -a	trasgresor, -a
translúcido, -a	traslúcido, -a
transmarino, -a	trasmarino, -a
transmediterráneo, -a	trasmediterráneo, -a
transmigración	trasmigración
transmigrar	trasmigrar
transmisible	trasmisible
transmisión	trasmisión
transmisor, -a	trasmisor, -a
transmitir	trasmitir

233

transmudar	trasmudar
transmutable	trasmutable
transmutación	trasmutación
transmutar	trasmutar
transparencia	trasparencia
transparentarse	trasparentarse
transparente	trasparente
transpiración	traspiración
transpirar	traspirar
transpirenaico, -a	traspirenaico, -a
transponer	trasponer
transportador, -a	trasportador, -a
transportar	trasportar
transporte	trasporte
transposición	trasposición
transvasar	trasvasar
transvase	trasvase
transversal	trasversal
transverso, -a	trasverso, -a
transferencia	trasferencia

PALABRAS QUE SE ESCRIBEN CON *TRAS-* O *TRANS-*

La normativa prefiere la primera de las dos formas, o sea, las palabras que empiezan por **tras-**:

trascendencia	transcendencia
trascendental	transcendental
trascendente	transcendente
trascender	transcender
traslación	translación
traslaticio, -a	translaticio, -a
traslucirse	translucirse

EJERCICIOS

82 SUBRAYE LA FORMA CORRESPONDIENTE EN CADA CASO, TENIENDO EN CUENTA LAS RECOMENDACIONES DE LA NORMATIVA:

1. Se ha *transpapelado/traspapelado* el informe anual.
2. Mira, con el cansancio se ha quedado *transpuesto/traspuesto*.
3. Dio un *transpié/traspié* y cayó al suelo.
4. ¡Qué *transto/trasto*! No he conseguido hacerle funcionar.
5. Es necesaria una *transfusión/trasfusión* para salvar su vida.
6. ¡No dispare! El dinero de la caja lo guardo en la *transtienda/trastienda*.
7. Me gustaría colocar un cristal *translúcido/traslúcido* en esta ventana.
8. La visita de ese dirigente es de vital *transcendencia/trascendencia* para mejorar nuestras relaciones comerciales con ese país.
9. Ya sabes que la Tierra realiza dos movimientos: el de rotación y el de *translación/traslación*.
10. La bomba afectó a dos *transeúntes/traseúntes* que se hallaban en el lugar de los hechos.
11. A mí me parece que más que una medida definitiva, es provisional, es decir, *transitoria/trasitoria*.
12. La *transacción/trasacción* comercial fue llevada a cabo con extrema cautela.
13. ¿Todavía no ha vuelto? ¡Qué *transnochador/trasnochador*!
14. El *tránsito/trásito* es muy intenso en el centro de la ciudad.
15. Creo que el fallo está en la *transmisión/trasmisión*.
16. Las *transparencias/trasparencias* siguen estando de moda.

17. Toda la trama se fue al *transte/traste* con su inoportuna intervención.

18. Las oficinas se han *transladado/trasladado* a la segunda planta.

19. La repentina muerte de su marido le ha ocasionado un serio *transtorno/trastorno* psíquico.

20. Tienes una manía de intentar ver el contenido de las cartas al *transluz/trasluz...*

21. Ahora se encarga de realizar la *transhumancia/trashumancia* del ganado.

22. El número de *transexuales/trasexuales* ha aumentado considerablemente en los últimos años.

23. Ha *transcurrido/trascurrido* mucho tiempo desde la última vez que nos vimos.

24. No está dispuesto a *transigir/trasigir* en la venta de esa finca.

25. Por lo visto, la lista de espera de pacientes que esperan algún tipo de *transplante/trasplante* es muy extensa.

26. Ganó el primer premio de un concurso televisivo: un crucero en *transatlántico/trasatlántico*.

27. Nunca he visto *transquilar/trasquilar* a una oveja. ¿Podría hacerme una demostración?

28. El *transporte/trasporte* terrestre, con la nueva red de autopistas, ha recibido un gran impulso.

29. El *transpunte/traspunte* se equivocó y el actor salió a escena cuando no debía.

30. La *transición/trasición* de un régimen dictatorial a un régimen democrático es un proceso largo y complejo.

ADJETIVOS NUMERALES

LOS CARDINALES Y LOS ORDINALES

Son números **cardinales** cada uno de los números enteros que expresan cantidad: *uno, dos, tres...* En general, se escriben en letras los números del 1 al 9 y, en cifras, las cantidades superiores a 9.

Son números **ordinales** los que expresan idea de orden o sucesión: *primero, segundo, tercero...* Cuando se escriben en cifras se utiliza la letra *o* (para el masculino) o la letra *a* (para el femenino) en voladita: *1º* y *4ª*. Ante sustantivo masculino, *primero* y *tercero* se convierten en *primer* y *tercer*, respectivamente:

Hasta el tercer día no se atrevió a dar el primer paso.

Los numerales ordinales pueden usarse indistintamente delante o detrás del nombre:

segundo capítulo o *capítulo segundo.*

El uso de los numerales ordinales es normal hasta *décimo*, inclusive; pero en la lengua corriente suelen sustituirse los ordinales por los cardinales correspondientes, a partir de 11º u XI (11, en numeración romana).

Obsérvese la distinta lectura de los numerales ordinales en las dos columnas siguientes:

planta 5ª (quinta)	*planta 19ª (diecinueve)*
tomo 9º (noveno)	*tomo XXXIII (treinta y tres)*
línea 8ª (octava)	*línea 12ª (doce)*
capítulo 6º (sexto)	*capítulo XXV (veinticinco)*
Felipe II (segundo)	*Luis XIV (catorce)*
Alfonso X (décimo)	*Juan XXIII (veintitrés)*
siglo IV (cuarto)	*siglo XX (veinte)*

237

CIFRA	CARDINAL		ORDINAL
0	cero		
1	uno	1°	primero
2	dos	2°	segundo
3	tres	3°	tercero
4	cuatro	4°	cuarto
5	cinco	5°	quinto
6	seis	6°	sexto
7	siete	7°	séptimo
8	ocho	8°	octavo
9	nueve	9°	no(ve)no
10	diez	10°	décimo
11	once	11°	undécimo, decimoprimero
12	doce	12°	duodécimo, decimosegundo
13	trece	13°	decimotercero
14	catorce	14°	decimocuarto
15	quince	15°	decimoquinto
16	dieciséis	16°	decimosexto
17	diecisiete	17°	decimoséptimo
18	dieciocho	18°	decimoctavo
19	diecinueve	19°	decimono(ve)no
20	veinte	20°	vigésimo
21	veintiuno	21°	vigésimo primero
22	veintidós	22°	vigésimo segundo
23	veintitrés	23°	vigésimo tercero
24	veinticuatro	24°	vigésimo cuarto
25	veinticinco	25°	vigésimo quinto
26	veintiséis	26°	vigésimo sexto
27	veintisiete	27°	vigésimo séptimo
28	veintiocho	28°	vigésimo octavo
29	veintinueve	29°	vigésimo no(ve)no
30	treinta	30°	trigésimo

CIFRA	CARDINAL		ORDINAL
31	treinta y uno	31°	trigésimo primero
32	treinta y dos	32°	trigésimo segundo
40	cuarenta	40°	cuadragésimo
41	cuarenta y uno	41°	cuadragésimo primero
50	cincuenta	50°	quincuagésimo
60	sesenta	60°	sexagésimo
70	setenta	70°	septuagésimo
80	ochenta	80°	octogésimo
90	noventa	90°	nonagésimo
100	ciento, cien	100°	centésimo
101	ciento uno	101°	centésimo primero
102	ciento dos	102°	centésimo segundo
200	doscientos	200°	ducentésimo
202	doscientos dos	202°	ducentésimo segundo
300	trescientos	300°	tricentésimo
400	cuatrocientos	400°	cuadringentésimo
500	quinientos	500°	quingentésimo
600	seiscientos	600°	sexcentésimo
700	setecientos	700°	septingentésimo
800	ochocientos	800°	octingentésimo
900	novecientos	900°	noningentésimo
1000	mil	1000°	milésimo
2000	dos mil	2000°	dosmilésimo
3000	tres mil	3000°	tresmilésimo
4000	cuatro mil	4000°	cuatromilésimo
5000	cinco mil	5000°	cincomilésimo
6000	seis mil	6000°	seismilésimo

CIFRA	CARDINAL	ORDINAL	
7000	siete mil	7000°	sietemilésimo
8000	ocho mil	8000°	ochomilésimo
9000	nueve mil	9000°	nuevemilésimo
10000	diez mil	10000°	diezmilésimo
100000	cien mil	100000°	cienmilésimo
500000	quinientos mil	500000°	quinientosmilésimo
10^6	millón	$10^6°$	millonésimo
10^7	diez millones	$10^7°$	diezmillonésimo
10^8	cien millones	$10^8°$	cienmillonésimo
10^9	mil millones	$10^9°$	milmillonésimo
10^{10}	diez mil millones	$10^{10}°$	diezmilmillonésimo
10^{12}	billón	$10^{12}°$	billonésimo
10^{18}	trillón	$10^{18}°$	trillonésimo
10^{24}	cuatrillón	$10^{24}°$	cuatrillonésimo

EJERCICIOS

83 ESCRIBA EN LETRAS LOS SIGUIENTES ORDINALES, TAL Y COMO SE MUESTRA EN EL EJEMPLO:

487°	*cuadringentésimo octogésimo séptimo*
12°	....
103°	....
576°	....
611°	....
799°	....
1234°	....
1999°	....

---

84 ESCRIBA LA FORMA ORDINAL DESDE EL I HASTA EL 20,
EN PRIMER LUGAR LOS IMPARES Y EN SEGUNDO LUGAR
LOS PARES.

LOS MÚLTIPLOS Y LOS PARTITIVOS

Son números **múltiplos** los que expresan idea de multiplicación: Pueden acabar en -*ple* (*triple, cuádruple*...) o en -*plo* (*quíntuplo, sextuplo*...). Forman una serie incompleta y, en la práctica, salvo los cinco primeros, el resto apenas se emplean; sí se utiliza, en cambio, la expresión siguiente: cardinal correpondiente + *veces más* (*seis veces más, siete veces más*...). Se escriben siempre con letra. Relacionados con los múltiplos se encuentran una serie de verbos: *duplicar, triplicar, cuadriplicar, quintuplicar*, etc.

Son números **partitivos** o fraccionarios los que expresan idea de división: *mitad, un cuarto, un quinceavo*... Se puede formar el femenino a partir del partitivo correspondiente a 3: *tercera, cuarta, quinta, sexta*... Algunos números fraccionarios admiten doble escritura: *onceavo* u *onzavo, doceavo* o *dozavo*, etc. Si el numerador (cifra que precede al signo /) es superior a la unidad, el denominador (cifra que va detrás del signo /) se lee en plural. Así, 1/4 (un cuarto), pero 3/4 (tres cuartos).

MÚLTIPLOS		PARTITIVOS	
x 2	doble, duplo	1/2	mitad
x 3	triple, triplo	1/3	tercio
x 4	cuádruple, cuádruplo	1/4	cuarto

MÚLTIPLOS		PARTITIVOS	
x 5	quíntuple, quíntuplo	1/5	quinto
x 6	séxtuplo	1/6	sexto
x 7	séptuplo	1/7	séptimo
x 8	óctuple, óctuplo	1/8	octavo
x 9	nónuplo	1/9	noveno
x 10	décuplo	1/10	décimo
x 11	undécuplo	1/11	onceavo, onzavo
x 12	duodécuplo	1/12	doceavo
x 13	terciodécuplo	1/13	treceavo
		1/14	catorceavo
		1/15	quinceavo
		1/16	dieciseisavo
		1/17	diecisieteavo
		1/18	dieciochoavo
		1/19	diecinueveavo
		1/20	veinteavo
		1/21	veintiunavo
		1/22	veintidosavo
		1/30	treintavo
		1/32	treintaidosavo
		1/33	treintaitresavo
		1/40	cuarentavo
		1/50	cincuentavo
		1/60	sesentavo
		1/64	sesentaicuatroavo
		1/70	setentavo
		1/80	ochentavo
		1/90	noventavo
x 100	céntuplo	1/100	céntimo, centavo
		1/1000	milésimo

EJERCICIOS

85 SUSTITUYA EL FRAGMENTO ESCRITO EN CURSIVA POR
EL MÚLTIPLO CORRESPONDIENTE, TAL Y COMO SE MUESTRA
EN EL EJEMPLO:

Mi marido gana tres veces más *que el tuyo.*
Mi marido gana el triple que el tuyo.

1. Su hijo ha encontrado *dos veces más* setas que el mío.
2. Esa compañía tiene *cuatro veces más* soldados que la
   que fue derrotada.
3. Este semestre hemos obtenido *cinco veces más* ganancias que ellos.
4. ¿Es posible que *obtuviesen seis veces más* beneficios que
   en 1989?

86 VUELVA A ESCRIBIR LAS FRASES SIGUIENTES, SUSTITUYENDO
EL NÚMERO PARTITIVO EN CIFRAS POR EL CORRESPONDIENTE
ESCRITO EN LETRAS, TAL Y COMO SE INDICA EN EL EJEMPLO:

Me comí las 2/3 partes del pastel.
Me comí las dos terceras partes del pastel.

1. Debes añadir la 1/5 parte del contenido de ese frasco.
2. Me regalaron 1/3 del precio del billete de ida.
3. Intenta conseguir la 1/2 de los beneficios.
4. 1/8 de la finca se dedica a cultivar café.
5. Si conseguimos 2/2 tendremos un entero.
6. Hemos de conseguir las 3/4 partes de los votos.
7. Se lleva 1/100 de comisión por la venta de cada apartamento.
8. Sólo pude conseguir 1/10 del queso que ofrecían para
   degustar.
9. Reparte 1/4 de pan para cada niño.

LA NUMERACIÓN ROMANA

REGLAS PARA EL USO
DE LA NUMERACIÓN ROMANA

La numeración romana utiliza **siete letras** del alfabet
latino empleadas siempre en forma de mayúsculas. Cad
letra representa un valor numérico:

I	V	X	L	C	D	M
1	5	10	50	100	500	1000

La numeración romana se usa para indicar el número d
orden de capítulos, tomos, etc. de una obra; para designa
los siglos; para diferenciar e indicar el orden de papa
emperadores, reyes, etc.; para denominar congresos, asam
bleas, festivales... y divisiones militares.

Las reglas que se deben tener en cuenta para escribir
leer números romanos son las siguientes:

• Si **a la derecha de una cifra** se pone otra igual o me
nor, el valor de la primera se suma al valor de la segunda:

II	XV	LX
2	15	60

• Si **a la izquierda de una cifra** se pone otra menor,
valor de la segunda se le resta el valor de la primera. As
la cifra I antepuesta a V o X resta una unidad; la cifra >
delante de L o C resta diez unidades; y la cifra C delant
de D o M resta cien unidades:

IX	XC	CD
9	90	400

• **No se debe escribir una misma letra más de tres ve
ces seguidas**, a pesar de que la I y la X se vean empleada

hasta cuatro veces, especialmente en inscripciones y libros antiguos. Por tanto, para representar 4 escribiremos IV y no IIII; para representar 9 utilizaremos IX y no VIIII, etc.

• Las cifras V, L, D **no pueden duplicarse** o repetirse, pues existen otras cifras (X, C y M, respectivamente) que ya representan el valor duplicado. De esta forma, para representar 10 escribiremos X y no VV; para representar 100 escribiremos C no LL, etc.

• Si **entre dos cifras** cualesquiera existe **otra de menor valor**, se combina con la de su derecha para disminuirla:

XIV	LIX	CIX
14	59	109

• El valor de los números romanos queda multiplicado por **tantas veces mil como rayas horizontales se coloquen encima** de los mismos:

$$\overline{D} \qquad\qquad \overline{\overline{M}}$$
$$500\ 000 \qquad\qquad 1\ 000\ 000\ 000$$

Sin embargo, no debe aplicarse a una letra cuando exista otra que represente ese mismo valor. Así, para representar 1000 escribiremos M y no $\overline{I}$ para representar 2000 utilizaremos MM y no $\overline{II}$.

1	I	9	IX	17	XVII
2	II	10	X	18	XVIII
3	III	11	XI	19	XIX
4	IV	12	XII	20	XX
5	V	13	XIII	21	XXI
6	VI	14	XIV	29	XXIX
7	VII	15	XV	30	XXX
8	VIII	16	XVI	31	XXXI

39	XXXIX		90	XC
40	XL		91	XCI
49	XLIX		99	XCIX
50	L		100	C
51	LI		101	CI
59	LIX		109	CIX
60	LX		114	CXIV
61	LXI		149	CXLIX
68	LXVIII		399	CCCXCIX
69	LXIX		400	CD
70	LXX		444	CDXLIV
71	LXXI		445	CDXLV
74	LXXIV		449	CDXLIX
75	LXXV		450	CDL
77	LXXVII		899	DCCCXCIX
78	LXXVIII		900	CM
79	LXXIX		989	CMLXXXIX
80	LXXX		990	CMXC
81	LXXXI		999	CMXCIX
88	LXXXVIII		1666	MDCLXVI
89	LXXXIX		954419	CMLIVCDXIX

EJERCICIOS

87 ESCRIBA LAS SIGUIENTES CIFRAS EN NUMERACIÓN ROMANA, TAL Y COMO SE MUESTRA EN EL EJEMPLO:

23	XXIII
38	....
44	....
56	....

67	....
72	....
85	....
96	....
143	....
587	....
987	....
2015	....
7654	....
24110	....
51967	....
555555	....
12112261	....
151402916	....

88 ESCRIBA A QUÉ VALOR CORRESPONDEN LOS SIGUIENTES NUMEROS ROMANOS, TAL Y COMO SE MUESTRA EN EL EJEMPLO:

XXV	25
XXXVII	....
XLIII	....
LVIII	....
LXII	....
LXXVI	....
LXXXIV	....
XCVIII	....
CXXVI	....
CCCXCIX	....
CDXV	....
DCCCLXXVI	....
MCMXCVIII	....
MMMV	....

EL VERBO

La **conjugación verbal** es el conjunto ordenado de formas que presenta un verbo. En la lengua española existen tres conjugaciones verbales:

• la **primera** está constituida por los verbos cuyo infinitivo acaba en -**ar** (*amar, hablar, gobernar...*);

• la **segunda conjugación**, por los verbos cuyo infinitivo acaba en -**er** (*temer, entender, volver...*);

• la **tercera conjugación**, por los verbos cuyo infinitivo acaba en -**ir** (*partir, resumir, conseguir...*).

A continuación se presentan las conjugaciones de tres verbos *(amar, temer* y *partir)*, los cuales sirven de modelo para la inmensa mayoría de verbos españoles, es decir, para todos aquellos que siguen la **conjugación regular**.

PRIMERA CONJUGACIÓN. MODELO: *AMAR*

A. Formas no personales:

Simples:	*Compuestas:*
Infinitivo *amar*	*haber amado*
Gerundio *amando*	*habiendo amado*
Participio *amado*	

B. Formas personales:

MODO INDICATIVO	
Tiempos simples:	*Tiempos compuestos:*
Presente	Pretérito perfecto compuesto
amo	*he amado*
amas	*has amado*

ama	*ha amado*
amamos	*hemos amado*
amáis	*habéis amado*
aman	*han amado*

Pretérito imperfecto	Pretérito pluscuamperfecto
amaba	*había amado*
amabas	*habías amado*
amaba	*había amado*
amábamos	*habíamos amado*
amabais	*habíais amado*
amaban	*habían amado*

Pretérito perfecto simple	Pretérito anterior
amé	*hube amado*
amaste	*hubiste amado*
amó	*hubo amado*
amamos	*hubimos amado*
amasteis	*hubisteis amado*
amaron	*hubieron amado*

Futuro	Futuro perfecto
amaré	*habré amado*
amarás	*habrás amado*
amará	*habrá amado*
amaremos	*habremos amado*
amaréis	*habréis amado*
amarán	*habrán amado*

Condicional	Condicional perfecto
amaría	*habría amado*
amarías	*habrías amado*
amaría	*habrían amado*
amaríamos	*habríamos amado*
amaríais	*habríais amado*
amarían	*habrían amado*

MODO SUBJUNTIVO

Presente	Pretérito perfecto
ame	haya amado
ames	hayas amado
ame	haya amado
amemos	hayamos amado
améis	hayáis amado
amen	hayan amado

Pretérito imperfecto	Pretérito pluscuamperfecto
amara o amase	hubiera o hubiese
amaras o amases	amado
amara o amase	hubieras o hubieses
amáramos o amásemos	amado
amarais o amaseis	hubiera o hubiese
amaran o amasen	amado
	hubiéramos o hubiésemos
	amado
	hubierais o hubieseis
	amado
	hubieran o hubiesen
	amado

MODO IMPERATIVO

Presente

ama

amad

SEGUNDA CONJUGACIÓN. MODELO: *TEMER*

A. Formas no personales:

Simples:	*Compuestas:*
Infinitivo *temer*	haber temido
Gerundio *temiendo*	habiendo temido
Participio *temido*	

B. Formas personales:

MODO INDICATIVO

Tiempos simples:	*Tiempos compuestos:*
Presente	**Pretérito perfecto compuesto**
temo	*he temido*
temes	*has temido*
teme	*ha temido*
tememos	*hemos temido*
teméis	*habéis temido*
temen	*han temido*
Pretérito imperfecto	**Pretérito pluscuamperfecto**
temía	*había temido*
temías	*habías temido*
temía	*habían temido*
temíamos	*habíamos temido*
temíais	*habíais temido*
temían	*habían temido*
Pretérito perfecto simple	**Pretérito anterior**
temí	*hube temido*
temiste	*hubiste temido*
temió	*hubo temido*
temimos	*hubimos temido*
temisteis	*hubisteis temido*
temieron	*hubieron temido*
Futuro	**Futuro perfecto**
temeré	*habré temido*
temerás	*habrás temido*
temerá	*habrá temido*
temeremos	*habremos temido*
temeréis	*habréis temido*
temerán	*habrán temido*

Condicional	Condicional perfecto
temería	*habría temido*
temerías	*habrías temido*
temería	*habría temido*
temeríamos	*habríamos temido*
temeríais	*habríais temido*
temerían	*habrían temido*

MODO SUBJUNTIVO

Presente	Pretérito perfecto
tema	*haya temido*
temas	*hayas temido*
tema	*haya temido*
temamos	*hayamos temido*
temáis	*hayáis temido*
teman	*hayan temido*

Pretérito imperfecto	Pretérito pluscuamperfecto
temiera o temiese	*hubiera o hubiese*
temieras o temieses	*temido*
temiera o temiese	*hubieras o hubieses*
temiéramos	*temido*
o temiésemos	*hubiera o hubiese temido*
temierais o temieseis	*hubiéramos o hubiésemo*
temieran o temiesen	*temido*
	hubierais o hubieseis
	temido
	hubieran o hubiesen
	temido

MODO IMPERATIVO

Presente
teme
temed

TERCERA CONJUGACIÓN. MODELO: *PARTIR*

A. Formas no personales:

Simples:		*Compuestas:*
Infinitivo	*partir*	*haber partido*
Gerundio	*partiendo*	*habiendo partido*
Participio	*partido*	

B. Formas personales:

MODO INDICATIVO	
Tiempos simples:	*Tiempos compuestos:*
Presente	**Pretérito perfecto compuesto**
parto	*he partido*
partes	*has partido*
parte	*ha partido*
partimos	*hemos partido*
partís	*habéis partido*
parten	*han partido*
Pretérito imperfecto	**Pretérito pluscuamperfecto**
partía	*había partido*
partías	*habías partido*
partía	*había partido*
partíamos	*habíamos partido*
partíais	*habíais partido*
partían	*habían partido*
Pretérito perfecto simple	**Pretérito anterior**
partí	*hube partido*
partiste	*hubiste partido*
partió	*hubo partido*
partimos	*hubimos partido*
partisteis	*hubisteis partido*
partieron	*hubieron partido*

253

Futuro	Futuro perfecto
partiré	*habré partido*
partirás	*habrás partido*
partirá	*habrá partido*
partiremos	*habremos partido*
partiréis	*habréis partido*
partirán	*habrán partido*

Condicional	Condicional perfecto
partiría	*habría partido*
partirías	*habrías partido*
partiría	*habría partido*
partiríamos	*habríamos partido*
partiríais	*habríais partido*
partirían	*habrían partido*

MODO SUBJUNTIVO

Presente	Pretérito perfecto
parta	*haya partido*
partas	*hayas partido*
parta	*haya partido*
partamos	*hayamos partido*
partáis	*hayáis partido*
partan	*hayan partido*

Pretérito imperfecto	Pretérito pluscuamperfecto
partiera o partiese	*hubiera o hubiese partido*
partieras o partieses	*hubieras o hubieses*
partiera o partiese	*partido*
partiéramos o partiésemos	*hubiera o hubiese partido*
partierais o partieseis	*hubiéramos o hubiésemos*
partieran o partiesen	*partido*
	hubierais o hubieseis partido
	hubieran o hubiesen partido

MODO IMPERATIVO

Presente

parte
partid

EJERCICIOS

---

89 ESCRIBA LAS FORMAS VERBALES CORRESPONDIENTES,
TAL Y COMO SE MUESTRA EN EL EJEMPLO:

bailo ....
bailas ....
baila resumió
bailamos ....
bailáis ....
bailan ....

....
....
.... respondíamos
....
hubieran o hubiesen ....
  aburrido
.... habré leído
....
....
....
habléis ....
....

	Gerundio compuesto:
....	....
resumid	Participio: comido

90 Escriba los tiempos y las formas verbales que se indican a continuación:

Infinitivo de *leer:*	leer
Gerundio simple de *barajar:*	....
Pret. perf. simp. de *saltar:*	....
Futuro de *meter:*	....
Pret. plusc. de Ind. de *correr:*	....
Pret. perf. de Subj. de *acudir:*	....
Gerundio comp. de *dividir:*	....

LAS TRES CONJUGACIONES VERBALES: LA CONJUGACIÓN IRREGULAR

La **conjugación irregular** es la conjugación que n guarda correspondencia con los modelos más frecuente de la lengua española, es decir, es aquella que difiere e algunas formas verbales de la conjugación regular.

Los cambios ortográficos realizados para conservar u sonido no constituyen irregularidad: *remozar, remoce vencer, venzo; afligir, aflijo; tocar, toque; rogar, rogue averiguar, averigüe*, etc.

Las irregularidades que aparecen en los tiempos fur damentales de Indicativo (Presente, Pretérito perfect simple y Futuro) afectan a los tiempos de Subjuntivo y/ de Imperativo –excepto el Futuro, que afecta al Condi cional–.

Para exponer más claramente las irregularidades se pueden constituir cinco grupos:

• **Grupo A**: *Presente de Indicativo* (en todo el singular y la 3ª persona del plural); *Presente de Subjuntivo* (en todo el singular y la 3ª persona del plural) y *Presente de Imperativo* (2ª persona del singular).

• **Grupo B**: *Presente de Indicativo* (1ª persona del singular) y *Presente de Subjuntivo* (todo).

• **Grupo C**: *Pretérito perfecto simple* (todo) y *Pretérito imperfecto de Subjuntivo* (todo).

• **Grupo D**: *Pretérito perfecto simple* (3ª persona del singular y en todo el plural); *Presente de Subjuntivo* (1ª y 2ª personas del plural); *Pretérito imperfecto de Subjuntivo* (todo) y *gerundio*.

• **Grupo E:** *Futuro* (todo) y *Condicional* (todo).

1. acertar, entender, adquirir, discernir (en el grupo A diptongan en **ie**):
PRES. IND.: *acierto, aciertas, acierta*, acertamos, acertáis, *aciertan*; *entiendo, entiendes, entiende*, entendemos, entendéis, *entienden*; *adquiero, adquieres, adquiere*, adquirimos, adquirís, *adquieren*; *discierno, disciernes, discierne*, discernimos, discernís, *disciernen*.
PRES. SUBJ.: *acierte, aciertes, acierte*, acertemos, acertéis, *acierten*; *entienda, entiendas, entienda*, entendamos, entendáis, *entiendan*; *adquiera, adquieras, adquiera*, adquiramos, adquiráis, *adquieran*; *discierna, disciernas, discierna*, discernamos, discernáis, *disciernan*.
PRES. IMP.: *acierta*, acertad; *entiende*, entended; *adquiere*, adquirid; *discierne*, discernid.

257

Se conjugan como *acertar: alentar, apacentar, apretar, aterrar, atravesar, calentar, cegar, cerrar, comenzar, concertar, confesar, desmembrar, despertar, empezar, remendar, ensangrentar, estregar, fregar, gobernar, helar, herrar, invernar, manifestar, merendar, negar, nevar, pensar,* etc.

Se conjugan como *entender: ascender, defender,* etc.

2. hervir (en el grupo **A** diptonga en **ie**; en el grupo **D** debilita en **i**):

PRES. IND.: *hiervo, hierves, hierve,* hervimos, hervís, *hierven.*

PRES. SUBJ.: *hierva, hiervas, hierva,* hirvamos, hirváis, *hiervan.*

PRES IMP.: *hierve,* hervid.

PRET. PERF. SIMP.: herví, herviste, hirvió, hervimos, hervisteis, hirvieron.

PRET. IMP. SUBJ.: hirviera / hirviese, hirvieras / hirvieses, hirviera / hirviese, hirviéramos / hirviésemos, hirvierais / hirvieseis, hirvieran / hirviesen.

GER.: hirviendo.

Se conjugan como *hervir: arrepentirse, mentir, desmentir, sentir, asentir, consentir, disentir, presentir, resentir, adherir, conferir, diferir, inferir, preferir, proferir, referir, transferir, digerir, ingerir, sugerir, herir, malherir, zaherir, injerir, requerir, advertir, controvertir, convertir, divertir, invertir, revertir, subvertir,* etc.

3. contar, jugar, mover (en el grupo **A** diptongan en **ue**):

PRES. IND.: *cuento, cuentas, cuenta,* contamos, contáis, *cuentan; juego, juegas, juega,* jugamos, jugáis, *juegan; muevo, mueves, mueve,* movemos, movéis, *mueven.*

PRES. SUBJ.: *cuente, cuentes, cuente,* contemos, contéis, *cuenten; juegue, juegues, juegue,* juguemos, juguéis, *jueguen; mueva, muevas, mueva,* movamos, mováis, *muevan.*

PRES. IMP.: *cuenta*, contad; *juega*, jugad; *mueve*, moved.

Se conjugan como *contar: acordar, concordar, acordarse, almorzar, asolar, avergonzar, colar, encolar, consolar, desconsolar, desolar, descontar, costar, degollar, denostar, derrocar, desollar, engrosar, forzar, reforzar, mostrar, demostrar, poblar, despoblar, probar, aprobar, comprobar, renovar, rogar, rodar, soldar, soltar, sonar, soñar, tostar, tronar, trocar, volar, volcar, colgar, encontrar*, etc.

Se conjugan como *mover: oler, doler, condoler, moler, demoler, soler, absolver, disolver, resolver, volver, devolver, envolver, revolver, desenvolver, torcer, retorcer, morder, remorder, llover, conmover, promover, remover*, etc.

4. dormir (en el grupo **A** diptonga en **ue**; en el grupo **D** debilita en **u**):

PRES. IND.: *duermo, duermes, duerme,* dormimos, dormís, *duermen*.

PRES. SUBJ.: *duerma, duermas, duerma,* durmamos, durmáis, *duerman*.

PRES. IMP.: *duerme,* dormid.

PRET. PERF. SIMP.: dormí, dormiste, durmió, dormimos, dormisteis, durmieron.

PRET. IMP. SUBJ.: durmiera / durmiese, durmieras / durmieses, durmiera / durmiese, durmiéramos / durmiésemos, durmierais / durmieseis, durmieran / durmiesen.

GER.: durmiendo.

Se conjugan como *dormir: adormir, morir, entremorir...*

5. servir (en los grupos **A** y **D** debilita en **i**):

PRES. IND.: *sirvo, sirves, sirve,* servimos, servís, *sirven*.

PRES. SUBJ.: *sirva, sirvas, sirva,* sirvamos, sirváis, *sirvan*.

PRET. PERF. SIMP.: serví, serviste, sirvió, servimos, servisteis, sirvieron.

PRET. IMP. SUBJ.: sirviera / sirviese, sirvieras / sirvieses, sirviera / sirviese, sirviéramos / sirviésemos, sirvierais / sirvieseis, sirvieran / sirviesen.

GER.: sirviendo.

Se conjugan como *servir*: *concebir, medir, pedir, despedir, impedir, elegir, colegir, regir, corregir, seguir, conseguir, perseguir, proseguir, gemir, rendir, vestir, desvestir, investir, revestir, embestir, derretir, competir, repetir,* etc.

6. reír, ceñir (en el grupo **A** debilitan en **i** la **e** de la raíz; en el grupo **D** no tienen la **i** de la desinencia):

PRES. IND.: *río, ríes, ríe,* reímos, reís, *ríen; ciño, ciñes, ciñe,* ceñimos, ceñís, *ciñen.*

PRES. SUBJ.: *ría, rías, ría, riamos, riáis, rian; ciña, ciñas, ciña, ciñamos, ciñáis, ciñan.*

PRES. IMP.: *ríe,* reid; *ciñe,* ceñid.

PRET. PERF. SIMP.:reí, reíste, rió, reímos, reísteis, rieron; ceñí, ceñiste, ciñó, ceñimos, ceñisteis, ciñeron.

PRET. IMP. SUBJ.: riera / riese, rieras / rieses, riera / riese, riéramos / riésemos, rierais / rieseis, rieran / riesen; ciñera / ciñese, ciñeras / ciñeses, ciñera / ciñese, ciñéramos / ciñésemos, ciñerais / ciñeseis, ciñeran / ciñesen.

GER.: riendo; ciñendo.

Se conjugan como *reír: desleír, engreírse, freír, sofreír, sonreír...*

Se conjugan como *ceñir: desceñir, constreñir, estreñir, reñir, teñir, desteñir...*

7. nacer, agradecer, conocer, lucir (en el grupo **B** introducen una **z** antes de la **c**):

PRES. IND.: naz**c**o, naces, etc.; agradez**c**o, agradeces, etc.; conoz**c**o, conoces, etc.; luz**c**o, luces, etc.

PRES. SUBJ.: naz**c**a, naz**c**as, naz**c**a, naz**c**amos, naz**c**áis, naz**c**an; agradez**c**a, agradez**c**as, agradez**c**a, agradez**c**amos,

agradezcáis, agradezcan; conozca, conozcas, conozca, co-
nozcamos, conozcáis, conozcan; luzca, luzcas, luzca, luz-
camos, luzcáis, luzcan.

Se conjugan como éstos: *renacer, pacer, placer, com-*
placer, reconocer, desconocer, relucir, entrelucir, traslu-
cir, deslucir, etc.

8. conducir (en el grupo **B** introduce **z** antes de **c**; en el
grupo **C** cambia la **c** por la **j** y no tiene la **i** de la desinencia regular):

PRES. IND.: conduzco, conduces, etc.

PRES. SUBJ.: conduzca, conduzcas, conduzca, conduz-
camos, conduzcáis, conduzcan.

PRET. PERF. SIMP.: conduje, condujiste, condujo, condujimos, condujisteis, condujeron.

PRET. IMP. SUBJ.: condujera / condujese, condujeras /
condujeses, condujera / condujese, condujéramos / condujé-
semos, condujerais / condujeseis, condujeran / condujesen.

Se conjugan como *conducir: aducir, deducir, inducir,*
introducir, producir, reducir, seducir, traducir, etc.

9. huir (en los grupos **A** y **D** añade **y** entre la **u** de la raíz
y las **a**, **e**, **o** de la desinencia):

PRES. IND.: huyo, huyes, huye, huimos, huís, huyen.

PRET. PERF. SIMP.: huí, huiste, huyó, huimos, huisteis,
huyeron.

PRES. SUBJ.: huya, huyas, huya, huyamos, huyáis, hu-
yan.

PRES. IMP.: huye, huid.

PRET. IMP. SUBJ.: huyera / huyese, huyeras / huyeses, etc.

GER.: huyendo.

10. Presentan una irregularidad especial: *andar, asir, ca-*
ber, caer, dar, decir, desosar, erguir, errar, estar, hacer,

ir, oír, placer, poder, poner, pudrir, rarefacer, roer, sa-
ber, salir, satisfacer, tener, traer, valer, venir, ver, ya-
cer, etc. A continuación se encuentran únicamente algunos de estos verbos en sus formas irregulares:

andar:
PRET. PERF. SIMP.: anduve, anduviste, anduvo, anduvimos, anduvisteis, anduvieron.
PRET. IMP. SUBJ.: anduviera / anduviese, anduvieras /
anduvieses, anduviera / anduviese, anduviéramos / anduvié-
semos, anduvierais / anduvieseis, anduvieran / anduviesen.

asir:
PRES. IND.: asgo, ases...
PRES. SUBJ.: asga, asgas, asga, asgamos, asgáis, asgan.

caber:
PRES. IND.: quepo, cabes...
PRET. PERF. SIMP.: cupe, cupiste, cupo, cupimos, cu-
pisteis, cupieron.
FUT.: cabré, cabrás, cabrá, cabremos, cabréis, cabrán.
COND.: cabría, cabrías, cabría, cabríamos, cabríais, ca-
brían.
PRES. SUBJ.: quepa, quepas, quepa, quepamos, quepáis
quepan.
PRET. IMP. SUBJ.: cupiera / cupiese, cupieras / cupie-
ses, cupiera / cupiese, cupiéramos / cupiésemos, cupierais
/ cupieseis, cupieran / cupiesen.

caer:
PRES. IND.: caigo, caes...
PRET. PERF. SIMP.: cayó, cayeron.
PRES. SUBJ.: caiga, caigas, caiga, caigamos, caigáis
caigan.

PRET. IMP. SUBJ.: cayera / cayese, cayeras / cayeses, cayera / cayese, cayéramos / cayésemos, cayerais / cayeseis, cayeran / cayesen.

GER.: cayendo.

hacer:

PRES. IND.: hago, haces...

PRET. PERF. SIMP.: hice, hiciste, hizo, hicimos, hicisteis, hicieron.

FUT.: haré, harás...

COND.: haría, harías...

PRES. SUBJ.: haga, hagas, haga, hagamos, hagáis, hagan.

PRET. IMP. SUBJ.: hiciera / hiciese, hicieras / hicieses, hiciera / hiciese, hiciéramos / hiciésemos, hicierais / hicieseis, hicieran / hiciesen.

ir:

PRES. IND.: voy, vas, va, vamos, vais, van.

PRET. IMP. IND.: iba, ibas, iba, íbamos, ibais, iban.

PRET. PERF. SIMP.: fui, fuiste, fue, fuimos, fuisteis, fueron.

FUT.: iré, irás, irá, iremos, iréis, irán.

COND.: iría, irías, iría, iríamos, iríais, irían.

PRES. SUBJ.: vaya, vayas, vaya, vayamos, vayáis, vayan.

PRET. IMP. SUBJ.: fuera / fuese, fueras / fueses, fuera / fuese, fuéramos / fuésemos, fuerais / fueseis, fueran / fuesen.

GER.: yendo.

poner:

PRES. IND.: pongo, pones...

PRET. PERF. SIMP.: puse, pusiste...

FUT.: pondré, pondrás...

COND.: pondría, pondrías...

PRES. SUBJ.: ponga, pongas, ponga, pongamos, pongáis, pongan.

PRET. IMP. SUBJ.: pusiera / pusiese, pusieras / pusieses, pusiera / pusiese, pusiéramos / pusiésemos, pusiérais / pusiéseis, pusieran / pusiesen.

saber:

PRES. IND.: sé, sabes...

PRET. PERF. SIMP.: supe, supiste, supo, supimos, supisteis, supieron.

FUT.: sabré, sabrás, sabrá, sabremos, sabréis, sabrán.

COND.: sabría, sabrías, sabría, sabríamos, sabríais, sabrían.

PRES. SUBJ.: sepa, sepas, sepa, sepamos, sepáis, sepan.

PRET. IMP. SUBJ.: supiera / supiese, supieras / supieses, supiera / supiese, supiéramos / supiésemos, supierais / supieseis, supieran / supiesen.

satisfacer:

PRES. IND.: satisfago, satisfaces...

PRET. PERF. SIMP.: satisfice, satisficiste, satisfizo, satisficimos, satisficisteis, satisficieron.

FUT.: satisfaré, satisfarás, satisfará, satisfaremos, satisfaréis, satisfarán.

COND.: satisfaría, satisfarías, satisfaría, satisfaríamos, satisfaríais, satisfarían.

PRES. SUBJ.: satisfaga, satisfagas, satisfaga, satisfagamos, satisfagáis, satisfagan.

PRET. IMP. SUBJ.: satisficiera / satisficiese, satisficieras / satisficieses...

tener:

PRES. IND.: tengo, tienes...

PRET. PERF. SIMP.: tuve, tuviste, tuvo, tuvimos, tuvisteis, tuvieron.

FUT.: tendré, tendrás, tendrá, tendremos, tendréis, tendrán.

COND.: tendría, tendrías, tendría, tendríamos, tendríais, tendrían.

PRES. SUBJ.: tenga, tengas, tenga, tengamos, tengáis, tengan.

PRET. IMP. SUBJ.: tuviera / tuviese, tuvieras / tuvieses, tuviera / tuviese, tuviéramos / tuviésemos, tuviérais / tuviéseis, tuvieran / tuviesen.

traer:
PRES. IND.: traigo, traes...

PRET. PERF. SIMP.: traje, trajiste, trajo, trajimos, trajisteis, trajeron.

PRES. SUBJ.: traiga, traigas, traiga, traigamos, traigáis, traigan.

PRET. IMP. SUBJ.: trajera / trajese, trajeras / trajeses, trajera / trajese, trajéramos / trajésemos, trajerais / trajeseis, trajeran / trajesen.

GER.: trayendo.

venir:
PRES. IND.: vengo, vienes...

PRET. PERF. SIMP.: vine, viniste, vino, vinimos, vinisteis, vinieron.

FUT.: vendré, vendrás, vendrá, vendremos, vendréis, vendrán.

COND.: vendría, vendrías...

PRES. SUBJ.: venga, vengas, venga, vengamos, vengáis, vengan.

PRET. IMP. SUBJ.: viniera / viniese, vinieras / vinieses...
GER.: viniendo.

VERBOS DEFECTIVOS

Son **verbos defectivos** aquellos verbos que sólo se utilizan en algunas de sus formas. Pueden distinguirse tres grupos:

• **Verbos de la tercera conjugación** que únicamente se emplean en aquellas formas en cuya desinencia aparece la vocal i. Por ejemplo, de abolir se usan las formas: *abolimos, abolieron, abolía...*, pero no *aboles, abolamos...* Son los siguientes:

abolir	aterirse	garantir
agredir	desguarnir	guarnir
aguerrir	despavorir	preterir
arrecirse	empedernir	transgredir

• **Verbos unipersonales**, así llamados porque sólo se usan en la tercera persona del singular y del plural y en las formas no personales (infinitivo, gerundio y participio). Se incluyen en este grupo los verbos que hacen referencia a fenómenos meteorológicos y que sólo se usan en la tercera persona del singular y en las formas no personales:

acaecer	atañer	incumbir
acontecer	escampar	nevar
alborear	escarchar	neviscar
amanecer	granizar	ocurrir
anochecer	haber	oscurecer
atardecer	helar	relampaguear
chispear	llover	tronar
diluviar	lloviznar	ventear
antojarse	concernir	ventisquear

• **Otros verbos**, como *soler* –que se utiliza en presente de Indicativo *(suelo)*, pretérito imperfecto de Indicativo *(solía)* y presente de Subjuntivo *(suela)*– y *balbucir* –que sólo se utiliza en las formas en las que no entra el grupo -zc- *(balbució, balbucirá...)*; este verbo suele ser sustiuido por *balbucear*, que es regular–.

PARTICIPIOS DOBLES

Algunos verbos poseen **dos participios**: uno, regular y otro, irregular. El regular sirve para formar los tiempos compuestos y, por tanto, al conjugar, siempre se empleará éste: *he eximido, hayamos manifestado,* etc. El participio irregular suele funcionar como adjetivo: *un huevo frito, varias cuerdas sueltas...*

	PARTICIPIO REGULAR	PARTICIPIO IRREGULAR
abstraer:	*abstraído*	*abstracto*
atender:	*atendido*	*atento*
bendecir:	*bendecido*	*bendito*
concluir:	*concluido*	*concluso*
confesar:	*confesado*	*confeso*
confundir:	*confundido*	*confuso*
convencer:	*convencido*	*convicto*
convertir:	*convertido*	*converso*
despertar:	*despertado*	*despierto*
elegir:	*elegido*	*electo*
eximir:	*eximido*	*exento*
freír:	*freído*	*frito*
hartar:	*hartado*	*harto*
imprimir:	*imprimido*	*impreso*
incluir:	*incluido*	*incluso*
incurrir:	*incurrido*	*incurso*
manifestar:	*manifestado*	*manifiesto*
prender:	*prendido*	*preso*
proveer:	*proveído*	*provisto*

267

soltar:	*soltado*	*suelto*
suspender:	*suspendido*	*suspenso*
torcer:	*torcido*	*tuerto*

EJERCICIOS

91 ESCRIBA LOS TIEMPOS Y FORMAS VERBALES
CORRESPONDIENTES, TAL Y COMO SE MUESTRA EN EL EJEMPLO:

Pres. Ind. de *seducir:*   *seduzco, seduces, seduce,*
                                       seducimos, seducís, seducen

Pres. Subj. de *apretar:* ....

Pres. Imp. de *encender:* ....

Pret. imp. Subj. de *mentir:* ....

Pres. Ind. de *costar:* ....

Pres. Subj. de *doler:* ....

Pret. perf. simp. de *traducir:* ....

Pres. Ind. de *pedir:* ....

Gerundio de *freír:* ....

Pres. Subj. de *relucir:* ....

92 ESCRIBA LOS TIEMPOS Y FORMAS VERBALES
CORRESPONDIENTES, TAL Y COMO SE MUESTRA EN EN EJEMPLO:

Pret. perf. simp. de *nevar:*   *nevó*

Pret. imp. Ind. de *soler:* ....

Pret. perf. simp. de *agredir:* ....

Pret. perf. compuesto de *bendecir:* ....

Participio irregular de *elegir:* ....

Pret. imp. de Subj. de *llover:* ....

Pret. perf. simp. de *traer:* ....

LOS VERBOS AUXILIARES: HABER Y SER

Los principales **verbos auxiliares** son *haber* y *ser*. El verbo *haber* se utiliza para formar los tiempos compuestos de todos los verbos (*he crecido*, *habías dormido*, *habrán contemplado*, etc.). El verbo *ser* se emplea para la formación de la voz pasiva (*fueron construidos*, *sería denegado*, *era abandonada*, etc.) A continuación se detallan las conjugaciones de estos dos verbos.

EL VERBO *HABER*

A. Formas no personales:

Simples:	*Compuestas:*
Infinitivo *haber*	*haber habido*
Gerundio *habiendo*	*habiendo habido*
Participio *habido*	

B. Formas personales:

MODO INDICATIVO	
Tiempos simples:	*Tiempos compuestos:*
Presente	**Pretérito perfecto compuesto**
he	*he habido*
has	*has habido*
ha	*ha habido*
hemos	*hemos habido*
habéis	*habéis habido*
han	*han habido*
Pretérito imperfecto	**Pretérito pluscuamperfecto**
había	*había habido*
habías	*habías habido*

269

había	*habían habido*
habíamos	*habíamos habido*
habíais	*habíais habido*
habían	*habían habido*

Pretérito perfecto simple	Pretérito anterior
hube	*hube habido*
hubiste	*hubiste habido*
hubo	*hubo habido*
hubimos	*hubimos habido*
hubisteis	*hubisteis habido*
hubieron	*hubieron habido*

Futuro	Futuro perfecto
habré	*habré habido*
habrás	*habrás habido*
habrá	*habrá habido*
habremos	*habremos habido*
habréis	*habréis habido*
habrán	*habrán habido*

Condicional	Condicional perfecto
habría	*habría habido*
habrías	*habrías habido*
habría	*habría habido*
habríamos	*habríamos habido*
habríais	*habríais habido*
habrían	*habrían habido*

MODO SUBJUNTIVO

Presente	Pretérito perfecto
haya	*haya habido*
hayas	*hayas habido*
haya	*haya habido*
hayamos	*hayamos habido*

hayáis	*hayáis habido*
hayan	*hayan habido*

Pretérito imperfecto	Pretérito pluscuamperfecto
hubiera o hubiese	*hubiera o hubiese habido*
hubieras o hubieses	*hubieras o hubieses habido*
hubiera o hubiese	*hubiera o hubiese habido*
hubiéramos	*hubiéramos*
o hubiésemos	*o hubiésemos habido*
hubierais o hubieseis	*hubierais*
hubieran o hubiesen	*o hubieseis habido*
	hubieran o hubiesen
	habido

MODO IMPERATIVO

Presente

he

habed

EL VERBO *SER*

A. Formas no personales:

Simples:	**Compuestas:**
Infinitivo *ser*	*haber sido*
Gerundio *siendo*	*habiendo sido*
Participio *sido*	

B. Formas personales:

MODO INDICATIVO

Tiempos simples:	**Tiempos compuestos:**
Presente	Pretérito perfecto compuesto
soy	*he sido*
eres	*has sido*

271

es	ha sido
somos	hemos sido
sois	habéis sido
son	han sido

Pretérito imperfecto	Pretérito pluscuamperfecto
era	había sido
eras	habías sido
era	habían sido
éramos	habíamos sido
erais	habíais sido
eran	habían sido

Pretérito perfecto simple	Pretérito anterior
fui	hube sido
fuiste	hubiste sido
fue	hubo sido
fuimos	hubimos sido
fuisteis	hubisteis sido
fueron	hubieron sido

Futuro	Futuro perfecto
seré	habré sido
serás	habrás sido
será	habrá sido
seremos	habremos sido
seréis	habréis sido
serán	habrán sido

Condicional	Condicional perfecto
sería	habría sido
serías	habrías sido
sería	habría sido
seríamos	habríamos sido
seríais	habríais sido
serían	habrían sido

MODO SUBJUNTIVO

Presente	Pretérito perfecto
sea	*haya sido*
seas	*hayas sido*
sea	*haya sido*
seamos	*hayamos sido*
seáis	*hayáis sido*
sean	*hayan sido*

Pretérito imperfecto	Pretérito pluscuamperfecto
fuera o fuese	*hubiera o hubiese sido*
fueras o fueses	*hubieras o hubieses sido*
fuera o fuese	*hubiera o hubiese sido*
fuéramos o fuésemos	*hubiéramos*
fuerais o fueseis	*o hubiésemos sido*
fueran o fuesen	*hubierais*
	o hubieseis sido
	hubieran o hubiesen sido

MODO IMPERATIVO

Presente

sé

sed

EJERCICIOS

93 ESCRIBA LOS TIEMPOS Y LAS FORMAS VERBALES
CORRESPONDIENTES, TAL Y COMO SE MUESTRA EN EL EJEMPLO:

Condic. comp. de *ser*:   *habría sido, habrías sido,*
                       habría sido, habríamos sido,
                       habríais sido, habrían sido

Pret. anterior de *haber*: ....
Pret. perf. de Subj. de *ser*: ....
Pret. imp.de Ind. de *haber*: ....
Pres. Imp. de *ser*: ....
Particip. de *haber*: ....
Gerundio de *ser*: ....
Infinitivo comp. de *haber*: ....
Pret. pluscuam. Subj. de *haber*: ....
Gerundio comp. de *haber*: ....

VERBOS REGULARES
CON DIFICULTADES ORTOGRÁFICAS

VERBOS REGULARES DE LA PRIMERA CONJUGACIÓN CON VARIACIONES ORTOGRÁFICAS

1. buscar (c / **qu**)
PRET. PERF. SIMP.: bus**qu**é, buscaste, buscó, buscamos, buscasteis, buscaron.
PRES. SUBJ.: bus**qu**e, bus**qu**es, bus**qu**e, bus**qu**emos, bus**qu**éis, bus**qu**en.
Se conjugan como *buscar: abanicar, abarcar, abdicar, abocar, acercar, achacar, acurrucarse, adjudicar,* etc.

2. pagar (g / **gu**)
PRET. PERF. SIMP.: pa**gu**é, pagaste, pagó, pagamos, pagasteis, pagaron.
PRES. SUBJ.: pa**gu**e, pa**gu**es, pa**gu**e, pa**gu**emos, pa**gu**éis, pa**gu**en.
Se conjugan como *pagar: abogar, abrigar, abroga, alegar, alargar, halagar,* etc.

274

3. cruzar (z / c)

PRET. PERF. SIMP.: crucé, cruzaste, cruzó, cruzamos, cruzasteis, cruzaron.

PRES. SUBJ.: cruce, cruces, cruce, crucemos, crucéis, crucen.

Se conjugan como *cruzar: abalanzar, abrazar, academizar, almorzar, acorazar, actualizar, adelgazar, aderezar, endulzar, alcanzar, lanzar, alcoholizar,* etc.

VERBOS REGULARES DE LA PRIMERA CONJUGACIÓN CON DUDAS DE ACENTUACIÓN

1. cambiar (i átona)

PRES. IND.: cambio, cambias, cambia, cambiamos, cambiáis, cambian.

PRES. SUBJ.: cambie, cambies, cambie, cambiemos, cambiéis, cambien.

PRES. IMP.: cambia, cambiad.

Se conjugan como *cambiar: abreviar, acariciar, codiciar, copiar, acuciar, enjuiciar, afiliar, agenciar, agraviar,* etc.

2. desviar (í tónica)

PRES. IND.: desvío, desvías, desvía, desviamos, desviáis, desvían.

PRES. SUBJ.: desvíe, desvíes, desvíe, desviemos, desviéis, desvíen.

PRES. IMP.: desvía, desviad.

Se conjugan como *desviar: aliar, guiar, criar, fiar, fotografiar, telegrafiar, espiar, esquiar, extraviar, expiar, vanagloriar,* etc.

3. aislar (í tónica)

PRES. IND.: aíslo, aíslas, aísla, aislamos, aisláis, aíslan.

PRES. SUBJ.: aísle, aísles, aísle, aislemos, aisléis, aíslen.

PRES. IMP.: aísla, aislad.
Se conjugan como *aislar: ahijar, prohijar, airar, ahin-car, sobrehilar,* etc.

4. adecuar (**u** átona)
PRES. IND.: adecuo, adecuas, adecua, adecuamos adecuáis, adecuan.
PRES. SUBJ.: adecue, adecues, adecue, adecuemos, ade cuéis, adecuen.
PRES. IMP.: adecua, adecuad.
Se conjugan como *adecuar: evacuar, licuar, aguar,* etc.

5. actuar (**ú** tónica)
PRES. IND.: actúo, actúas, actúa, actuamos, actuáis, actúan
PRES. SUBJ.: actúe, actúes, actúe, actuemos, actuéis actúen.
PRES. IMP.: actúa, actuad.
Se conjugan como *actuar: situar, tatuar, puntuar, acen tuar, preceptuar, graduar, continuar, evaluar, habituar desvirtuar, exceptuar, atenuar,* etc.

6. aullar (**ú** tónica)
PRES. IND.: aúllo, aúllas, aúlla, aullamos, aulláis, aúllan
PRES. SUBJ.: aúlle, aúlles, aúlle, aullemos, aulléis, aúller
PRES. IMP.: aúlla, aullad.
Se conjugan como *aullar: ahumar, sahumar, rehusar,* etc

7. averiguar (u átona / **ü**)
PRET. PERF. SIMP.: averigüé, averiguaste, averigu averiguamos, averiguasteis, averiguaron.
PRES. SUBJ.: averigüe, averigües, averigüe, averigü mos, averigüéis, averigüen.
PRES. IMP.: averigua, averigüe, averigüemos, aver guad, averigüen.

Se conjugan como *averiguar: santiguar, amortiguar, menguar, apaciguar, fraguar, atestiguar,* etc.

VERBOS REGULARES DE LA SEGUNDA CONJUGACIÓN CON VARIACIONES ORTOGRÁFICAS

1. vencer (c / z)
PRES. IND.: venzo, vences, vence, vencemos, vencéis, vencen.
PRES. SUBJ.: venza, venzas, venza, venzamos, venzáis, venzan.
Se conjugan como *vencer: convencer, ejercer,* etc.

2. escoger (g / j)
PRES. IND.: escojo, escoges, escoge, escogemos, escogéis, escogen.
PRES. SUBJ.: escoja, escojas, escoja, escojamos, escojáis, escojan.
Se conjugan como *escoger: acoger, recoger, sobrecoger, proteger, emerger, converger, asperger,* etc.

VERBOS REGULARES DE LA TERCERA CONJUGACIÓN CON VARIACIONES ORTOGRÁFICAS

1. esparcir (c / z)
PRES. IND.: esparzo, esparces, esparce, esparcimos, esparcís, esparcen.
PRES. SUBJ.: esparza, esparzas, esparza, esparzamos, esparzáis, esparzan.
Se conjugan como *esparcir: fruncir, resarcir, estarcir, zurcir, marcir,* etc.

2. dirigir (g / j)
PRES. IND.: dirijo, diriges, dirige, dirigimos, dirigís, dirigen.

PRES. SUBJ.: dirija, dirijas, dirija, dirijamos, dirijáis, dirijan.

Se conjugan como *dirigir: afligir, sumergir, restringir, transigir, infringir, infligir, mugir, rugir, fingir,* etc.

3. distinguir (gu / g)

PRES. IND.: distingo, distingues, distingue, distinguimos, distinguís, distinguen.

PRES. SUBJ.: distinga, distingas, distinga, distingamos, distingáis, distingan.

Se conjugan como *distinguir: extinguir,* etc.

4. delinquir (qu / c)

PRES. IND.: delinco, delinques, delinque, delinquimos, delinquís, delinquen.

PRES. SUBJ.: delinca, delincas, delinca, delincamos, delincáis, delincan.

VERBOS REGULARES DE LA TERCERA CONJUGACIÓN CON DUDAS DE ACENTUACIÓN

1. prohibir (í tónica)

PRES. IND.: prohíbo, prohíbes, prohíbe, prohibimos, prohibís, prohíben.

PRES. SUBJ.: prohíba, prohíbas, prohíba, prohibamos, prohibáis, prohíban.

PRES. IMP.: prohíbe, prohibid.

Se conjugan como *prohibir: cohibir,* etc.

2. reunir (ú tónica)

PRES. IND.: reúno, reúnes, reúne, reunimos, reunís, reúnen.

PRES. SUBJ.: reúna, reúnas, reúna, reunamos, reunáis, reúnan.

PRES. IMP.: reúne, reunid.

EJERCICIOS

94 ESCRIBA LOS TIEMPOS VERBALES CORRESPONDIENTES, TAL
Y COMO SE MUESTRA EN EL EJEMPLO:

Pret. perf. simp. de *abanicar*:	*abaniqué, abanicaste, abanicó, abanicamos, abanicasteis, abanicaron*
Pres. Subj. de *ahogar*:	....
Pret. perf. simp. de *adelgazar*:	....
Pres. Imp de *abreviar*:	....
Pres. Ind. de *fiar*:	....
Pres. Imp. de *evacuar*:	....
Pres. Subj. de *situar*:	....
Pres. Ind. de *rehusar*:	....
Pret. perf. simp. de *apaciguar*:	....
Pres. Ind. de *ejecer*:	....
Pres. Subj. de *proteger*:	....
Pres. Ind. de *zurcir*:	....
Pres. Subj. de *fingir*:	....
Pres. Ind. de *extinguir*:	....
Pres. Imp. de *cohibir*:	....

EXPRESIONES ESCRITAS
EN UNA Y EN DOS PALABRAS

PALABRAS QUE DEBEN ESCRIBIRSE
JUNTAS O SEPARADAS

Según sea el significado, hay palabras o expresiones que
se escriben juntas o separadas.

En la mayoría de casos siguientes, el contexto se encarga
de indicar cuál es el sentido y, en los casos más comple-
jos, se incluye el significado.

abajo / a bajo
Voy abajo. / Las vendimos a bajo precio.

abordo / a bordo
*Te abordo cuando lo creo oportuno. / Subimos a
bordo del yate.*

abulto / a bulto
Todos me dicen que abulto mucho. / Lo calculó a bulto.

acaso / a caso
*¿Acaso no es triste perder a un amigo? / Eso no viene
al caso.*

acerca / a cerca
*Habló acerca del paro. / Sus beneficios ascienden
a cerca de dos millones.*

acuestas / a cuestas
*Si estás tan cansado, ¿por qué no te acuestas? /
Como no había ningún medio de transporte, lo
llevamos todo a cuestas.*

adonde (cuando el antecedente está expreso) /
a donde (cuando el antecedente no está expreso)

*Aquella es la casa adonde vamos. / Venían a donde
yo estaba.*

adondequiera 'a cualquier parte' / **a donde quiera**
(adverbio + verbo)
*Te seguiré adondequiera que vayas. / Yo iré
a donde quiera ella.*

ahora / **a hora**
Ha venido ahora mismo. / Siempre cena a hora fija.

aparte / **a parte**
*Aparte de esto, nada más. Es un caso aparte. /
Así no irás a parte alguna. El desfile no gustó
a parte del público.*

apenas, a penas / **a penas** (las dos primeras son
equivalentes)
*Apenas (a penas) viene por aquí. / Le condenaron
a penas muy duras.*

así mismo, asimismo 'también' / **a sí mismo**
(las dos primeras son equivalentes)
*Asimismo (así mismo) encontraron una valiosa
colección de cuadros. / Actuando así, se perjudica
a sí mismo.*

bienvenida (sustantivo) / **bien venida** (adjetivo +
participio)
*Te damos nuestra más cordial bienvenida. / Sepa,
señora, que siempre será bien venida a esta casa.*

comoquiera 'de cualquier manera' / **como quiera**
(adverbio + verbo)
*Se denominen comoquiera, no nos interesan esas
cuestiones. / Hágalo como quiera. Como quiera que
está ausente, será mejor dejarle un recado.*

conque 'de modo que' / **con que** 'con el cual...' /
con qué 'con qué cosa'
*Conque de viaje, ¿eh? / Me gustó la cena con que me
obsequiaste. / No sé con qué limpia el suelo.*

demás / **de más**
Lo demás no le importa. / Ha pagado de más.

dondequiera, donde quiera 'en cualquier parte' /
donde quiera (adverbio + verbo) (las dos primeras
son equivalentes)
*Dondequiera (donde quiera) que esté, le encontraré. /
Siéntese donde quiera usted.*

entorno (sustantivo) / **en torno** 'alrededor'
*Este animal no sobrevive fuera de su entorno natural. /
Gira en torno a su eje.*

entretanto, entre tanto 'mientras' / **entre tanto**
(preposición + adjetivo) (las dos primeras son
equivalentes)
*Entretanto (entre tanto) se calienta el horno,
aprovecha para cortar la carne. / Entre tanto jaleo, es
imposible saber si suena el teléfono.*

exabrupto 'salida de tono' / **ex abrupto** 'bruscamente'
*Se arrepintió de haber dicho un exabrupto. / Empezó
a hablar ex abrupto.*

maleducado / **mal educado**
Es un maleducado. / Está mal educado.

malentendido / **mal entendido**
*Sin duda, se trata de un malentendido: yo no soy
la dueña de la casa, sino una amiga de la familia. /
El discurso fue mal entendido por los no iniciados
en el tema.*

malpensado / mal pensado
*¡Siempre tan malpensado! ¡Esta señora es mi esposa! /
No está mal pensado: mientras tú le distraes, yo voy
por detrás...*

maltratado / mal tratado
*Fue un niño maltratado por sus padres. / El nuevo
trabajo de ese autor ha sido mal tratado por la prensa.*

medianoche, media noche 'las doce de la noche' /
media noche (las dos primeras son equivalentes)
*A medianoche (media noche) se oyen ruidos extraños. /
Se pasó media noche intentando conciliar el sueño.*

mediodía / medio día
*El tren llegó a mediodía. / En medio día ha de estar
terminada la obra.*

porvenir 'futuro' / **por venir**
No temo el porvenir. / Por venir tarde, te quedas sin postre.

porque / por que 'por el cual...' / **porqué** 'motivo' / **por qué**
*No sale porque está lloviendo. / La razón por que vengo
la sabrás mañana. / Conozco el porqué de su ausencia. /
Ignoro por qué tardará tanto.*

quehacer 'ocupación' / **que hacer** / **qué hacer**
*Cada uno tiene su quehacer. / Esta tarde no tengo
nada que hacer. / No sé qué hacer con la torre.*

quienquiera 'cualquiera' / **quien quiera**
(pronombre + verbo)
*Quienquiera que sea, que llame más tarde. /
Quien quiera más pastel, que lo diga.*

quintaesencia, quinta esencia 'refinamiento' /
quinta esencia (las dos primeras son equivalentes)
Es la quintaesencia (quinta esencia) del canto. /

Los filósofos antiguos consideraban que la quinta esencia era el quinto elemento de la composición del universo.

sinfín 'gran cantidad' / **sin fin**
Se organizaron un sinfín de actividades lúdicas. / Anduvimos por un camino sin fin durante aproximadamente seis horas.

sinnúmero 'gran cantidad' / **sin número**
Tuvo un sinnúmero de hijos. / Vive en una casa sin número.

sino 'pero'; 'destino' / **si no**
No está enfadado, sino deprimido. ¿El sino del hombre es la vida o la muerte? / Si no vienes, avísame.

sinrazón 'locura, injusticia' / **sin razón**
Charló sobre el triunfo de la sinrazón en la actualidad. / Ha protestado sin razón.

sinsabor 'disgusto, pesadumbre' / **sin sabor**
Las separaciones entre los miembros de una familia suelen causar algún sinsabor. / Preparó una comida sin sabor alguno.

sinvergüenza 'pícaro, bribón' / **sin vergüenza**
¡Es un sinvergüenza! ¡Me ha estafado! / Come sin vergüenza, como si estuvieras en tu casa.

sobretodo 'especie de gabán' / **sobre todo** 'especialmente'
Siempre lleva un sobretodo durante el invierno. / Sobre todo, acuérdate de que es vegetariano.

también / **tan bien**
Yo también iré a la fiesta. / ¡Me lo pasé tan bien!

tampoco / **tan poco**
No vienen mis padres ni tampoco mi hermana. / He comido tan poco que tengo hambre.

PALABRAS QUE PUEDEN ESCRIBIRSE JUNTAS O SEPARADAS

A pesar de que la normativa no es constante en sus preferencias en cuanto a escribir un sólo término o más de uno, se han situado en primer lugar, con la intención de que sean las más usadas, las voces y expresiones escritas en un solo término:

a la chitacallando	a la chita callando
a espetaperros	a espeta perros
a machamartillo	a macha martillo
a matacaballo	a mata caballo
a quemarropa	a quema ropa
a rajatabla	a raja tabla
a regañadientes	a regaña dientes
a tocateja	a toca teja
a trochemoche	a troche y moche
a vuelapluma	a vuela pluma
aguanieve	agua nieve
aguaviento	agua viento
anteanoche	antes de anoche
anteayer	antes de ayer
apenas	a penas
aposta	a posta
aprisa	a prisa
asimismo	así mismo
bocabajo	boca abajo
buenaventura	buena ventura
camposanto	campo santo
cortocircuito	corto circuito
de chichinabo	de chicha y nabo
de quitapón	de quita y pon
deprisa	de prisa
de sobremesa	de sobre mesa

dondequiera	donde quiera
dondiego	don diego
donjuán	don juan
enfrente	en frente
enhorabuena	en hora buena
enhoramala	en hora mala
enseguida	en seguida
entretanto	entre tanto
gentilhombre	gentil hombre
hierbabuena	hierba buena
hojalata	hoja de lata
infraganti	in fraganti
librecambio	libre cambio
malandanza	mal andanza
malavenido	mal avenido
malhumor	mal humor
maltraer	mal traer
malvarrosa	malva rósea
maremagno	mare mágnum
mediagua	media agua
medianoche	media noche
montepío	monte pío
nochebuena	noche buena
padrenuestro	padre nuestro
prorrata	pro rata
purasangre	pura sangre
quintaesencia	quinta esencia
sanmartín	san Martín
sanseacabó	san se acabó
sobremanera	sobre manera
sobrepeine	sobre peine
talvez	tal vez
tiquimiquis	tiquis miquis
viacrucis	vía crucis

SE ESCRIBEN EN UNA PALABRA

abajo	bajamar
abasto (dar)	bienaventurado, -a
adelante	bienestar
además	bienhechor, -a
adentro	bienintencionado, -a
adrede	conmigo
afuera	consigo
alrededor	contigo
anoche	debajo
anteanoche	delante
antebrazo	encima
anteojo	enfrente
antevíspera	malcarado, -a
arriba	malestar
atrás	malparado, -a
aunque	malsonante
avemaría	siquiera

SE ESCRIBEN EN DOS PALABRAS

a ciegas	a propósito
a deshora	a ratos
a destiempo	a tiempo
a gatas	a través
a granel	a veces
a gusto	ante todo
a mano	así que
a medias	de acuerdo
a menudo	de balde
a pesar de	de donde
a pie	de frente

de pie	en medio
de pronto	en tanto
de repente	en vano
de seguida	o sea
de sobra	por fin
de veras	por tanto
en balde	sin duda
en donde	sin embargo
en fin	so pena

EJERCICIOS

95 SUBRAYE LA PALABRA O EXPRESIÓN CORRESPONDIENTE EN CADA CASO:

1. Yo *tampoco / tan poco* he sido.
2. Si estoy *demás / de más*, me marcho.
3. Aún no sé *conque / con que / con qué* botas jugaré.
4. Sacó muy buenas notas, *sobretodo / sobre todo* en el examen de matemáticas.
5. Bébete este vaso, *sino / si no* te quedarás sin probar el vino.
6. Tus cosas, ponlas *aparte / a parte*.
7. Lo hizo *también / tan bien* que todos la aplaudieron.
8. ¿*Porque / Por que / Porqué / Por qué* has venido tan tarde?
9. Descubrieron *asimismo / a sí mismo* algunos restos humanos.
10. Nos contó un *sinfín / sin fin* de mentiras.
11. ¡No seas *maleducado / mal educado*! ¡Quita los pies de la mesa!
12. Se ha producido un *malentendido / mal entendido*: la doctora es ella.

13. *Quienquiera* / *quien quiera* jugar, que venga conmigo.
14. Se elevó *acerca* / *a cerca* de quinientos metros por encima del nivel del mar.
15. Así, *abulto* / *a bulto*, no creo que haya más de doscientas personas.
16. Va todo el día con los libros *acuestas* / *a cuestas*.
17. Estaré *abajo* / *a bajo*, en el sótano.
18. Lo mejor está aún *porvenir* / *por venir*.
19. Ése es el pueblo *adonde* / *a donde* nos dirigimos.
20. Hay mucho *sinvergüenza* / *sin vergüenza* suelto.

96 SUBRAYE LA PALABRA O EXPRESIÓN CORRESPONDIENTE EN CADA CASO:

1. Vamos *amedias* / *a medias* en el negocio.
2. Está *arriba* / *a riba*, en el desván.
3. *Afuera* / *A fuera* hace mucho calor.
4. *Enmedio* / *En medio* de las dos columnas, colgaré un cuadro.
5. *Derrepente* / *De repente*, se marchó sin decir adiós.
6. El libro está *encima* / *en cima* de la mesa de mi despacho.
7. *Antetodo* / *ante todo*, cuida de tu hermano.
8. Por suerte, llegué *atiempo* / *a tiempo*.
9. Es clarividente, *osea* / *o sea*, puede percibir el futuro.
10. Está lloviendo; *sinembargo* / *sin embargo*, no cambiaremos nuestros planes.
11. Su casa está *enfrente* / *en frente* de la iglesia.
12. Si miras *defrente* / *de frente* podrás ver a mi padre sentado en la primera fila.
13. Yo creo que lo ha hecho *adrede* / *a drede*.
14. Empezó a andar *agatas* / *a gatas* desde muy pequeño.

15. Hay comida *desobra / de sobra* para todos.
16. ¿*Deveras / De veras* has venido tú solo?
17. El jardín se encuentra *alrededor / al rededor* de la casa.
18. *Porfin / Por fin* has venido: hacía dos horas que te esperaba.
19. Entonces...¿estamos *deacuerdo / de acuerdo*?
20. Salió huyendo campo *através / a través*.

VOCES Y EXPRESIONES LATINAS Y SU SIGNIFICADO

En la lengua española se emplean, con frecuencia, como locuciones adverbiales que expresan modo en su mayoría, ciertas expresiones y voces latinas. Éstas han sido escritas en su lengua de origen, o sea, en latín. Cuando sean utilizadas, algunas han de ser adaptadas a la ortografía y a la acentuación españolas. Así se escribirá: *lapsus cálami, requiéscat in pace, per cápita, sub júdice, in fraganti o infranganti, persona no grata, tedéum,* etc., como aparecen escritas entre paréntesis.

Las voces y expresiones latinas más usuales son:

a contrariis:	por los contrarios
a divinis:	en las cosas divinas
a fortiori:	con mayor razón
a latere:	subordinado inseparable de su jefe
(adlátere)	
a nativitate:	de nacimiento
a posteriori:	después o a partir de la experiencia
a priori:	antes o independientemente de la experiencia
ab absurdo:	por lo absurdo
ab aeterno:	desde la eternidad, desde muy antiguo
ab initio:	desde el principio
ab intestato:	sin testamento
ab irato:	arrebatadamente
ab origine:	desde el origen, en el principio
ab ovo:	del huevo, desde el principio
absit:	¡Dios nos libre!
(ábsit)	
accesit:	segundo premio
(accésit)	

291

ad absurdum: (ad absúrdum)	por reducción al absurdo
ad calendas graecas:	hasta las calendas griegas (sin que se sepa cuándo)
ad hoc:	para este propósito, para este fin
ad hominem: (ad hóminem)	al hombre
ad honorem: (ad honórem)	a título de honor
ad infinitum: (ad infínitum)	hasta el infinito
ad interim: (ad ínterim)	mientras tanto, de forma provisional
ad libitum: (ad líbitum)	a gusto, a voluntad
ad limina: (ad límina)	a los umbrales
ad litteram: (ad lítteram)	al pie de la letra, literalmente
ad nauseam: (ad náuseam)	hasta la náusea, hasta el aborrecimiento
ad nutum: (ad nútum)	a voluntad
ad pedem litterae: (ad pédem lítterae)	al pie de la letra
ad referendum: (ad referéndum)	para ser aprobado por el superior
alea iacta est: (álea jacta est)	la suerte está echada
alma mater: (alma máter)	madre nutricia (se emplea para designar a la Universidad)
alter ego: (álter ego)	otro yo
ante diem (ante díem):	antes de un día determinado

292

ante meridiem:	antes del mediodía
(ante merídiem)	
apud:	en la obra de, en el libro de
(ápud)	(en citas bibliográficas)
aurea mediocritas:	dorada medianía
(áurea mediócritas)	
aut Cesar aut nihil:	o César o nada
(aut César aut nihil)	
beatus ille:	dichoso aquel
bis:	repetición, dos
bis dat qui cito dat:	quien da pronto da dos veces
calamo currente:	al correr de la pluma
(cálamo currente)	
campus:	recinto universitario
carpe diem:	aprovecha el día, disfruta el
(carpe díem)	presente
casus belli:	caso o motivo de guerra
circa:	alrededor de,
	aproximadamente
climax:	punto más alto o culminación
(clímax)	de un proceso
cogito, ergo sum:	pienso, luego existo
(cógito, ergo sum)	
coitus interruptus:	coito interrumpido
conditio sine qua non:	condición sin la cual no,
(cónditio sine qua non)	condición indispensable
confer:	compárese
consummatum est:	todo ha terminado
(consummátum est)	
continuum:	continuo, serie o conjunto de
(contínuum)	cosas unidas
contra natura:	contra la naturaleza
coram populo:	ante la multitud
(córam pópulo)	

corpore insepulto: (córpore insepulto)	de cuerpo presente
corpus:	conjunto ordenado de datos o textos sobre una materia
corpus delicti:	cuerpo del delito
corpus iuris: (corpus juris)	cuerpo legal
criterium: (critérium)	prueba ciclista realizada en un solo día
cuique suum:	a cada cual lo suyo
cum laude:	con elogio, con alabanza (en la calificación de las tesis doctorales: «con opción a premio extraordinario»)
cumquibus:	recursos, dinero
curriculum vitae: (currículum vitae)	historial académico y profesional de una persona
de auditu:	de oídas
de facto:	de hecho
de iure: (de jure)	de derecho (por oposición a *de facto*)
de populo barbaro: (de pópulo bárbaro)	de pueblo bárbaro (cosa atroz)
de verbo ad verbum: (de verbo ad vérbum)	palabra por palabra
de visu:	con la vista, con los propios ojos
deficit: (déficit)	lo que falta
dei gratia:	por la gracia de Dios
deo volente:	si Dios quiere, Dios mediante
desiderata: (desiderata)	conjunto de todo aquello que se echa de menos
desideratum: (desiderátum)	lo más deseado

detritus: desecho, residuo
(détritus)

directe ni indirecte: directa ni indirectamente

divide et vinces: divide y vencerás

do ut des: doy para que des

dramatis personae: las personas del drama, relación de personajes

dura lex, sed lex: la ley es dura, pero es ley

ecce homo: he aquí al hombre (dicho de Cristo cuando es presentado al pueblo tras ser azotado)

ergo: por tanto, luego

et alia: y otras cosas
(et ália)

et alii: y otros, y otras personas
(et álii)

et passim: y en otros lugares (en citas
(et pássim) bibliográficas)

ex abrupto: bruscamente

ex aequo: por igual, con igual mérito o puntuación

ex cathedra: desde la cátedra, con autoridad
(ex cáthedra) de maestro

ex libris: de los libros pertenecientes a

ex nihilo: de la nada

ex novo: de nuevo

ex profeso: expresamente, a propósito, con la única intención

fecit: lo hizo
(fécit)

fiat lux: hágase la luz
(fíat lux)

forum: foro, plaza pública
(fórum)

295

grosso modo: en conjunto, en líneas generales

habeas corpus: derecho del detenido a comparecer
(hábeas corpus) ante un juez o tribunal inmediatamente
después de su detención

habitat: medio natural de vida
(hábitat)

herbarium: herbario
(herbárium)

hic et nunc: aquí y ahora

hic iacet: aquí yace
(hic jácet)

homo faber: hombre artífice, hombre
(homo fáber) fabricante

honoris causa: por razón o causa de honor (en los
títulos honoríficos de las
universidades)

horror vacui: horror al vacío

ibidem: en el mismo lugar (en las citas
(ibídem) bibliográficas)

id est: esto es

idem: el mismo, lo mismo
(ídem)

idem per idem: lo mismo lo uno que lo otro
(ídem per ídem)

in absentia: en ausencia

in aeternum: para toda la eternidad
(in aetérnum)

in albis: en blanco, sin comprender o sin
conseguir nada

in articulo mortis: en la ocasión o coyuntura de la
(in artículo mortis) muerte

in dubio, pro reo: en caso de duda, a favor del reo

in excelsis: en el más alto grado

in extenso: por extenso

in extremis: en los últimos instantes de la existencia, en los últimos momentos de una situación peligrosa o comprometida

in fraganti:
(in fraganti, infraganti) en el momento de cometerse el delito (en latín la forma era «infla granti»; en español existe «en flagrante»)

in illo tempore:
(in illo témpore) en aquel tiempo (refiriéndose a una época lejana)

in itinere:
(in itínere) en el camino

in medias res: en medio del asunto, en mitad del argumento

in medio virtus: la virtud se halla en el medio

in memoriam:
(in memóriam) en recuerdo de, en memoria de

in mente: en la mente, en el pensamiento

in partibus infidelium:
(in pártibus infidélium) en países de infieles

in pectore:
(in péctore) en el pecho, dentro de uno mismo (se aplica a una resolución, idea o proyecto que se mantienen reservados, a pesar de estar ya decidido)

n perpetuum:
(in perpétuum) perpetuamente, para siempre

n puribus:
(in púribus) desnudo

n saecula saeculorum:
(in saécula saeculórum) por los siglos de los siglos, para siempre

n situ: en el lugar, en el sitio mismo de los hechos

in vino veritas: (in vino véritas)	en el vino (está) la verdad
in vitro:	en el tubo de ensayo, en el laboratorio (por referencia a los experimentos científicos que se hacen fuera de un organismo vivo)
incontinenti:	al instante
infra:	más abajo, más adelante
intelligenti pauca:	al buen entendedor, pocas (palabras)
inter alia: (inter ália)	entre otras cosas
inter nos: (ínter nos)	entre nosotros
inter vivos: (ínter vivos)	entre los vivos
interim: (ínterin)	mientras tanto
ipso facto:	inmediatamente, en el acto
ipso iure: (ipso jure)	por la naturaleza de la ley
item: (ítem)	igualmente, también
item mas: (ítem más)	además
iunior: (júnior)	más joven
lapsus calami: (lapsus cálami)	error de la pluma, error al escribir
lapsus linguae:	error de la lengua, error al hablar
lato sensu:	en sentido amplio
laus Deo:	gloria a Dios
loco citato:	en el lugar citado (en referencias bibliográficas)

magister dixit: el maestro lo dijo (para poner fin a una discusión)

manu militari: con mano militar, por la fuerza de las armas

mare magnum: confusión de asuntos
(mare mágnum, maremagno)

mea culpa: por mi culpa

mens sana in corpore sano: mente (o alma) sana en
(mens sana in córpore sano)   cuerpo sano

modus operandi: manera de actuar o trabajar para conseguir un fin

modus vivendi: modo de vivir

more maiorum: según costumbre de los
(more maiórum)   antepasados

more suo: a su manera

motu proprio: por propia voluntad, voluntariamente

multa paucis: mucho en pocas (palabras)

mutatis mutandis: cambiando lo que se debe cambiar

ne quid nimis: nada con demasía

nemine discrepante: sin discrepancia ni oposición,
(némine discrepante)   por unanimidad

nequaquam: de ningún modo
(nequáquam)

ne quid nimis: nada con demasía

nihil novum sub sole: nada hay nuevo bajo el sol
(nihil nóvum sub sole)

nihil obstat: no hay objeción, nada
(nihil óbstat)   se opone

nolens volens: quieras o no quieras

noli me tangere: no me toques
(noli me tángere)

non decet (non décet):   no conviene

non placet: no agrada
(non plácet)

non plus ultra: no más allá

non sancta: no santa (referido a la gente de conducta irregular)

non serviam: no obraré como esclavo, no serviré
(non sérviam)

nota bene: nota u observa bien (abreviado *N.B.*)

numerus clausus: número fijo o limitado de plazas vacantes en centros docentes u otras instituciones públicas
(númerus clausus)

obiter dicta: dichos o afirmaciones ocasionales
(óbiter dicta)

opera omnia: todas las obras (conjunto de obras de un autor)
(ópera omnia)

opera prima: primera obra de un autor
(ópera prima)

opere citato: en la obra citada (en referencias bibliográficas)
(ópere citato)

opus: obra, generalmente musical

panem et circenses: pan y juegos circenses
(pánem et círcenses)

passim: aquí y allí, en varios pasajes (en citas bibliográficas)

peccata minuta: equivocación de poca importancia

per accidens: por accidente, por casualidad
(per áccidens)

per capita: por cabeza, individualmente
(per cápita)

per fas et per nefas: por una cosa o por otra, de grado o por fuerza

per saecula saeculorum: por los siglos de los siglos
(per saécula saeculórum)

per se:	por sí, por sí mismo
persona non grata:	persona que no será recibida con agrado
placet (plácet):	aprobación, consentimiento
plus minusve:	más o menos
plus ultra:	más allá
podium:	plataforma, tarima
post meridiem: (post merídiem)	después del mediodía
post mortem: (post mórtem)	después de la muerte
post scriptum: (post scríptum)	posdata
praesidium: (praesídium)	presidencia, comité supremo
prima facie:	a primera vista
primum vivere, deinde philosophare: (prímum vívere, deinde philosophare)	primero, vivir; después, filosofar
primus inter pares:	el primero entre sus iguales
pro domo sua:	en provecho propio
pro forma:	en cuanto a la forma
pro indiviso:	por dividir (aplícase a los bienes que están sin dividir)
quid pro quo:	una cosa por la otra
quo vadis?:	¿adónde vas?
quod scripsi, scripsi:	lo escrito, escrito está
quorum: (quórum)	número de individuos necesario para tomar un acuerdo
quousque tandem!: (quousque tándem)	¡hasta cuándo!
rara avis:	persona o cosa rara, que sale de la norma

301

ratio:	relación, proporción, índice
referendum:	voto popular
(referéndum)	
relata refero:	refiero lo que oído
(relata réfero)	
requiem:	música de la misa para difuntos
(réquiem)	
requiescat in pace:	descanse en paz (abreviado:
(requiéscat in pace)	*R.I.P.)*
res nullius:	cosa o territorio de nadie
res publica:	cosa pública, asuntos públicos
(res pública)	
senior:	anciano
(sénior)	
sensu stricto:	en sentido estricto
sic:	así
sine die:	sin fecha determinada, sin plazo fijo
sine prole:	sin descendencia
sine qua non:	(condición) sin la cual no, condición indispensable
si vis pacem, para bellum:	si quieres la paz, prepara la guerra
(si vis pácem, para béllum)	
sponte sua:	por su voluntad
statu quo:	estado de cosas, en la situación actual
status:	posición o situación social de una persona
stricto sensu:	en sentido estricto
sub especie aeternitatis:	bajo especie de eternidad
sub iudice:	pendiente de resolución judicial
(sub júdice)	
sub voce:	bajo el término

sufficit: (súfficit)	basta
sui generis: (sui géneris)	se aplica a algo que es excepcional, especial o único
summum: (súmmum)	lo sumo, el colmo, el máximo grado
superavit: (superávit)	abundancia, exceso
supra:	arriba (en referencias bibliográficas)
tabula rasa: (tábula rasa)	tabla rasa (para referirse a una mente limpia, dispuesta para recibir impresiones o informaciones nuevas; o a un asunto en el que se parte de cero)
taedium vitae:	tedio vital, apatía
tandem: (tándem)	bicicleta para dos personas que se sientan una tras otra
te deum: (tedéum)	cántico religioso para dar gracias a Dios
ultimatum: (ultimátum)	último plazo
urbi et orbi:	a la ciudad y al mundo, a todas partes
ut infra:	como abajo, véase más adelante
ut supra:	como arriba, como lo antes citado o mencionado
vade mecum: (vademécum)	libro de fácil manejo y consulta inmediata
vade retro:	retrocede, aléjate
vae victis!:	¡ay de los vencidos!
vale:	pásalo bien
velis nolis:	quieras o no quieras
veni, vidi, vici:	llegué, vi, vencí
vera efigies:	imagen verdadera (de una persona o cosa)

303

verba volant, scripta manent: (verba vólant, scripta mánent)	las palabras vuelan, lo escrito permanece
verbatim: (verbátim)	palabra a palabra, textualmente
verbi gratia: (verbigracia)	por ejemplo
versus:	contra, frente a
vide:	véase (para remitir al lector a un determinado pasaje)
vox clamantis in deserto:	predicación en el desierto
vox populi: (vox pópuli)	voz del pueblo, opinión generalizada

---

EJERCICIOS

97 SUBRAYE LA VOZ O EXPRESIÓN LATINAS QUE CORRESPONDE EN CADA CASO:

1. Muchas veces los ejemplos son *ad hoc* / *ex novo*.
2. No se le ha caído el vaso: lo ha tirado *contra natura* / *ex profeso*.
3. Ha de presentar su *currículum vitae* / *panem et circenses* y un par de fotografías pequeñas para solicitar el puesto de trabajo.
4. Le sorpendimos *in fraganti* / *in absentia* comiéndose el postre.
5. La renta *per cápita* / *pro forma* se obtiene dividiendo el total de los ingresos de un país durante un año por el número de habitantes de ese país.

6. Prométeme lo que te he dicho e *inter vivos* / *ipso facto* tendrás lo que me pides.
7. La fecundación *in vitro* / *more suo* es un gran avance de la biología.
8. Para evitar tener más hijos practican el *non sancta* / *coitus interruptus*.
9. El Papa emplea las palabras «*requiéscat in pace*» / «*urbi et orbi*» en su bendición.
10. Los hermanos don Gabriel y doña Clara son dueños por mitad en común y *motu proprio* / *pro indiviso* de la finca.
11. Esta fruta tiene un sabor *statu quo* / *sui géneris*.
12. El juez aún no ha emitido su juicio, por tanto, se trata de un caso *habeas corpus* / *sub júdice*.
13. Me he quedado *in albis* / *in extenso* de lo que ha dicho.
14. El gobierno de ese país le ha declarado *rara avis* / *persona non grata*.
15. Ha copiado tus deberes *ad pédem lítterae* / *de visu*.
16. Al hablar emitimos un *continuum* / *criterium* de sonidos.
17. Este autor *et álii* / *in itínere* escribieron el libro que estás leyendo.
18. *Non decet* / *Grosso modo* podríamos decir que se trata de una nueva técnica de conducción.
19. No he visto otra igual: es *rara avis* / *ídem*.
20. Son las ocho *ante díem* / *post merídiem*.
21. Se divierten de muchas formas, *verbi gratia* / *ab initio*, escalando, leyendo, haciendo gimansia, etc.
22. Según *vox pública* / *nota bene*, ha sido un atentado, no un accidente.
23. Es el *súmmum* / *lapsus linguae* de la eficacia.
24. Es hijo de una familia de alto *manu militari* / *status*.
25. Se desmayó *infra* / *in situ*.

LAS ABREVIATURAS

REGLAS PARA EL USO
DE LAS ABREVIATURAS

La **abreviatura** es un tipo de abreviación, es decir, es la representación de una palabra con menos letras de las que le son propias. Normalmente se trata de abreviaturas de palabras que son muy frecuentes y que pueden predecirse en un texto.

Las reglas para el uso de las abreviaturas son las siguientes:

• Se ha de seguir rigurosamente el orden de las letras: *art.* (artículo), *etc.* (etcétera)...

• Se ha de evitar en lo posible que la abreviatura de una palabra coincida con la de otra palabra. Así, *Sta.* es l abreviatura de «santa», no la de «señorita» *(Srta.).*

• Las abreviaturas sólo acaban en vocal si ésta aparece en voladita o es la última letra de la palabra abreviada: *Excmo.* (Excelentísimo), *C.ía* (compañía), etc.

• Ninguna abreviatura puede acabar sin punto. Si lleva letra volada, el punto irá colocado antes de ésta: *adm.* (administrador).
Excepción: Los símbolos de unidades del Sistema Internacional: *m* (metro), *g* (gramo), *t* (tonelada)...

• No se abrevia una palabra si sólo se le ha de suprim una letra.

• Cuando la abreviatura está formada solamente por l tras mayúsculas y se quiere expresar el plural, se produ

_____

a repetición de las iniciales y con un solo punto para ambas. De esta forma, no se ha de escribir *A. A. R. R.* sino
AA. RR. (Altezas Reales).

• A una abreviatura nunca se le suprime la s final si refleja el plural de la palabra abreviada: *págs.* (páginas).

• Las abreviaturas deben emplearse únicamente en textos
específicos: diccionarios, notas a pie de página, citas bibliográficas, etc. Se recomienda evitar las abreviaturas en
obras de texto, pues dificultan la lectura.
Excepción: etc. (etcétera).

ABREVIATURAS MÁS FRECUENTES

a)	área
a.	alias
A.	Alteza
AA.	autores; Altezas
a. C.	año de Cristo
a. C.	antes de Cristo
a/c.	a cuenta
ac., acepc.	acepción
acept.	aceptación
a. de J.C.	antes de Jesucristo
a D. g.	a Dios gracias
admón.	administración
admdm.or	administrador
a/f.	a favor
afl.	afluente
af.mo o afmo., -a, -os, -as	afectísimo, -a, -os, -as
afr.	africano
a. J.C.	antes de Jesucristo

307

al.	alemán
alc.	alcalde
alm.	almacén
alt.	altura; altitud
a. m.	ante merídiem («antes del mediodía»)
Amér.	América
Amér. Centr.	América Central
Amér. Merid.	América Meridional
Ant.	Antillas
ant.	anticuado, antiguo
antill.	antillano
ap.	aparte; apartado; apóstol
ár.	árabe
arc.	arcaísmo
Arg.	Argentina
art. o art.º	artículo
arz., arzpo.	arzobispo
át.	ático
A. T.	Antiguo Testamento
austr.	austríaco
av., avda.	avenida
B.	beato; bien
bda.	barriada
bl.	bloque
B.L.M. o BLM	besalamano
Bmo. P.	beatísimo padre
bol.	boliviano
Bol.	Bolivia
bras.	brasileño
brit.	británico
búlg.	búlgaro
c.	calle; ciudad; como
c/	cada; cargo; cuenta; calle
C.ª	compañía

ca.	circa («aproximadamente»)
cap.	capital; capellán; capitán
cap. o cap.º	capítulo
cast.	castellano
c.c.	centímetro(s) cúbico(s)
c/c. o cta. cte.	cuenta corriente
cénts. o cts.	céntimos, centavos
C. F.	club de fútbol
Cf. o cfr.	confer («compárese»)
c. f. s.	coste, flete y seguro
cg	centigramo(s)
cgo.	cargo
ch/	cheque
chil.	chileno
Cía., C.ía, cía.	compañía
cit.	citado
cje.	corretaje
cjón.	callejón
cl	centilitro(s)
cm	centímetro(s)
cód.	código
Col.	Colombia
col.	columna; colección; colonia; colombiano
Comp. o comp.ª	compañía
cost.	costarricense
C. P.	código postal
cp.	compárese
C. Rica	Costa Rica
cta.	cuenta; cuesta
cte.	comandante; corriente
c/u.	cada uno
cub.	cubano
D.	don

D.ª	doña
d. C.	después de Cristo
dcha.	derecha
d. de J.C.	después de Jesucristo
dep.	deporte
der.	derivado
desct.º	descuento
desus.	desusado
D. F.	distrito federal
d/f. o d/fha.	días fecha
dag.	decagramo(s)
dg	decigramo(s)
dib.	dibujo
dir.	director
dal.	decalitro(s)
dl	decilitro(s)
D. L.	depósito legal
dam	decámetro(s)
D. m.	Dios mediante
dm	decímetro(s)
doc.	docena; documento
D. P.	distrito postal
dpto.	departamento
Dr.	doctor
dto.	descuento
dupdo.	duplicado
d/v.	días vista
E.	este (punto cardinal)
e/	envío
E. C.	era cristiana
Ecuad.	Ecuador
ecuat.	ecuatoriano
ed.	edición; editor
edit.	editorial

Ef., ef.	efectos
ej.	ejemplar, ejemplo
E. M.	Estado Mayor
Em.ª	Eminencia
Emmo.	Eminentísimo
ENE.	estenordeste
ntlo.	entresuelo
. p. m. o E. P. M.	en propia mano
sc.	escalera
scta.	escalinata
SE.	estesudeste
sp.	español; especial
stadoun.	estadounidense
tc.	etcétera
tim.	etimología
xc.ª	Excelencia
xcmo., Excma.	Excelentísimo, Excelentísima
act.	factura
asc.	fascículo
.C. o f.c.	ferrocarril
ec.	fecit («lo hizo»)
em.	femenino
F. AA.	fuerzas armadas
F. CC.	ferrocarriles
g.	figura; figurado
nl.	finlandés
am.	flamenco
º o fol.	folio
r.	Fray; Frey
.	francés; frase
	gramo(s)
	giro
al.	galería
én.	género

311

georg.	georgiano
g. p.	giro postal
gr., grs.	gramo, gramos; griego
gral.	general
gta.	glorieta
Guat.	Guatemala
guat.	guatemalteco
g. v.	gran velocidad
H.	hermano (religioso)
h.	hacia
HH.	hermanos (religiosos)
heb.	hebreo
hect.	hectárea(s)
Hg	hectogramo(s)
Hl	hectolitro(s)
Hm	hectómetro(s)
hnos.	hermanos
hol.	holandés
Hond.	Honduras
hond.	hondureño
I.	ilustre
i.	inglés
ib., ibíd.	ibídem («en el mismo lugar»)
íd.	ídem («el mismo, lo mismo»)
i. e.	id est («esto es»)
Ilmo., Ilma.	Ilustrísimo, Ilustrísima
Iltre.	Ilustre
imp.	importante; importe
impr.	imprenta
ing.	inglés
intr., introd.	introducción
it.	italiano
ít.	ítem («igualmente, también»)
izq., izqda.	izquierda

312

J.C.	Jesucristo
Jhs.	Jesús
K o Kg	kilogramo(s)
Kl	kilolitro(s)
K. O.	knock-out («fuera de combate»)
l	litro(s)
l.	ley; libro
L/	letra (comercial)
lat.	latín; latitud
l. c.	loco citato («en el lugar citado»)
lib.	libro; libra
lic., Lic., licdo., Licdo.	licenciado
lit.	literal; literatura
loc.	locución
loc. cit.	loco citato («en el lugar citado»)
long.	longitud
m	metro(s)
m.	minuto(s); masculino; muerto
M.	Madre (título)
máx.	máximo
m/c., m/cta.	mi cuenta
Méx.	México
mex.	mexicano
m/f.	mi favor
m/ fcha.	meses fecha
mg	miligramo(s)
m/g.	mi giro
mil.	milicia; militar
mín.	mínimo
M. I. Sr.	Muy Ilustre Señor
ml	mililitro(s)
m/L.	mi letra
Mm	miriámetro(s)

313

MM.	madres (título)
mm	milímetro(s)
m. n.	moneda nacional
m/o.	mi orden
Mons.	Monseñor
Mro.	Maestro
ms. o M.S.	manuscrito
mss. o M.SS.	manuscritos
Mtro.	Maestro
mun.	municipal, municipio
m/v.	meses vista
N.	norte
n.	nacido; nota
N. B.	nota bene («nótese bien»)
N. del E.	nota del editor
N.ª S.ª	Nuestra Señora
neol.	neologismo
NE	nordeste
Nic.	Nicaragua
n.º	número
NO.	noroeste
nor.	noruego
norteam.	norteamericano
nro., nra.	nuestro, nuestra
N. S.	Nuestro Señor
N. T.	nota del traductor
ntro., ntra.	nuestro, nuestra
núm.	número
O.	oeste
o. cit.	obra citada
O.K.	okay («de acuerdo»)
O. M.	Orden Ministerial
ONO.	oesnoroeste
onz.	onza

OO. MM.	Órdenes Ministeriales
op.	opus («obra»)
OSO.	oesudoeste
P.	Padre (título)
p.	página
P. A. o p. a.	por autorización; por ausencia
p.ª	para
p.º	paseo
pag.	pagaré
pág., págs.	página, páginas
Pan.	Panamá
pan.	panameño
Par.	Paraguay
par.	paraguayo
párr.	párrafo
part.	particular
pat.	patente
p. b.	peso bruto
pbro. o presb.	presbítero
p/cta.	por cuenta
P. D.	posdata
pdo.	pasado
p. ej.	por ejemplo
pje.	pasaje
pl.	plaza
plta.	plazoleta
P. M.	peso máximo
P. M. A.	peso máximo autorizado
P. O., p. o. o p/o.	por orden
pobl.	poblado
pop.	popular
port.	portugués
PP.	Padres (título)
pp.	páginas

P. P.	porte pagado; por poder
ppdo.	próximo pasado
pral.	principal
pref.	prefacio
prep.	preposición
P. Rico	Puerto Rico
prof.	profesor
prof.ª	profesora
pról.	prólogo
prov.	provincia; provisional
P. S.	post scríptum
	(«postdata»)
pt.	patio
pta.	puerta
puertorriq.	puertorriqueño
p. v.	pequeña velocidad
P. V. P.	precio de venta al público
pzo.	pasadizo
q. b. s. m.	que besa su mano
q. b. s. p.	que besa sus pies
Q. D. G. o q. D. g.	que Dios guarde
q. e. g. e.	que en gloria esté
q. e. p. d.	que en paz descanse
q. e. s. m.	que estrecha su mano
Qm	quintal(es) métrico(s)
q. s. g. h.	que santa gloria haya
R. o Rev., Rdo.	
-a o Rvdo. -a.	Reverendo, Reverenda
R. D.	Real Decreto
rda.	ronda
R. de la Plata	Río de la Plata
R. Dom.	República Dominicana
ref.	referencia
reg.	registro

R. I. P.	requiéscat in pace
	(«descanse en paz»)
Rmo., Rma.	Reverendísimo, Reverendísima
R. O.	Real Orden
rom.	romano
RR. DD.	Reales Decretos
RR. OO.	Reales Órdenes
Rte.	remitente
S.	San, Santo
s.	siglo; siguiente
s/	su
S. A.	Su Alteza
S. A.	Sociedad Anónima
s. a.	sin año (de impresión)
S. A. I. C.	Santa Apostólica Iglesia Catedral
Salv.	El Salvador
salv.	salvadoreño
S. A. R.	Su Alteza Real
S. A. S.	Su Alteza Serenísima
s/át.	sobreático
S. C. o s. c.	su casa
Sdad.	Sociedad
S. E.	Su Excelencia
S. en C.	Sociedad en Comandita
s. e. u. o.	salvo error u omisión
s. f.	sin fecha
S. I. C.	Santa Iglesia Catedral
sig., sigs.	siguiente, siguientes
sing.	singular
S. L. o Sdad. Lda.	Sociedad Limitada
s. l.	sin lugar (de edición); sus labores
S. M.	Su Majestad
S. M. C.	Su Majestad Católica
S. M. I.	Su Majestad Imperial

Smo.	Santísimo
s/n.	sin número (en correspondencia)
S. N.	Servicio Nacional
SO.	sudoeste
S. P.	servicio público
Sr., Sra.	señor, señora
S. R. C.	se ruega contestación
Sres., Srs.	señores
S. R. M.	Su Real Majestad
Srta.	señorita
S. S.	Su Santidad
s. s.	seguro servidor
SS. AA.	Sus Altezas
SS. AA. II.	Sus Altezas Imperiales
SS. AA. RR.	Sus Altezas Reales
SS. AA. SS.	Sus Altezas Serenísimas
SSE.	sudsudeste
SS. EE.	Sus Excelencias
SS. MM.	Sus Majestades
SS. MM. CC.	Sus Majestades Católicas
SS. MM. II.	Sus Majestades Imperiales
SSO.	sussudoeste
SS. RR. MM.	Sus Reales Majestades
s.s.s.	su seguro servidor
Sto., Sta.	santo, santa
s.v.	sub voce (en el artículo)
t.	también, tiempo
T.	tara; traductor
T. o t.	tomo
tb.	también
tel., teléf.	teléfono
tip.	tipografía
tít.	título
Tm	tonelada(s) métrica(s)

trad.	traducción; traductor; traducido
trav.	travesera, travesía
U. o ud.	usted
Uds.	ustedes
Ur.	Uruguay
ur.	uruguayo
urb.	urbanización
V.	usted; véase; versículo
v.	véase; verso; verbo
V. A.	Vuestra Alteza
v. a.	véase además
var.	variable; variante
V. A. R.	Vuestra Alteza Real
Vd., Vds.	usted, ustedes
Vda.	viuda
V. E.	Vuestra Excelencia, Vuecencia
Ven.	Venezuela
ven.	venezolano
vers.	versículo
V. g. o v. gr.	verbigracia («por ejemplo»)
V. I.	Vuestra Ilustrísima
V. M.	Vuestra Majestad
V.º B.º	visto bueno
vol., vols.	volumen, volúmenes
V. P.	Vuestra Paternidad
V. R.	Vuestra Reverencia
vra., vro.	vuestra, vuestro
V. S.	usía, Vuestra Señoría
V. S. I.	Usía Ilustrísima
v. t.	véase también
vta., vto.	vuelta, vuelto
VV.	ustedes
VV. AA.	Vuestras Altezas
VV. AA. RR.	Vuestra Altezas Reales

VV. EE.	Vuestras Excelencias
VV. MM.	Vuestras Majestades
W. C.	water closet («servicios»)
Xto.	Cristo

EJERCICIOS

98 ESCRIBA LA ABREVIATURA DE LAS SIGUIENTES PALABRAS
O EXPRESIONES, TAL Y COMO SE MUESTRA EN EL EJEMPLO:

Doctor:	*Dr.*
edición:	....
Su Majestad:	....
Su Santidad:	....
vuestro:	....
derecha:	....
izquierda:	....
remitente:	....
colombiano:	....
general:	....
profesora:	....
avenida:	....
provincia:	....
servicio público:	....
registro:	....

99 ESCRIBA LAS PALABRAS O EXPRESIONES QUE
CORRESPONDEN A LAS SIGUIENTES ABREVIATURAS, TAL
Y COMO SE MUESTRA EN EL EJEMPLO:

| át.: | *ático* |
| P. V. P.: | .... |

p. ej.:	....
P. D. :	....
núm.:	....
entlo.:	....
cta. cte.:	....
dto.:	....
c/:	....
pje.:	....
N.ª S.ª:	....
a. de J.C.:	....
mex:	....

LOS SÍMBOLOS

REGLAS PARA LA ESCRITURA
DE LOS SÍMBOLOS

La Conferencia General de Pesas y Medidas, celebrada en París en 1960, estableció un sistema científico y técnico para uso internacional, que pretende unificar criterios en la escritura de **símbolos** físicos y matemáticos. No obstante, el criterio de la normativa no coincide completamente con el de la Conferencia General.

En la escritura de símbolos se tendrán en cuenta las siguientes normas, según el criterio de la Conferencia General:

• Después de los símbolos no se escribe punto.

• Los símbolos no tienen plural y, por tanto, permanecerán invariables:

1g, 30 g (no 30 grs.)...

• La combinación con prefijos se realizará escribiendo el símbolo del prefijo y a continuación el de la unidad correspondiente:

kilo- (k) + caloría (cal):	*kilocaloría (kcal)*
kilo- (k) + gramo (g):	*kilogramo (kg)*
kilo- (k) + metro (m):	*kilómetro (km)*
kilo- (k) + pondio (p):	*kilopondio (kp)*
centi- (c) + metro (m):	*centímetro (cm)*

• Algunas unidades como *minuto, hora, día, bar, litro, área* y *revoluciones por minuto* no pertenecen al Sistema Internacional, pero se incluyen en la lista que figura a continuación por ser de uso general.

SÍMBOLOS DE UNIDADES
DEL SISTEMA INTERNACIONAL

a	área	mmHg	milímetro de mercurio
A	amperio		
Å	ángstrom	mol	mol
at	atmósfera técnica	N	newton
atm	atmósfera normal	P	poise
b	barn	Pa	pascal
C	columbio	pc	parsec
cal	caloría	q	quintal
cd	candela	R	roentgen
Ci	curio	rad	radián
CV	caballo de vapor	rd	rad
d	día	rpm	revoluciones por minuto
dyn	dina		
erg	ergio	s	segundo
eV	electrón voltio	S	siemens
F	faradio	sb	stilb
fg	frigoría	sr	esterorradián
g	gramo	st	estéreo
Gal	gal	St	stokes
h	hora	t	tonelada
H	henrio	T	tesla
Hz	hertz	th	termia
kgf	kilogramo fuerza	torr	torr
kp	kilopondio	u	unidad de masa atómica
L	litro		
lm	lumen	UA	unidad astronómica
lx	lux	V	voltio
m	metro	W	watio
mH$_2$O	metro agua	Wb	wéber
min	minuto	Ω	ohmio

PREFIJOS DEL SISTEMA INTERNACIONAL

FRACCIONES DECIMALES		MÚLTIPLOS	
d	deci- (10^{-1})	da	deca- (10)
c	centi- (10^{-2})	h	hecto- (10^2)
m	mili- (10^{-3})	k	kilo- (10^3)
μ	micro- (10^{-6})	M	mega- (10^6)
n	nano- (10^{-9})	G	giga- (10^9)
p	pico- (10^{-12})	T	tera- (10^{12})
f	femto- (10^{-15})	P	peta- (10^{15})
a	atto- (10^{-18})	E	exa- (10^{18})

SIGLAS Y ACRÓNIMOS

CONCEPTOS DE *SIGLA* Y *ACRÓNIMO*

La **sigla** y el **acrónimo** constituyen un tipo de abreviación, al igual que la abreviatura. La **sigla** es la letra inicial que se utiliza como abreviatura de una palabra. El **acrónimo** es la palabra formada por las iniciales, y a veces más letras, de otras palabras.

La **sigla** se usa con los nombre propios colectivos, lo que la distingue de las **iniciales** (abreviación de los nombres de personas), de los **símbolos** (abreviación de nombres científicos o técnicos) y de las **abreviaturas** (abreviación de palabras sueltas o frases hechas).

La **sigla** constituye una nueva palabra, que se lee independientemente –unas veces, deletreando; otras, silabeando–, cosa que no sucede con otros tipos de abreviación. La abreviatura *a. de J.C.*, por ejemplo, no se pronuncia «a de jota ce», sino «antes de Jesucristo», mientras que la sigla *ONU* se pronuncia tal cual.

El **acrónimo** se obtiene con una o varias sílabas, sean éstas iniciales o finales, de las diversas partes que integran el enunciado. Ejemplos de acrónimos serían *Intelsat* (**In**ternacional **Tel**ecommunications **Sat**ellite Organization), *Benelux* (**Be**lgique, **Ne**derlands y **Lux**embourg), etc.

REGLAS PARA EL USO DE SIGLAS Y ACRÓNIMOS

• En general, las siglas se escriben con mayúsculas; y los acrónimos, con mayúscula inicial y el resto en minúsculas.

Excepciones: Las siglas se escribirán con mayúscul
inicial y el resto en minúsculas cuando se trate de nombre
comerciales (*Agfa...*) o cuando el organismo sea tan cono
cido por las siglas que normalmente se ignore el significa
do de éstas (*Unesco, Unicef...*)

• Por muy conocida que sea una sigla, nunca se emplear
sin que la primera vez que se usa vaya precedida de s
enunciado completo. Así: *producto interior bruto (PIB*
ácido ribonucleico (ARN), etc.

• Las siglas se escriben en mayúsculas y sin puntos r
blancos de separación: *OTAN, CCE*, etc.

• Las siglas correspondientes a enunciados de una o do
palabras escritos en plural se forman por la duplicación
repetición de las iniciales: *EE. UU.*, etc.

• Las siglas, cualquiera que sea su forma, conservan
género que tenga en español su enunciado completo. D
esta forma se dirá *el Unicef,* y no *la Unicef,* puesto que
traducción de *United Nations International Children*
Emergency Found (Unicef) es «Fondo Internacional de la
Naciones Unidas para la Ayuda a la Infancia».

SIGLAS Y ACRÓNIMOS MÁS COMUNES

Se indica si se trata de una sigla o de un acrónimo me
diante (S) y (A), respectivamente.

ABC (S): American Broadcasting Companies («Compa
ñías de Radiotelevisión Norteamericanas»)
ACAN (S): Agencia Centroamericana de Noticias

326

ACNUR (S): Alto Comisionado de las Naciones Unidas para los Refugiados

ADN (S): ácido desoxirribonucleico

Agfa (S): Aktiengesellschaft für Anilinfabrikation (fábrica de productos fotográficos)

AI (S): Amnistía Internacional

ALALC (S): Asociación Latinoamericana de Libre Comercio

ARN (S): ácido ribonucleico

Avianca (A): Aerovías Nacionales de Colombia, Sociedad Anónima

Aviateca (A): Aviación Guatemalteca (líneas aéreas de esta nacionalidad)

BBC (S): British Broadcasting Corporation (cadena de radiotelevisión británica)

Benelux (A): Bélgique, Nederlands y Luxembourg (unión económica establecida entre Bélgica, Países Bajos y Luxemburgo)

BID (S): Banco Internacional de Desarrollo

BIRD (S): Banco Internacional para la Reconstrucción y el Desarrollo (Banco Mundial)

BMW (S): Bayerische Motorenwerke («fábrica bávara de motores»)

BO (S): Boletín Oficial

CBS (S): Columbia Broadcasting System (cadena de radiotelevisión norteamericana)

CCA (S): Compañía Cubana de Aviación / Consejo de Cooperación Aduanera

CE (S): Comunidad Europea

CEE (S): Comunidad Económica Europea

Celam (A): Conferencia Episcopal Latinoamericana

CEPAL (S): Comisión Económica para América Latina

CIA (S): Central Intelligence Agency (Agencia Central de Inteligencia)

327

CICR (S): Comité Internacional de la Cruz Roja

CIMA (S): Comisión Internacional de Medio Ambiente

CIME (S): Comité Intergubernamental para las Migraciones Europeas

CINA (S): Comisión Internacional de la Navegación Aérea

CIOA (S): Comisión Internacional para la Ordenación Alimentaria

CIOSL (S): Confederación Internacional de Organizaciones Sindicales Libres

Cobol (A): common business oriented language (sistema internacional para programar trabajos de gestión en ordenadores)

COI (S): Comité Olímpico Internacional

DDT (S): diclorodifeniltricloroetano (insecticida)

ecu (S): european currency unit («moneda europea»)

EE. UU. (S): Estados Unidos

EP (S): Europa Press (agencia de noticias española)

ESO (S): Educación Secundaria Obligatoria

FAO (S): Food and Agriculture Organization («Organización para la Agricultura y la Alimentación»)

FBI (S): Federal Bureau of Investigation («Oficina Federal de Investigación»)

Fiat (S): Fabbrica Italiana Automobili Torino (empresa automovilística)

FIBA (S): Federación Internacional de Baloncesto

FIFA (S) : Federación Internacional de Fútbol Asociación

FM (S): frecuencia modulada

FMI (S): Fondo Monetario Internacional

GATT (S): General Agreement on Tariff and Trade («Acuerdo General sobre Comercio y Aranceles Aduaneros»)

Gestapo (A): Geheime Staatspolizei (policía secreta de estado nazi)

HF (S): high frequency («alta frecuencia»)

328

IATA (S): International Air Transport Association («Asociación Internacional del Transporte Aéreo»)

IBM (S): International Business Machines Corporation (multinacional norteamericana)

ICAO (S): International Civil Aviation Organization (Organización de la Aviación Civil Internacional)

IEA (S): International Energy Agency («Organismo Internacional de la Energía»)

Intelsat (A): International Telecommunications Satellite Organization («Organización de Telecomunicación Internacional por Satélite»)

Interpol (A): International Criminal Police Organization («Organización Internacional de Policía Criminal»)

ITT (S): International Telephone and Telegraph Corporation (multinacional norteamericana)

ITV (S): Independent Television (cadena de televisión británica)

IVA (S): impuesto sobre el valor añadido

KGB (S): Komitet Gosudárstvennoy Bezopásnosti (policía política de la URSS)

Ladar (A): laser detection and ranging («detección y localización por medio del rayo láser»)

láser (S): light amplification by stimulated emission of radiation («luz amplificada por la emisión estimulada de radiación»)

LSD (S) : lysergic acid diethylamide («dietilamida del ácido lisérgico», droga)

MC (S): Mercado Común

MCE (S): Mercado Común Europeo

MGM (S): Metro-Goldwyn-Mayer Incorporated

modem (A): modulator-demolulator (aparato que permite hacer compatibles dos sistemas de transmisión distintos)

MOMA (S): Museum of Modern Art («Museo de Arte Moderno [de Nueva York]»)

MP (S): Member of Parliament (Miembro del Parlamento)

MPH (S): miles per hour («millas por hora»)

NASA (S): National Aeronautics and Space Administration («Administración Nacional para la Aeronáutica y el Espacio»)

NATO (S): North Atlantic Treaty Organization (Organización del Tratado del Atlántico Norte)

NBA (S): National Basketball Association («Asociación Nacional de Baloncesto norteamericana»

NBC (S): National Broadcasting Company (cadena de radiotelevisión norteamericana)

OACI (S): Organización de la Aviación Civil Internacional

OAS (S): Organization of American States (Organización de Estados Americanos)

OCDE (S): Organización para la Cooperación y el Desarrollo Económico

OCU (S): Organización de Consumidores y Usuarios

OEA (S): Organización de Estados Americanos

OIT (S): Organización Internacional del Trabajo

OLP (S): Organización para la Liberación de Palestina

OMM (S): Organización Meteorológica Mundial

OMS (S): Organización Mundial de la Salud

ONU (S): Organización de las Naciones Unidas

OPA (S): oferta pública de adquisición

OPEP (S): Organización de Países Exportadores de Petróleo

OTAN (S): Organización del Tratado del Atlántico Norte

OTI (S): Organización de Televisiones Iberoamericanas

OUA (S): Organización para la Unidad Africana

ovni (S): objeto volante no identificado

pal (S): phase alternating line («línea de fase alternante» sistema alemán de televisión en color)

PAU (S): Pan American Union (Unión Panamericana)

Pemex (A): Petróleos Mexicanos

PIB (S): producto interior bruto

PNB (S): producto nacional bruto

Polisario (A): Frente Popular para la Liberación de Saguia el Hamra y Río de Oro

RAF (S): Royal Air Force (Reales Fuerzas Aéreas)

SDN (S): Sociedad de Naciones

secam (S): séquentiel couleur à mémoire («color secuencial de memoria», sistema francés de televisión en colores)

sida (S): síndrome de inmunodeficiencia adquirida

SIPRI (S): Stockholm International Peace Research Institute («Instituto de Investigación de la Paz Internacional»)

SMI (S): Sistema Monetario Internacional

sonar (S): sound navigation and ranging («exploración náutica del sonido»)

Tass (S): Telegráfnoye Aguentstvo Soviétskogo Soyuza («Agencia Telegráfica de la Unión Soviética»)

Telam (A): Telenoticias Americanas (agencia de prensa argentina)

TIJ (S): Tribunal Internacional de Justicia

TIR (S): transport international routier («transporte internacional por carretera»)

TNT (S): trinitrotolueno (sustancia explosiva)

UEO (S): Unión Europea Occidental

UHF (S): ultra high frequency («frecuencia ultra alta»)

UIT (S): Unión Internacional para las Telecomunicaciones

UNEF (S): United Nations Emergency Forces («Fuerzas de Urgencia de las Naciones Unidas»)

Unesco (S): United Nations Educational, Scientific and Cultural Organization («Organización de la Educación, la Ciencia y la Cultura de las Naciones Unidas»)

Unicef (S): United Nations International Children's Emergency Fund («Fondo Internacional de las Naciones Unidas para la Ayuda a la Infancia»)

UNO (S): United Nations Organization (Organización de las Naciones Unidas)

UNRRA (S): United Nations Relief and Rehabilitation Administration (Administración de la Naciones Unidas para Ayuda y Rehabilitación)

UPU (S): Unión Postal Universal

URSS (S): Unión de Repúblicas Socialistas Soviéticas

US (S): United States (Estados Unidos)

USA (S): United States of America (Estados Unidos de América)

USAF (S): United States Air Force (Fuerzas Aéreas de los Estados Unidos)

UVI (S): unidad de vigilancia intensiva (sección de algunos centros sanitarios)

VARIG (S): Viação Aérea Rio Grandense («Líneas Aéreas de Río Grande»)

VHF (S): very high frequency («frecuencia muy alta»)

VIASA (S): Venezolana Internacional de Aviación, Sociedad Anónima

VIP (S): very important person

VTR (S): videotape recording («grabación en cinta de vídeo»

WHO (S): World Health Organization (Organización Mundial de la Salud)

EJERCICIOS

100 ESCRIBA EL ENUNCIADO CORRESPONDIENTE A LOS SIGUIENTES ACRÓNIMOS Y SIGLAS, TAL Y COMO SE MUESTRA EN EL EJEMPLO:

FM: *frecuencia modulada*
FIBA: ....
OPEP: ....

Unesco: ....
OTAN: ....
FAO: ....
VIASA: ....
OMS: ....
ONU: ....
sida: ....
Benelux: ....
FIFA: ....

101 ESCRIBA LAS SIGLAS O LOS ACRÓNIMOS
CORRESPONDIENTES A LOS SIGUIENTES ENUNCIADOS, TAL
Y COMO SE MUESTRA EN EL EJEMPLO:

Impuesto sobre el valor añadido: *IVA*
Unión Internacional para
  las Telecomunicaciones: ....
British Broadcasting Corporation: ....
Comunidad Económica Europea: ....
Organización de las Naciones Unidas: ....
very high frequency: ....
Asociación Latinoamericana
  de Libre Comercio: ....
Telenoticias Americanas: ....
Comité Olímpico Internacional: ....
Amnistía Internacional: ....

333

PRINCIPALES GENTILICIOS DE LATINOAMÉRICA

GENTILICIOS DE ESTADOS

Antillas Holandesas	antillano, -a
Argentina	argentino, -a
Belice	beliceño, -a
Bolivia	boliviano, -a
Brasil	brasileño, -a
Chile	chileno, -a
Colombia	colombiano, -a
Costa Rica	costarricense
Cuba	cubano, -a
Dominica	dominico, -a
Ecuador	ecuatoriano, -a
El Salvador	salvadoreño, -a
Guatemala	guatemalteco, -a
Guyana	guyanés, -a
Haití	haitiano, -a
Honduras	hondureño, -a
Jamaica	jamaicano, -a
México	mexicano, -a
Nicaragua	nicaragüense
Panamá	panameño, -a
Paraguay	paraguayo, -a
Perú	peruano, -a
Puerto Rico	puertorriqueño, -a; portorriqueño, -a
República Dominicana	dominicano, -a
Surinam	surinamés, -a

Trinidad y Tobago	tobago, -a
Uruguay	uruguayo, -a
Venezuela	venezolano, -a

GENTILICIOS DE CAPITALES DE ESTADO

Asunción	asunceño, -a
Bogotá	bogotano, -a
Brasilia	brasiliense; brasiliapolita
Buenos Aires	bonaerense
Caracas	caraqueño, -a
Guatemala	guatemalteco, -a
La Habana	habano, -a
La Paz	paceño, -a
Lima	limeño, -a
Managua	managüense
México	
Distrito Federal	mexicano, -a
Montevideo	montevideano, -a
Panamá	panameño, -a
Paramaribo	paramaribeño, -a
Puerto Príncipe	principeño, -a
Quito	quiteño, -a
San José	josefino, -a
San Juan	sanjuanense
San Salvador	sansalvadoreño, -a
Santiago de Chile	santiaguino, -a
Santo Domingo	dominicano, -a
Tegucigalpa	tegucigalpense

EJERCICIOS

102. ESCRIBA LOS GENTILICIOS CORRESPONDIENTES A LOS SIGUIENTES TOPÓNIMOS (NOMBRES DE LUGAR), TAL Y COMO SE MUESTRA EN EL EJEMPLO:

Argentina: *argentino, -a*
Santiago de Chile: ....
Haití: ....
La Paz: ....
San Juan: ....
Santo Domingo: ....
Buenos Aires: ....
Panamá: ....
Caracas: ....
Guatemala: ....
Honduras: ....
Surinam: ....
Tegucigalpa: ....
San Salvador: ....
Costa Rica: ....

NOMBRES PROPIOS
DE PERSONA
DE ORTOGRAFÍA DUDOSA

A

Aarón
Abdías
Abdón
Abel
Abelardo
Abencio
Abilio
Abraham
Absalón
Abundio
Acacio
Adalberto
Adán
Adela
Adelaida
Adelia
Adelino
Adolfo
Adoración
Adrián
Adriano
Afrodisio
Afrodita
Agapito
Ágata
Ageo
Agerico

Agripino
Águeda
Agustín
Albano
Albertina
Alberto
Albino
Alejandro
Alejo
Alfonso
Alfredo
Alicia
Alipio
Almudena
Álvaro
Amable
Amadeo
Amador
Amalio
Amancio
Amando
Amaya
Ambrosio
Amelio
Américo
Amparo
Anabel
Anacleto

Anastasio
Andrés
Ángel
Ángeles
Angélica
Aníbal
Aniceto
Anselmo
Ansovino
Antolín
Antón
Antonio
Anunciación
Aparicio
Apuleyo
Aquilino
Araceli
Arcadio
Argimiro
Ariadna
Aristóbulo
Armando
Arturo
Ascensión
Asdrúbal
Asterio
Asunción
Atahualpa

Atanasio
Ataúlfo
Augusto
Aureliano
Aurelio
Áurea
Avelino
Avertano
Azucena

B

Babilas
Baboleno
Balbino
Baldomero
Baltasar
Bárbara
Bartolomé
Basa
Basilio
Basilisa
Baudilio
Bautista
Beatriz
Begoña
Belarmino
Belén
Belisario
Beltrán
Benedicto
Benigno
Benito
Benjamín
Benón

Bernabé
Bernardino
Bernardo
Berta
Bertoldo
Bianor
Bibiana
Bienvenido
Blas
Bonifacio
Bono
Brígida
Buenaventura

C

Caín
Calixto
Cándido
Cayetano
Cayo
Claver
Clodoveo
Cecilio
Celestina
Celso
César
Cesáreo
Concepción
Conrado
Constatino
Cornelio
Covadonga
Crescencio
Cristóbal

D

Dámaso
Damián
Darío
David
Delfín
Dictinio
Diógenes
Doctroveo

E

Edilberto
Edmundo
Eduardo
Eduvigis
Efigenia
Egberto
Elena
Eleuterio
Elías
Elisa
Elisenda
Eloísa
Eloy
Elvira
Emeranciana
Emeterio
Emigdio
Emilio
Emma
Encarnación
Engelberto
Engracia
Enrique

Enriqueta
Eovaldo
Epifanio
Erasmo
Erconvaldo
Ernesto
Ervigio
Estanislao
Esteban
Ester o Esther
Eudoxio
Eufemia
Eugenio
Eulogio
Eusebio
Eva
Evagrio
Evangelina
Evaristo
Evelio
Evencio
Evilasio
Evodio
Exaltación
Expedito
Exuperio
Ezequiel

Fabián
Fabio
Fátima
Favila
Felisa

Félix
Fermín
Filiberto
Flaviano
Flavio
Florencio
Fulgencio

G

Gabino
Gabriel
Gelasio
Geminiano
Generoso
Genoveva
Georgina
Gerardo
Gerencio
Germán
Gertrudis
Geruncio
Gervasio
Gil
Gilardo
Gilberto
Ginés
Gualberto
Guillermo
Gumberto
Gustavo

H

Habacuc
Héctor

Helenio
Heliodoro
Hemedina
Heraclio
Heráclito
Herculano
Hércules
Heriberto
Hermán
Hermelo
Hermenegildo
Hermes
Hermilo
Herminio
Hermócrates
Hermógenes
Herunda
Higinio
Hilario
Hildeberto
Hildebrando
Hildegarda
Hildegunda
Hipólito
Hiscio
Homobono
Homero
Honesto
Honorato
Honorina
Honorio
Horacio
Hortensia
Huberto

Hugo
Humberto

I

Ifigenia
Ignacio
Ildefonso
Imelda
Indalecio
Inés
Inmaculada
Inocencio
Irene
Isaac
Isabel
Isaías
Isidoro
Isidro
Ismael
Iván
Ivón

J

Jacob
Jacobo
Javier
Jenaro
Jeremías
Jerónimo
Jesús
Joab
Joaquín
Job
Jonás

Jorge
José
Jovino
Juan
Judit o Judith
Julián
Julio
Juvencio

L

Ladislao
Lamberto
Laureano
Lázaro
Leovigildo
Liberata
Liberio
Liborio
Lidia
Longinos
Lourdes
Lucía
Lucio
Luis
Lutgarda

M

Macabeo
Macrobio
Magdalena
Magín
Majencio
María
Mariemma

Martín
Matías
Mauricio
Maximiliano
Maximino
Máximo
Melquíades
Miguel
Moisés
Mónica
Montserrat

N

Nabopolasar
Nabucodonosor
Narciso
Natividad
Neftalí
Néstor
Nicolás
Nieves
Noé
Noemí
Norberto
Novato

O

O (Ntra. Señora
  de la)
Obdulia
Octaviano
Octavio
Oduvaldo
Ofelia

Olegario
Olimpia
Olga
Onésimo
Oscar
Osvaldo
u Oswaldo
Ottón
Oveno
Ovidio

Pablo
Pascual
Patricio
Pelagio
Pelayo
Perseveranda
Pío
Plácido
Polixena
Pompeyo
Práxedes
Primitivo
Probo

Ramón
Raquel
Raúl
Rebeca
Recesvinto
Regina
Remigio

Rigoberto
Roberto
Robustiano
Rogelio
Román
Roque
Rosalía
Rubén
Rut o Ruth

S
Sabas
Sabiniano
Sabino
Salomé
Salvador
Samuel
Saúl
Sebastián
Segismundo
Senén
Serafín
Sergio
Servando
Serviodeo
Sérvulo
Severiano
Severo
Sigerico
Sigfrido
Sigiberto
Silvano
Silverio
Silvestre

Silvino
Silvio
Simeón
Simón
Sisebuto
Sixto
Soledad
Sonia

T
Teobaldo
Teodoro
Teófilo
Teógenes
Tiburcio
Tobías
Tomás
Toribio
Trinidad

U
Ubaldo
Urbano
Úrsula

V
Valentín
Valeriano
Valerio
Valero
Valiente
Venancio
Venceslao
Veneranda

341

Ventura
Veremundo
Verísimo
Vero
Verona
Verónica
Vicencio
Vicente
Víctor
Victoria
Victoriano
Victorino

Vidal
Violeta
Virgilio
Virginia
Viriato
Visitación
Vito
Vulpiano

W

Wenceslao
Wifredo

Wilebaldo

Y

Yolanda

Z

Zacarías
Zebedeo
Zenobio
Zenón
Zita
Zoilo

VOCABULARIO DE PALABRAS DE ESCRITURA DUDOSA

Se incluyen en este vocabulario aquellas palabras de uso ecuente que pueden plantear dudas ortográficas, bien rque contienen letras cuya escritura no puede deducirse su pronunciación (*b/v, g/j...*), bien por razones de acenación, de homofonía, etc.

Las palabras precedidas de un asterisco y escritas en cura poseen algún tipo de incorrección.

Entre corchetes figura un número que remite a la nota rrespondiente situada al final de este vocabulario.

1]	abarca	aberrante
a [2]	abarcar	abertura
aco	abarrotar	abeto
ad	abastecer	abiar [6]
ada [3]	abastecimiento	abierto, -a
adía	abasto	abigarrado, -a
ajo	abate	abismado, -a
alanzar	abatido, -a	abismo
alar [4]	abatimiento	abitar [7]
alizar	abatir	abjurar
alorio	abdicación	ablandamiento
anderar	abdicar	ablandar
andonar	abdomen	ablativo
andono	abdominal	ablución
anicar	abecedario	abnegación
anico	abedul	abnegado, -a
ano [5]	abeja	abnegar
aratar	abejorro	abobado, -a
	aberración	abobamiento

343

abobar
abocar [8]
abochornar
abofetear
abogado, -a
abogar
abolengo
abolición
abolir
abollar [9]
abombar
abominable
abominación
abominado, -a
abominar
abono
abono
abordable
abordaje
abordar
aborigen
aborrecer
aborrecible
aborrecimiento
abortar
abortivo, -a
aborto
abotagarse
  o abotargarse
abotonadura
abotonar
abovedar
aboyar [10]
abracadabra

abrasamiento
abrasar [11]
abrazamiento
abrazar [12]
abrazo
abrecartas
abrelatas
abrevadero
abrevar
abreviación
abreviar
abreviatura
abridor, -a
abrigar
abrigo
abril
abrillantador, -a
abrillantamiento
abrillantar
abrir
abrochadura
abrochar
abrogar
abroncar
abrumado, -a
abrumar
abrupto, -a
absentismo
ábside
absolución
absolutismo
absoluto, -a
absolver
absorbencia

absorbente
absorber
absorbible
absorción
absorto, -a
abstemio, -a
abstención
abstenerse
abstinencia
abstracción
abstracto, -a
abstraer
abstraído, -a
abstruso, -a
absurdo, -a
abubilla
abuchear
abucheo
abuelo, -a
abulense
abulia
abúlico, -a
abultamiento
abultar
abundancia
abundante
abundar
aburguesarse
aburrido, -a
aburrimiento
aburrir
abusar
abusivo, -a
abuso

abusón, -a
abyacente [13]
abyección
abyecto, -a
acá
acabar
acacia
academia
acaer
acallar
acampada
acampanado, -a
acampar
acantilado
acaparar
acariciar
acarrear
acaso
acatamiento
acatar
acatarrar
acaudillar
acceder
accesible
accésit
acceso
accesorio, -a
accidental
accidentar
accidente
acción
accionamiento
accionar
accionista

acebo
acechanza [14]
acechar [15]
acecho
acecinar [16]
acedera [17]
aceite
aceituna
aceleración
acelerar
acelga
acendrado, -a
acentuación
acentuar
acepción
acepillar
aceptable
aceptación
aceptar
acequia
acera
acerado, -a
acerbo, -a [18]
acercar
acero
acérrimo, -a
acertar
acertijo
acervo [19]
acetona
achacar
achaque
achicar
achote [20]

aciago, -a
acicalado, -a
acicalamiento
acicalar
acicate
acidez
ácido, -a
aclamación
aclarar
aclimatación
aclimatar
acné o acne
acobardar
acodar
acoger
acogida
acolchado, -a
acomodable
acomodar
acomodaticio, -a
acomodo
acompañamiento
acompañante
acompañar
acompasar
acomplejar
acondicionamiento
acondicionar
acongojante
acongojar
aconsejar
acontecer
acontecimiento
acoplamiento

345

acoplar
acoquinar
acorazado, -a
acorazar
acordar
acorde
acordeón
acordonar
acorralar
acortar
acosar
acostar
acostumbrar
acotación
acotar
ácrata
acre
acrecentar
acreditar
acreedor, -a
acribillar
acrílico, -a
acrimonia
acrisolar
acritud
acrobacia
acrobacía [21]
acróbata
acrobático, -a
acrobatismo
acrónimo
acrópolis
acta
actitud

activación
activamente
activar
actividad
activista
activo, -a
acto
actor
actriz
actuación
actual
actualidad
actualización
actualizar
actuante
actuar
acuarela
acuario
acuartelamiento
acuartelar
acuático, -a
acuciante
acuciar
acuchillar
acuclillarse
acueducto
acuerdo
acumulación
acumulativo, -a
acuñar
acuoso, -a
acusación
acústico, -a
adagio

adalid
adaptabilidad
adaptable
adaptación
adaptar
adecentar
adecuación
adecuar [22]
adelante
adelgazar
ademán
además
adentro
adepto, -a
aderezar
adeudar
adherencia
adherir
adhesión
adhesivo, -a
adicción
adición
adicional
adicto, -a
adiestrar
adiós
aditivo, -a
adivinación
adivinanza
adivinar
adivino, -a
adjetivación
adjetivo, -a
adjudicación

adjudicar
adjuntar
adjunto, -a
administración
administrar
administrativo, -a
admirativo, -a
admisible
admisión
admitir
admonición
admonitorio, -a
adobar
adocenado, -a
adoctrinamiento
adoctrinar
adolecer
adolescencia
adondequiera
adopción
adoptar
adoptivo, -a
adoquín
adorable
adoración
adormecer
adormecimiento
adornar
adquirible
adquirir
adquisición
adquisitivo, -a
adscribir
adscripción

aduana
aducir
adueñarse
adulación
adulteración
adulterar
adúltero, -a
adusto, -a
advenedizo, -a
advenimiento
adverbio
adversario, -a
adversidad
adverso, -a
advertencia
advertimiento
advertir
advocación
adyacente
aéreo, -a
aerodinámico, -a
aeródromo
aerodromo [23]
aerolínea
aeronáutico, -a
aeronaval
aeronave
aeropuerto
aeróstato
 o aerostato
aerotransportar
afabilidad
afable
afección

afectación
afectar
afectivo, -a
afecto
afectuoso, -a
aferrarse
afianzamiento
afianzar
afición
aficionado, -a
aficionarse
afilar
afiliación
afiliar
afincar
afinidad
afirmación
afirmativo, -a
aflicción
aflictivo, -a
afligir
aflojar
afluencia
afluente
aforismo
aforo
afrenta
afrodisíaco, -a
 o afrodisiaco, -a
afuera
agachar
agalla
ágape
agarrar

347

agarrotamiento
agarrotar
agasajar
ágata
agencia
agenciar
agenda
agente
agigantar
ágil
agilidad
agilización
agilizar
agitación
agitar [24]
aglomeración
aglomerar
agnosticismo
agnóstico, -a
agobiante
agobiar
agobio
agonía
agonizar
ágora
agostar
agraciar
agradable
agradecer
agravamiento
agravante
agravar
agraviar
agravio

agredir
agregación
agregar
agresión
agresividad
agresivo, -a
agreste
agriar
agrícola
agrio, -a
agrupación
aguafiestas
aguafuerte
aguamarina
aguanieve
aguar
aguardar
aguardiente
agudización
agudizar
agüero
aguerrido, -a
aguijada
aguijón
águila
aguja
agujerear
agujero
agujetas
aguzar
¡ah! [25]
aherrojar
*ahi [26]
ahí [27]

ahijado, -a [28]
ahínco
ahíto, -a
ahogado, -a
ahogar
ahogo
ahondar
ahora
ahorcado, -a
ahorcamiento
ahorcar
ahorrador, -a
ahorrar
ahorrativo, -a
ahorro
ahuecar
ahumar
ahuyentar
aijada [29]
airear
aislar
ajar
ajedrez
ajeno, -a
ajetrearse
ajetreo
ajo [30]
ajuar
ajustar
ajusticiar
ala [31]
alabanza
alabar
alabastro

alacena
alacrán
alagar [32]
alambicado, -a
alambique
alambrada
alambre
alameda
alamo
alar [33]
alarde
alardear
alargar
alarido
alarma [34]
alarmar
alba
albacea
albahaca
albañil
albañilería
albarán
albaricoque
albatros
albedrío
alberca
albérchigo
albergar
albergue
albino, -a [35]
albóndiga
alborada
alborear
albornoz

alborotar
alboroto
alborozar
alborozo
albufera
álbum
alcábala
alcachofa
alcahuete, -a
alcance
alcanfor
alcánfor [36]
alcantarilla
alcantarillado
alcanzar
alcayata
alcázar
alce
alcoba
alcohol
alcohólico, -a
alcoholismo
alcoholizar
alcornoque
alcurnia
aldaba
aldea [37]
aleación
aleatorio
aleccionamiento
aleccionar
alegar
alegoría
alegría

aleluya
aleñar [38]
alergia
alérgico, -a
alero
alerón
alerta
alertar
aleta
aletargar
alevín
alevosía
alevoso, -a
alfabético, -a
alfabetizar
alfabeto
alfalfa
alfange
alféizar
alférez
alfil
álfil [39]
alfiler
alfombra
alfombrar
alforjar
alga
algarabía
algarada
algarroba
algarrobo
algazara
álgebra
álgido, -a

algodón
alguacil
alguien
algún
alhambra [40]
alharma [41]
alhelí
alheñar [42]
alhoja [43]
aliar
alicaído, -a
alicates
aliciente
alimaña
alineación
alinear
aliñar
alisar [44]
aliviar
alivio
alizar [45]
allá
allanar
allegado, -a
allegar
allí
alma
almacén
almanaque
almeja
almena
almendra
almíbar
almibarado, -a

almidón
almohada
almohadilla
almohadón
almóndiga [46]
almorzar
almuerzo
alocución
alojamiento
alón [47]
alondra
aloque [48]
alpargata
alpinista
alquería
alquilar
alquimia
alquitrán
alrededor
altanero, -a
altavoz
alterable
alteración
altercado
alternancia
alternativa
alteza
altibajo
altitud
altivez
altivo, -a
altozano
altruismo
altruista

alubia
alucinación
alucinógeno
alud
alumbramiento
alumbrar
aluminio
alumno, -a
alunizaje
alusión
alusivo, -a
aluvión
alveolar
alveolo o alvéolo
alvino, -a [49]
alzar
amabilidad
amable
amagar
amainar
amalgamar
amancebarse
amanecer
amansar
amapola
amargar
amarillear
amarillo, -a
amarrar
amasar
amasijo
ambages
ámbar
ambición

ambicionar
ambicioso, -a
ambientación
ambientar
ambiente
ambigú
ambigüedad
ambiguo, -a
ámbito
ambivalente
ambos, -as
ambrosía
o ambrosia
ambulancia
ambulante
ambulatorio
ameba o amiba
amedrentar
amenazar
amenidad
amenizar
ameno, -a
amerizar
ametrallamiento
ametrallar
amigable
amígdala
amistad
amnesia
amnistía
amnistiar
amo, -a [50]
amoinar
amoldar

amonestación
amoníaco, -a
o amoniaco, -a
amordazar
amorfo, -a
amorío
amortajar
amortecer
amortiguación
amortiguador, -a
amortizar
amparar
amparo
ampliable
ampliación
ampliar
amplificar
amplificativo, -a
amplitud
ampolla
ampón, -a [51]
ampuloso
amputar
amueblar
amurallar
anacrónico, -a
ánade
anagrama
analfabeto, -a
analgésico, -a
análisis
analítico, -a
analizar
análogo, -a

anaquel
anarquía
anárquico, -a
anatomía
anatómico, -a
ancestral
ancho, -a
anchoa
anchura
ancianidad
ancla
anclaje
áncora
andadura
andaluz, -a
andamiaje
andamio
andar [52]
andén
andrajo
andrógino, -a
anécdota
anecdótico, -a
anegar
anejo, -a
anemia
anémico, -a
anémona
o anemona
anestesia
anestésico, -a
anexionar
anexo, -a
anfibio, -a

351

anfiteatro
anfitrión, -a
ánfora
ángel
angélico
ángelus
angina
anglosajón, -a
angosto, -a
anguila
ángulo
angustiar
anhelar
anhelo
anhídrido
anilla
anillo
ánima
animación
animadversión
anímico, -a
animosidad
aniquilable
aniquilación
anís
aniversario
ano
anoche
anochecer
anomalía
anonadar
anónimo, -a
anorak
anotación

anquilosar
ansiar
ansiedad
antagónico, -a
antaño
anteanoche
anteayer
antebrazo
antecámara
antediluviano, -a
antelación
antemano
antena
anteojera
anteojo
antepecho
anteponer
anterioridad
antibiótico, -a
anticipación
anticuado, -a
*antidiluviano,
  -a* [53]
antídoto
antifaz
antigualla
antigüedad
antiguo, -a
antílope
antipatía
antipático
antípoda
antitesis [54]
antítesis

antojarse
antología
antónimo, -a
antorcha
antropófago, -a
anulación
anular
anunciación
anunciar
anverso
anzuelo
añejo, -a
añicos
añoranza
añorar
aorta
apabullante
apabullar
apacentar
apacibilidad
apacible
apaciguamiento
apaciguar
apagar
apaisado, -a
apalabrar
apalear
aparcamiento
aparcar
aparcero, -a
aparear
aparecer
aparejar
aparición

ariencia
artamento
arte
asionado, -a
atía
ático, -a
ear
echugar
edrear
elar
elativo, -a
ellido
elmazar
enas
péndice
pendicitis
percibimiento
percibir
peritivo, -a
pertura
pesadumbrar
petecer
petecible
petencia
piadarse
pice
picultura
placar
plastar
plaudir
plazar
plicable
plicación
plicar

aplique
aplomo
apocado, -a
apocalipsis
apocalíptico, -a
apócope
apócrifo, -a
apoderarse
apodo
apogeo
apolinar
apolíneo, -a
apologético, -a
apología
apólogo
apoltronarse
apoplejia [55]
apoplejía
aporrear
aportación
aportar
aposentar
aposento
aposta
apostar
apóstata
apostatar
apostilla
apostillar
apóstol
apostólico, -a
apostrofar
apóstrofe
apostrofo

apostura
apotegma
apotema
apoteosis
apoyar
apoyo
apreciable
apreciación
apreciar
aprehender [56]
aprehensión [57]
aprehensivo,
 -a [58]
apremiar
apremio
aprender [59]
aprendiz, -a
aprendizaje
aprensión [60]
aprensivo, -a [61]
aprestar
apretar
aprobación
aprobado, -a
aprobar
apropiable
apropiación
apropiar
aprovechar
aprovisionar
aproximación
aproximativo, -a
áptero, -a
aptitud

353

apto, -a
apuesto, -a
aquejar
aquel, -lla, -llo
aquelarre
aquí
aquiescencia
aquilatar
ara [62]
árabe
arabesco
arácnido, -a
arado
arambel
arancel
arándano
araña
arañar
arar
arbitraje
arbitrar
arbitrariedad
arbitrario, -a
arbitrio
árbitro
árbol
arboleda
arbóreo, -a
arborescente
arbusto
arca
arcada
arcaico, -a
arcaísmo

arcángel
arcano
arcén
archipiélago
archivar
archivo
arcilla
arcipreste
arder
ardid
ardiente
ardilla
arduo, -a
área
arenga
arengar
arenque
*areopuerto [63]
argamasa
argentino, -a
argolla
argot
argucia
argüir
argumentación
aria
aridez
árido, -a
ariete
arisco, -a
arista
aristocracia
aristócrata
aritmética

arlequín
arma [64]
amar
armazón
armiño
armisticio
armonía
armónico, -a
armonizar
aro
aroma
aron
arpa
arpegio
arpía
arpón
arquear
arqueología
arqueólogo, -a
arquetipo
arquitecto, -a
arquitrabe
arquivolta
arrabal
arraigar
arramblar
arrancar
arranque
arras
arrasar
*arrascar [65]
arrastrar
arrear
arrebañar

arrebatar
arrebato
arrebol
arrebozar
arrebujar
arreciar
arrecife
arrecirse
arredrar
arregazar
arreglar
arrellanarse
arrellenarse [66]
arremangar
arremeter
*arremilgado,
-a* [67]
arremolinarse
arrendamiento
arrendar
arreo
arrepanchigarse
arrepentimiento
arrepentirse
arresto
arriar
arriba
arribar
arribista
arriero
arriesgar
arrimar
arrinconar
arritmia

arroba
arrobarse
arrodillarse
arrogancia
arrogante
arrogarse
arrojar
arrollar [68]
arrostrar
arroyar [69]
arroyo [70]
arroz
arrugar
arruinar
arrullar
arrumaco
arrumbar
arsenal
arte [71]
artefacto
arteria
arteriosclerosis
artero, -a
artesa
artesanado
artesano, -a
ártico, -a
articulación
articular
articulatorio, -a
artículo
artífice
artificial
artificio

artificioso, -a
artillería
artillero, -a
artilugio
artimaña
artístico, -a
arto [72]
artritis
artrosis
arzobispo
as [73]
asa
asado, -a [74]
asaltar
asamblea
asambleísta
asar [75]
asaz
ascendencia
ascender
ascendiente
ascensión
ascenso
asceso [76]
asceta
ascua
asear
asechanza [77]
asechar [78]
asediar
asegurar
asemejarse
asentamiento
asentar

355

asentimiento
asentir
asepsia
aséptico, -a
asequible
aserción
aserrar
aserrín
aserto
asesinar [79]
asesorar
asestar
aseveración
aseverar
asexuado, -a
asfixia
asfixiar
así
asiduidad
asiduo, -a
asignación
asignar
asignatura
asimetría
asimétrico, -a
asimilable
asimilación
asimilar
asir
asistencia
asistir
asma
asociable
asociación

asociar
asociativo, -a
asolar [80]
asomar
asombrar
asombro
asombroso, -a
asonancia
aspa
aspaviento
aspecto
aspereza
asperjar
áspero, -a
áspid
aspiración
aspirar
asquear
asquerosidad
asta [81]
asténico, -a
asterisco
astigmatismo
astil
*ástil [82]
astilla
astillero
*astracto, -a [83]
astringente
astrológico, -a
astrología
astrólogo, -a
astronáutico, -a
astronave

astronomía
astronómico, -a
astrónomo, -a
astucia
asueto
asumir
asunción
atacar
atajar
atajo [84]
atalaya
atañer
atar
atarazana
atardecer
atarear
atascar
ataúd
ataviar
atávico, -a
atavío
ateísmo
atemorizar
atemperar
atenazar
atención
atender
atenerse
atentar
atenuación
atenuante
atenuar
ateo, -a
aterir

aterrar
aterrizar
aterrorizar
atestado
atestar
atestiguar
atiborrar
ático
atinar
atisbar
atizar
atlas
atleta
atlético, -a
atletismo
atmósfera
o atmosfera
atolón
atomizar
atónito, -a
átono, -a
atornillar
atosigar
atrabiliario, -a
atracar
atracción
atractivo
atraer
atrancar
atrás
atravesar
atrayente
atreverse
atrevido, -a

atrevimiento
atribución
atribuir
atribular
atributivo, -a
atributo
atrincherar
atrio
atrocidad
atrofiar
atronar
atropellar
atropello
atroz
atún
aturdir
audacia
audaz
audible
audición
audiencia
audífono
audiovisual
auditar
auditivo, -a
auditoría
auditorio
auge
augur
augurar
augurio
augusto, -a
aula
aullar

aullido
aumentativo, -a
aun
aún
aunar
aunque
aúpa
aupar
aura
áureo, -a
aureola o auréola
auricular
auriga
*áuriga [85]
aurora
auscultación
auscultar
ausencia
ausentarse
auspiciar
auspicio
austeridad
austero, -a
austral
austriaco, -a
o austríaco, -a
autarquía
autenticar
autenticidad
auténtico, -a
autentificar
auto
autobús
autóctono, -a

autodidacta
autógeno, -a
autógrafo, -a
automático, -a
automatizar
automóvil
autonomía
autonómico, -a
autónomo, -a
autopsia
autoría
autoridad
autorización
autorizar
autorradio
autorretrato
autosia [86]
autostop
autovía
auxiliar
auxilio
aval
avalancha
avalar [87]
avance
avanzadilla
avanzar
avaricia
avaro, -a
ávaro, -a [88]
avasallador, -a
avasallamiento
avasallar
avatar

ave
avecindar
avejentar
avellana
avemaría
avena
avenencia
avenida
aventajar
aventar
aventura
aventurero, -a
avergonzar
avería
averiar
averiguación
averiguar
aversión
avestruz
avezar
aviación
aviador, -a
aviar [89]
avidez
ávido, -a [90]
avieso, -a
avinagrar
avío
avión
avisar
aviso
avispa
avispero
avistar

avituallar
avivar
avizor
avizorar
avocar [91]
avutarda
axfisia [92]
axila
axioma
axiomático, -a
ay
aya [93]
ayer
ayo [94]
ayuda
ayudante
ayudar
ayunar
ayuno, -a
ayuntamiento
azabache
azada [95]
azadón
azafata
azafrán
azahar [96]
azar [97]
azaroso, -a
azolar [98]
azor
azorar
azotar
azotea
azteca

azúcar
azucena
azuela
azul
azulejo
azufre
azuzar

B

baba
babear
babel
babero
babi
bable
babor
babosa
babosear
babucha
baca [99]
bacada [100]
bacalao
bacanal
bacante [101]
bache
bachiller
bachillerato
bacía [102]
bacilar [103]
bacilo [104]
bacteria
bacteriología
bacteriológico, -a
bacteriólogo, -a

báculo
badajo
badana
badén
baga [105]
bagaje
bagar [106]
bagatela
bago [107]
¡bah!
bahía
bailable
bailar
bailarín, -a
baile
bajada
bajamar
bajar
bajeza
bajo, -a
bajón
bajorrelieve
bala
balada
baladí
baladronada
balance
balancear
balandro
balanza
balar [108]
balaustrada
balaustre
  o balaústre

balbucear
balbuceo
balbuciente
balbucir
balcánico, -a
balcón
baldado, -a
baldar
balde (de)
baldío, -a
baldón
baldosa
baldosín
balear
balido [109]
balín
balística
baliza
ballena
ballenero, -a
ballesta
ballestero
ballet
balneario
balompié
*balompíe [110]
balón [111]
baloncesto
balonmano
balonvolea
balsa
balsámico, -a
bálsamo
balsar [112]

359

báltico, -a
baluarte
*balustrada [113]
bambalina
bambolear
bambú
banal
banalidad
banana
banasta
banca
bancal
bancarrota
banco
banda
bandada
bandazo
bandear
bandeja
bandera
banderilla
banderillear
bandidaje
bandido, -a
bando
bandolera
bandolero
bandurria
banquero
banqueta
banquete
banquillo
bantú
bañador

bañar
baño
bao [114]
baobab
baqueta [115]
baquetear
bar
barahúnda
  o baraúnda
*barahúnta
  [116]
baraja
barajar
baranda
barandilla
baratija
barato, -a
barba
barbacoa
barbaridad
barbarie
barbarismo
bárbaro, -a
barbecho
barbería
barbero, -a
barbilla
barbitúrico, -a
barbotar
  o barbotear
barbudo, -a
barca
barcarola
barco

barda
bardo
baremo
bargueño
baria [117]
bario [118]
barita [119]
barítono
barniz
barnizar
barómetro
barón [120]
barquero, -a
barquilla
barra
barrabasada
barraca
barranco
barrena
barrenar
barrendero, -a
barreño
barrer
barrera
barretina
barriada
barrica
barricada
barriga
barril
barrio
barrizal
barro
barroco, -a

arroquismo
arrote
arruntar
arrullo
ártulos
asa [121]
asamento
asar [122]
asca [123]
ascular [124]
ase
ásico, -a
asílica
asilisco
astante
astar [125]
astardo, -a
astedad
astidor
astión
asto, -a [126]
astón
astos [127]
asura
asurero, -a
ata
atacazo
atahola
o bataola
atalla
atallar
atallón
ate [128]
atear

batería
batiburrillo
batida
batidor, -a
batiente
batir
batiscafo
batracio
batuta
baúl
bautismo
bautizar
baya [129]
bayeta
*bayonesa [130]
bayoneta
baza [131]
bazar [132]
bazo
bazofia
be [133]
beatería
beatificar
beatitud
beato, -a
bebé
bebedizo
beber
bebible
bebida
beca
becar
becerro
bechamel

bedel, -a
beduino, -a
befa
begonia
beis
*beisbol [134]
béisbol
beldad
belén
beleño [135]
belga
belicista
bélico, -a
belicoso, -a
beligerante
bellaco, -a
belleza
bello, -a [136]
bellota
bemol
bendecir
bendición
bendito, -a
benefactor, -a
beneficencia
beneficiar
beneficio
beneficioso, -a
benéfico, -a
benemérito, -a
beneplácito
benevolencia
benevolente
bengala

361

bengalí
benigno, -a
beodo, -a
berberecho
beréber o bereber
berenjena
bergante
bermejo, -a
bermudas
berrar
berrear
berrido
berrinche
berza
besamel
besar
beso
bestia
bestialidad
besugo
besuquear
beta
betún
biberón
biblia
bíblico, -a
biblioteca
bibliotecario, -a
bicéfalo, -a
bíceps
bicho
bicicleta
bicoca
bidé

bidente
bidón
biela
bien
bienal
bienaventurado, -a
bienestar
bienio
bienquisto, -a
bienvenido, -a
bífido, -a
bifurcación
bifurcarse
biga [137]
bígamo, -a
bigote
bilabial
bilateral
bilbaíno, -a
bilingüe
bilingüismo
bilis
billar [138]
billete
billetero, -a
billón
bimano, -a
    o bímano, -a
bimembre
bimensual
binario, -a [139]
bingo
binomio
biodegradable

biografía
biográfico, -a
biógrafo, -a
biología
biólogo, -a
biopsia
bioquímico, -a
biosfera
*biósfera [140]
bípedo, -a
biquini
birlar
birria
bis [141]
bisabuelo, -a
bisagra
bisbisar
    o bisbisear
bisector, -triz
bisiesto
bisnieto, -a
    o biznieto, -a
biso [142]
bisoñé
bisoño, -a
bisté o bistec
bisturí
bisutería
bizantino, -a
bizarro, -a
bizco, -a
bizcocho
bizquear
blanco, -a

landengue
landir
lando, -a
lanquear
lasfemar
lasfemia
lasón
lasonar
ledo
lindaje
lindar
loc
loque
loquear
loqueo
lusa
lusón
oa
oato
obina [143]
obo, -a
oca
ocacalle
ocadillo
ocado
ocajarro (a)
ocal [144]
ocamanga
ocanada
oceto
ocear [145]
ochorno
ochornoso, -a
ocina

boda
bodega
bodegón
bodrio
bofetada
bofetón
boga
bogar
bogavante
bohemio, -a
boicot
boicotear
boicoteo
boina
boj
bola
bolar [146]
bolear
boletín
boleto
bólido
bolígrafo
boliviano, -a
bollo
bollero, -a [147]
bolo
bolsa
bolsillo
bolso
bomba
bombacho
bombardear
bombardero, -a
bombear

bombero
bombilla
bombín
bombo
bombón
bombona
bonachón
bonaerense
bonancible
bonanza
bondad
bondadoso
boniato
bonificar
bonito
bonito, -a
bono
bonsái
bonzo
boñiga
boquear
boquete
boquiabierto
boquilla
borbollón
borbotar
   o borbotear
borda
bordar
borde
bordear
bordo
boreal
borla

363

borne
borrachera
borracho, -a
borrador
borraja
borrar
borrasca
borrascoso, -a
borrego, -a
borrico, -a
borrón
borrosidad
borroso, -a
boscaje
boscoso, -a
bosque
bosquejar
bosquejo
bostezar
bota
botadura
botánica
botar [148]
botarate
bote
botella
botica
botijo
botín
botiquín
boto [149]
botón
botones
bóveda

bóvido, -a
bovino, -a [150]
boxear
boxeo
boya
boyante
boyero [151]
bozal
bozo
bracear
bracero [152]
braga
braguero
bragueta
brahmán
bramante
bramar
bramido
bránquea
brasa [153]
brasero [154]
bravata
bravido, -a
bravo, -a
bravucón, -a
bravuconada
bravuconería
bravura
braza [155]
brazada
brazalete
brazo
brea
brebaje

brecha
brega
bregar
brete
breva
brevedad
breve
breviario
brezo
bribón, -a
bricolaje
brida
brigada
brillante
brillar
brillo
brincar
brinco
brindar
brindis
brío
brioso, -a
brisa
brisca
británico, -a
brizna
broca
brocado
brocal
brocha
broche
broma
bromear
bronca

once
oncear
onco, -a
onquio
onquitis
oquel
otar
ote
oza
uces (de)
uja
ujería
ujo
újula
uma
umoso, -a
uñir
usco, -a
usquedad
utal
utalidad
uto, -a
ba
cal
caro
cear
che
cle
cólico, -a
dín
dismo
enaventura
eno, -a
ey

búfalo, -a
bufanda
bufar
bufe
bufete
bufido
bufón
buhardilla
búho
buhonero, -a
buitre
bujía
bula
bulbo
bulevar
búlgaro, -a
bulla
bullanguero, -a
bullicio
bullicioso, -a
bullir
bulo
bulto
bumerán
buñolero, -a
buñuelo
buque
buqué
burbuja
burbujear
burdel
burdo, -a
burgués, -a
buril

burlar
burlesco, -a
burlón, -a
buró
burocracia
burócrata
burrada
burro, -a
bursátil
busca
buscar
búsqueda
busto
butaca
butano
butifarra
buzo
buzón

C

cabal
cábala
cabalgadura
cabalgar
cabalgata
cabalístico, -a
caballar
caballeresco, -a
caballería
caballeriza
caballero, -a
caballeroso, -a
caballete
caballista

caballo
cabaña
cabás
cabecear
cabecera
cabecilla
cabellera
cabello
caber [156]
cabestrillo
cabestro
cabeza
cabezada
cabezal
cabezón, -a
cabezonada
cabezudo, -a
cabida
cabila
°cábila [157]
cabildear
cabildo
cabina
cabizbajo, -a
cable
cablegrafiar
cabo [158]
cabotaje
cabra
cabrear
cabreo
cabrero
cabrestante
   o cabestante

cabriola
cabrito
cabuya
cacao
cacahuete
cacarear
cacatúa
cacería
cacerola
cachaba
cachibache
cachimba
cachuzo, -a
cacique
caciquear
caciquismo
cacofonía
cacto o cactus
cacumen
cadáver
°cadavera [159]
cadavérico, -a
cadencia
cadencioso, -a
caducidad
café
cafeína
caída
caído, -a
caimán
cajero
cajetilla
cajetín
cajista

cajón
calabacín
calabaza
calabozo
calafatear
calambre
calambur
cálamo
calavera
calaverada
calcañal
   o calcañar
cálcareo, -a
calcetín
calcificar
calcinar
calcio
calcomanía
cálculo
calefacción
calefactor
caleidoscopio
calibrar
calibre
calidad
cálido, -a
calificación
calificativo, -a
calígine
caliginoso, -a
caligrafía
calígrafo, -a
cáliz
callado, -a [160]

llar [161]
lle
llejear
llejero, -a
llejón
llo [162]
loría
lorífero, -a
lumnia
lumniar
lva
lvario
lvero
lvicie
lvinista
lvo, -a
lzón
lzoncillo
maleón
mara
maradería
marilla
mbalache
mbalachear
mbiar
mbio
mbista
mboyano, -a
mello
milla
millero
mpamento
mpana
mpanario

campanilla
campaña
campar
campear
campechano, -a
campeón, -a
campesino, -a
campestre
campiña
campo
camposanto
campus
camuflaje
canalización
canalla
canapé
canastilla
cancelación
cancelar
cáncer
cancerbero
canciller
cancillería
canción
candelabro
candidez
cándido, -a
canesú
cangrena [163]
caníbal
canibalismo
canícula
canje
canjeable

canjear
canoa
cánon
canónico, -a
canónigo
canonizar
cantable
cántabro, -a
cántara
cántaro
cantautor
cántico
cantiga o cántiga
cantilena
  o cantinela
cantimplora
canturrear
cáñamo
cañaveral
cañería
cañí
cañón
caoba
caos
caótico, -a
capacidad
capacitar
caparazón
capataz
capaz
capcioso, -a
capellán
capellanía
capicúa

367

capilla
capitán
capitanía
capitulación
capítulo
capó
cápsula
captación
captar
captura
capuchón
capullo
caqui
caraba
carabela
carabina
carabinero
carabo
carácter
caracteres
carácteres [164]
característico, -a
caracterización
caracterizar
caracterología
caramba
carámbano
carambola
caravana
caray
carbón
carboncillo
carbonífero, -a
carbonizar

carbono
carburación
carburante
carburar
carcaj
carcajearse
cárcava
cárcel
cardíaco, -a
   o cardiaco, -a
cardiología
cardiólogo, -a
carecer
carencia
carestía
carey
carguero, -a
cariacontecido, -a
cariar
caribeño, -a
caribú
caricaturizar
caricia
caridad
caries
carillón
carioca
caritativo, -a
cariz
carmesí
carmín
carnaval
carne
carnecería [165]

carnicería
carnívoro, -a
carniza
carolingio, -a
carpintería
carraspear
carretaje
carretilla
carrillo
carrocería
carruaje
carrusel
cartabón
cartapacio
cartel
cárter
cartílago
cartilla
cartografía
cartomancia
   o cartomancía
cartón
cartonaje
casa [166]
casación
casar [167]
cascabel
cascabelear
cáscara
cascarón
cascarrabias
casería
caserío
casete

368

casilla
casillero
caso [168]
casquillo
casquivano, -a
castellanohablante
casticismo
castidad
castillo
castor
casualidad
casuística
catacumbas
catalepsia
cataléptico, -a
catálisis
catalisis [169]
catalogación
catálogo
catarsis
catártico, -a
catástrofe
catastrófico, -a
catecúmeno, -a
catedrático, -a
categoría
categórico, -a
catequesis
catequizar
caterva
catéter
católico, -a
catorce
catorceavo, -a

cauce
caución
caudillaje
caudillo
causalidad
causticidad
cáustico, -a
cauterización
cauterizar
cautivar
cautiverio
cautivo, -a
cauto, -a
cava
cavar
caverna
cavernícola
cavernoso, -a
caviar
cavicidad
cavilación
cavilar
caviloso, -a
cayada
cayado [170]
cayo [171]
caza [172]
cazabombardero
cazar [173]
cazo [174]
cebada
cebador, -a
cebar
cebo [175]

cebolla
cebra
cebú
cecear
ceceo
cecina
cedazo
cédula
cefalalgia
cefalea
cefalópodo
cefalotorax
céfiro
cegar [176]
cegesimal
ceguera
cejijunto, -a
celaje
celdilla
celebración
celebrar
célebre
celebridad
celeridad
celibato
célibe
celosía
celoso, -a
célula
celuloide
cenáculo
cenador [177]
cenagal
cencerro

369

cenefa
cenicero
ceniciento, -a
cenit
*cénit [178]
ceniza
cenobio
cenobita
censual [179]
centavo, -a
centella
centellear
centésimo, -a
centígrado
centigramo
*centígramo [180]
centilitro
*centílitro [181]
*centimetro [182]
centímetro
céntimo
centolla
centollo
centralización
céntrico, -a
centrífugo, -a
centrípeto, -a
centroameri-
  cano, -a
céntuplo, -a
centurión
cepa [183]
cepillar
cepillo

*cera [184]
cerámica
cercanía
cercenar
cerciorarse
cerebelo
cerebral
cerebro
cerezo
cerilla
cerner
cerrajero
cerrar [185]
cerrazón
certamen
certidumbre
certificación
certitud
cerúleo, -a
cerval
cervato
cervecería
cerveza
cervical
cérvido
cerviz
cesar
césar
cese
cesión [186]
césped
cetáceo
chabacanería
chabacano, -a

chabola
chabolismo
cháchara
chaflán
chalé
chambelán
champán
champaña
champiñón
champú
*champurrear
  [187]
chancear
chanchullo
chándal
chantaje
chantajear
chantajista
chapurrear
chaqué
charlatán, -a
chasis
chaval, -a
chavalería
cheque
chequeo
chicle
*chiclé [188]
chilaba
chillido
chillón, -a
*chimbambas
  (en las) [189]
chimpancé

370

chiquillería
chiquillo, -a
chiringuito
chirriar
chisgarabís
chivar
chivato, -a
chivo, -a
chochez
chófer o chofer
chollo
choque
chovinismo
chovinista
chubasco
chubasquero
chuchería
cibernética
cicatería
cicatriz
cicatrización
cicerone
ciclón
cíclope o ciclope
ciclópeo, -a
ciclostil
cidra [190]
ciempiés
cien [191]
ciénaga
ciencia
cientificismo
científico, -a
ciento

ciervo, -a [192]
cigarrillo
cigüeña
cilicio [193]
cilíndrico, -a
cima [194]
cimbrar
 o cimbrear
cimbreante
cinc
cincelar
cincuentavo, -a
cinegético, -a
cinematografía
cinematógrafo
cíngaro, -a
cínico, -a
cinturón
ciprés
circense
circuir
circuito
circulación
círculo
circumpolar
circuncidar
circuncisión
circunferencia
circunloquio
circunnavegar
circunscribir
circunscripción
circunspección
circunspecto, -a

circunstancia
circunvalación
circunvalar
*circustancia [195]
cirugía
citación
cítara
citología
cítrico, -a
ciudad
ciudadanía
cívico, -a
civil
civilización
civilizar
civismo
cizalla
cizaña
clac o claque
claraboya
claridad
clarín
clarividencia
clarividente
claroscuro
clásico, -a
clasificación
claudicación
claustrofobia
cláusula
clavar
clavazón
clave
clavel

371

clavetear
clavicémbalo
clavícula
clavija
clavo
claxon
clemencia
cleptomanía
cleptómano, -a
clérigo
cliché o clisé
climatización
climatología
climatológico, -a
clímax
clínica
clínico, -a
club
coacción
coaccionar
coactivo, -a
coadjutor, -a
coadyuvar
coagulación
coagular
coalición
coaligarse
coartar
coautor, -a
coba
cobalto
cobarde
cobardía
cobaya

cobertera
cobertizo
cobertura
cobijamiento
cobijar
cobijo
cobra
cobrador, -a
cobranza
cobrar
cobre
cobrizo, -a
cobro
cocaína
cocainómano, -a
cocción
cóccix o cóxis
cocear
cocer [196]
cochambre
cochambroso, -a
cociente
cocimiento
cocreta [197]
cóctel o coctel
coctelera
códice
codicia
codiciar
codicioso, -a
código
codorniz
coeficiente
coercer

coerción
coercitivo, -a
coetáneo, -a
coexistencia
coexistir
cognitivo, -a
cognoscible
cognoscitivo, -a
cogollo
cohabitación
cohabitar
cohechar
cohecho
coherencia
coherente
cohesión
cohesivo, -a
cohete
cohibido, -a
cohibir
cohorte [198]
coincidencia
cojear
cojera
cojín
cojinete
colaboración
colaborar
colación
colapsar
colapso
colección
colecta
colectividad

colectivizar
colectivo, -a
colector
colega
cólega [199]
colegiado, -a
colegial, -a
colegiarse
colegio
colegir
cólera
colérico, -a
coletilla
colibrí
cólico
coligación
coligarse
colisión
collada
collado
collar
colmillo
colocación
colofón
colombiano, -a
colon
colonización
coloquial
coloquio
columbar
columna
columpiar
columpio
combar

combate
combatir
combatividad
combativo, -a
combinación
combinar
combustible
combustión
comedimiento
comediógrafo, -a
comercialización
comerciar
comestible
comezón
cómic
comicidad
comicios
cómico, -a
comillas
comisaría
comisario
comité
comitiva
comodidad
cómodo, -a
compacto, -a
compadecer
compadrazgo
compaginar
compañía
comparable
comparación
comparar
comparativo, -a

comparecencia
comparecer
comparsa
compartimento
 o compartimiento
compartir
compás
compasión
compasivo, -a
compatibilidad
compatibilizar
compatible
compatriota
compeler
compendiar
compendio
compenetración
compenetrarse
compensación
compensar
competencia
competente
competer
competición
competir
competitividad
competitivo, -a
compilación
compilar
compinche
complacencia
complacer
complaciente
complejidad

complejo, -a
complementar
complementarie-
 dad
complementario, -a
complemento
completivo, -a
complexión
complicación
complicar
cómplice
complicidad
compló
 o complot
componenda
componer
comportar
composición
compositivo, -a
compostura
compota
comprar
compraventa
comprender
comprensible
comprensivo, -a
compresivo, -a
compresor, -a
comprimir
comprobación
comprobante
comprobar
comprometer
compromisario, -a

compromiso
compuerta
compulsa
compulsar
compulsión
compulsivo, -a
compungido, -a
compungir
computable
computador, -a
computadoriza-
 ción
computadorizar
computar
cómputo
comunicativo, -a
concavidad
cóncavo, -a
concebir
concejo [200]
concéntrico, -a
concepción
concepto
conceptuar
conceptuoso, -a
concerniente
concernir
concertación
conchabar
conciencia
concienciar
concienzar [201]
concienzudo, -a
conciliábulo

conciliación
conciliar
concisión
concitación
conclave
 o cónclave
concluir
concluyente
concomitancia
concordancia
concreción
concretar
concretizar [202
concubina
conculcación
concupiscencia
condensación
condescendencia
condición
condolencia
condonación
condor [203]
cóndor
conducción
conducir [204]
conducta
conducto
conductor, -a
conectar
conectivo, -a
conexión
conexo, -a
confabulación
confabularse

onfección
onfeccionar
onfeti
onfín
onfirmación
onfiscación
onfitería
onflagración
onflictividad
onflictivo, -a
onflicto
onfluencia
onfluir
onformidad
onfortable
ongelación
ongelar
ongénere
ongeniar
ongénito, -a
ongestión
ongestionarse
ongestivo, -a
ongoja
ongregación
ongruencia
onjetura
onjeturar
onjunción
onjuración
onllevar
onmemoración
onmemorar
onmemorativo, -a

conmensurable
conmigo
conminación
conmiseración
conmoción
conmovedor, -a
conmover
conmutable
conmutación
conmutar
conmutativo, -a
connivencia
conquense
consanguíneo, -a
consanguinidad
consciente
consecución
consecutivo, -a
consejería
consejero, -a
consejo [205]
conserje
conserjería
conserva
conservación
conservador, -a
conservar
conservatorio
considerable
consideración
consigna
consignar
consola
*cónsola [206]

consomé
consorcio
conspicuo, -a
conspiración
conspirar
constancia
constante
constar
constatación
constatar
constelación
consternación
consternar
constipado
constiparse
constitución
constituir
constitutivo, -a
constituyente
constreñimiento
constreñir
construcción
constructivo, -a
constructor, -a
construir
cónsul
consultivo
consumación
consumición
contabilidad
contabilizar
contable
contactar
contacto

375

contagiar
contagio
contagioso, -a
contaminación
contemplación
contemplar
contemplativo, -a
contemporaneidad
contemporáneo, -a
contemporización
contemporizar
contención
contencioso, -a
contexto·[207]
contextual
contextura
contigüidad
contiguo, -a
contingencia
contingente
continuidad
continuo, -a
contraatacar
contraataque
contrabajo
contabandista
contrabando
contracción
contracorriente
contráctil
contracto, -a
contractual
contractura
contradecir [208]

contradicción
contradictorio, -a
contrahecho, -a
contralto
contraluz
contraorden
contraproducente
contrarreforma
contrarreloj
contrarréplica
contrarrestar
contrarrevolución
contravención
contravenir
contraventana
contrayente
contribución
contribuir
contributivo
contribuyente
contrición
controversia
controvertible
controvertido, -a
controvertir
contubernio
contumacia
contumaz
conturbar
convalecencia
convalecer
convaleciente
*convalescencia
[209]

convalidación
convalidar
convencer
convencimiento
convención
convencional
convencionalismo
conveniencia
conveniente
convenio
convenir
convento
convergencia
convergente
converger
convergir
conversación
conversar
conversión
converso, -a
convertibilidad
convertible
convertir
convexo, -a
convicción
convicto, -a
convidar
convincente
convite
convivencia
convivir
convocar
convocatoria
convoy

convoyar
convulsión
convulsionar
convulsivo, -a
convulso, -a
conyugal
cónyuge
cónyuge [210]
coñá o coñac
cooperación
cooperativo, -a
*coopropietario,
-a* [211]
cooptación
cooptar
coordinación
copartícipe
coproducción
copropietario, -a
cópula
copulativo, -a
coquetear
coraje
corazón
corbata
corbeta
cordillera
cordobés, -a
coreografía
coreógrafo
córnea
cornilla
corporación
corporativo, -a

corporeidad
corpóreo, -a
corrección
correctivo, -a
correcto, -a
corregir
correlación
correlativo, -a
corretaje
correveidile
corroboración
corroborar
corromper
corrosivo, -a
corrupción
corruptela
corruptible
corrupto, -a
corso, -a [212]
cortacircuitos
cortaúñas
corte [213]
cortés
cortesía
cortésmente
cortocircuito
cortometraje
corvo, -a
corzo, -a [214]
coser [215]
cosmético, -a
cósmico, -a
cosmopolita
cosquillas

cosquillear
costarricense
costilla
costumbre
costumbrismo
costumbrista
cotidianeidad
[216]
cotidianidad
cotillear
cotillón
cotización
coyote
coyuntura
coyuntural
coz
cráneo
crápula
cráter
creación
creatividad
creativo, -a
credibilidad
crediticio, -a
crédulo, -a
creencia
creíble
cremación
cremallera
crepúsculo
creyente
cría
criba
cribar

377

crío, -a
criollo, -a
cripta
críptico, -a
criptografía
criquet
crónlech
cronología
cronológico, -a
croqueta
croquis
cruce
crucero
crucial
crucifixión
crujido
crujiente
crujir
crustáceo, -a
cruz
cuadragenario, -a
cuadragésimo
cuadriga
cuádriga [217]
cuadrilla
cuadrumano
  o cuadrúmano
cuadrúpedo
cuádruple
  o cuádruplo
cualitativo, -a
cualquiera
cuantitativo, -a
cuáquero, -a

cuarentavo, -a
cuartilla
cuatrocientos, -as
cuba
cubertería
cubicar
cúbico, -a
cubierta
cubierto
cubo
cubrir
cuchilla
cuchillo
cuclillas (en)
cuello
cuentakiló-
  metros
cuervo
cuestación
cueva
culebra
culebrear
culpabilidad
culpabilizar
culpable
cultivar
cultivo
cumbre
cumpleaños
cumplimentar
cumplir
cupé
cupón
cúpula

currículo
  o currículum
cursillo
cursivo, -a
curva
curvilíneo, -a
curvo, -a
cúspide
cutáneo, -a
cuyo, -a

D

dable
dactilografía
dádiva
dadivoso, -a
daguerrotipo
damnificar
dársena
darwinismo
dátil
dativo
deambular
debajo
debate
debatir
deber
débil
debilidad
debilitación
debilitamiento
debilitar
debú o debut
debutar

década
decadencia
decágono
decagramo
decágramo [218]
decalitro
decálitro [219]
decálogo
decapitación
decepción
decepcionar
decibelio
decigramo
decígramo [220]
decilitro
decílitro [221]
decimetro [222]
decímetro
decimoctavo, -a
decimocuarto, -a
decimonónico, -a
decimonoveno, -a
decimoquinto, -a
decimoséptimo, -a
decimosexto, -a
decimotercero, -a
decisivo, -a
declaración
declinación
declive
decomisar
decoración
decorativo, -a
decrépito, -a

décuplo, -a
dedicación
deducción
defección
defectible
defectivo, -a
defecto
defensivo, -a
déficit
deficitario, -a
definición
definitivo, -a
deflagración
deformación
deformidad
defunción
degeneración
degenerar
deglución
degollar
degradación
dehesa
deidad
dejación
dejadez
deje
delación
delante
deleble
delectación
deleitable
deletéreo, -a
deleznable
delfín

delgadez
deliberado, -a
deliberar
delicia
delictivo, -a
delicuescencia
delicuescente
delicuesciencia [223]
delinear
delinquir
demagogia
demagogo, -a
demasía
demencia
demiurgo
demócrata
demoníaco, -a
o demoniaco, -a
demostración
demostrativo, -a
denegación
dengue
denominación
denominativo, -a
dentellada
dentición
dentífrico, -a
*dentrífico,
-a* [224]
deontología
deontológico, -a
deplorable
deportación

deportividad
deportivo, -a
depósito
depravado
depravar
deprecación
depreciación
depredación
depresión
depresivo, -a
deprisa
 o de prisa
depuración
deriva
derivado, -a
derivar
derivativo, -a
derogación
derogar
derogatorio, -a
derrengado, -a
derribar
derribo
derruir
derrumbamiento
derrumbar
derrumbe
desabastecer
desabollar
desaborido, -a
desabotonar
desabrido, -a
desabrigar
desabrochar

desacostumbrar
desacreditar
desactivación
desactivar
desafección
desafecto, -a
desafío
desagradable
desagraviar
desaguar
desagüe
desahogado, -a
desahogar
desahogo
desahuciar
desamparar
desamparo
desangelado, -a
desánimo
desapacible
desaparición
desapercibido, -a
desapolillar
desaprensivo, -a
desaprobación
desaprobar
desaprovechar
desarbolar
desarraigar
desarrollar
desarrollo
desarticulación
desatornillar
desautorización

desavenencia
desavenir
desayunar
desayuno
desazón
desbancar
desbandada
desbarajuste
desbaratar
desbarrar
desbastar
desbloquear
desbocado, -a
desbocar
desbordamiento
desbordante
desbordar
desbrozar
descabalgar
descabellado, -a
descabezar
descalabrar
descalabro
descalificación
descampado
descapotable
descarrío
descascarillado, -
descendencia
desclavar
descollar
descomponer
descomposición
desconectar

desconexión
descongelar
descongestionar
descortés
descoyuntar
descrédito
descreído, -a
describir
descripción
descriptivo, -a
descuajaringar
descubierto, -a
descubrimiento
descubrir
desdén
desdoblamiento
desdoblar
deseable
desechar
desecho
desembalar
desembazar
desembarcar
desembarco
desembocadura
desembocar
desembolsar
desembolso
desembozar
desembrollar
desembuchar
desempapelar
desempaquetar
desempatar

desempedrar
desempeñar
desempleo
desempolvar
desempotrar
desenlace
desenrollar
desenroscar
desenvainar
desenvoltura
desenvolver
desenvuelto, -a
desértico, -a
desescombrar
desestabilizar
desfachatez
desfallecer
desfallecimiento
desfavorable
*desgallitarse
[225]
desgañitarse
desgravación
desgravar
desguace
desguarnecer
deshabitado, -a
deshacer
desharrapado, -a
deshelar
desheredado, -a
desheredar
deshidratación
deshidratante

deshielo
deshilachar
deshilvanado, -a
deshinchado, -a
deshinchar
deshojar [226]
deshollinador, -a
deshonestidad
deshonesto, -a
deshonor
deshonra
deshonrar
deshonroso, -a
deshora
deshuesar
deshumanización
deshumanizar
designación
designar
desigual
desinfección
desinfectante
desinfectar
desinterés
desintoxicación
desintoxicar
deslavazado, -a
desleír
deslenguado, -a
desliz
deslucir
deslumbramiento
deslumbrante
deslumbrar

desmallar [227]
desmán
desmayar [228]
desmayo
desmembración
desmembrar
desmovilizar
desnivel
desnivelar
desnudez
desnutrición
desobedecer
desobediencia
desobediente
desoír
desojar [229]
desollar
desorbitado, -a
desorbitar
desovar
despabilado, -a
despabilar
despampanante
despavorido, -a
despectivo, -a
despegue
despeje
despellejar
desperdicio
despliegue
despoblado
despoblar
desportillar
déspota

desprevenido, -a
desproveer
desprovisto, -a
después
desratizar
desrizar
destellar
destello
destemplado, -a
destemplanza
destemplar
desternillarse
destilación
destitución
destornillar
*destornillarse
  [230]
destrucción
destructivo, -a
destructor, -a
desuso
desvaído, -a
desvaírse
desvalido, -a
desvalijar
desvalimiento
desván
desvanecer
desvanecimiento
desvariar
desvarío
*desvastar [231]
desvelar
desvencijar

desventaja
desventura
desventurado, -a
desvergonzado, -a
desvergüenza
desvestir
desviación
desviar
desvincular
desvío
desvirgar
desvirtuar
desvivirse
desyerbar
detallar
detalle
detallista
detectar
detective
detectivesco, -a
detector, -a
detención
detergente
determinación
determinativo, -a
detestable
detonación
detracción
detractor
detrás
detrimento
detrito o detritus
devaluación
devaluar

382

devanar
devaneo
devastación
devastador, -a
devastar
devengar
devenir
devoción
devolución
devolver
devorar
devoto, -a
deyección
día
diabetes
diabético, -a
diabetis [232]
diablo
diablura
diabólico, -a
diácono
diacrónico, -a
diáfano, -a
diafragma
diagnosis
diagnosticar
diagnóstico
dialéctica
dialecto
dialisis [233]
diálisis
diálogo
diámetro
diapositiva

diáspora
diástole
diatriba
dibujar
dibujo
dicción
diciembre
dicotomía
dictado
dictadura
dictamen
dictaminar
dictar
dicterio
didáctico, -a
diecinueve
dieciocho
dieciséis
diecisiete
diéresis
diésel
dietética
diez
diezmar
diferencia
diferenciación
difícil
difteria
digerible
digerir
digestible
digestión
digestivo, -a
digital

dígito
dignarse
dignatario, -a
dignidad
dignificar
digno, -a
digresión
dije
dilación
dilatación
dilecto, -a
diligencia
diligenciar
diligente
dilogía
dilucidar
diluir
diluviar
diluvio
diminutivo, -a
dinamo o dínamo
dinastía
diócesis
dionisíaco, -a
 o dionisiaco, -a
dioptría
dipsomanía
díptico
diptongación
diptongar
diptongo
directivo
directo
directriz

383

dirigente
dirigible
dirigir
dirimir
discernir
discípulo, -a
díscolo, -a
discreción
discrecional
discutible
disección
disentería
disertación
disfraz
disfunción
disgresión [234]
dislexia
disléxico, -a
dislocación
disminución
disolvente
disolver
dispepsia
displicencia
disponibilidad
disponible
dispositivo, -a
disquisición
distinguir
distintivo, -a
distorsión
distraído, -a
distribución
distribuir

distributivo, -a
disturbio
disuasivo, -a
disuasorio, -a
disyuntiva
ditirambo
diurético, -a
diurno, -a
divagación
divagar
diván
divergencia
divergente
divergir
diversidad
diversificar
diversión
diverso, -a
divertimento [235]
divertimiento
divertir [236]
dividendo
dividir
divinidad
divinizar
divino, -a
divisa
divisar
divisible
división
divisorio, -a
divo, -a
divorciar
divorcio

divulgación
divulgar
dobladillo
doblar
doble
doblegar
doblez
doce
doceavo, -a
dócil
docilidad
docto, -a
doctor, -a
doctorarse
doctrina
dogma
dogmático, -a
dolmen
doméstico, -a
dominó
  o dómino
dondequiera
donjuán
dopaje
doscientos, -as
dotación
dotor, -a [237]
dracma
drástico, -a
drenaje
driblar
drogadicción
drogadicto, -a
droguería

droguero, -a
druida
dubitativo, -a
dúctil
ductilidad
duermevela
dulce
dúho [238]
dúo [239]
duodécimo, -a
dúplex
duplicidad
duración

E
e [240]
¡ea!
ebanista
ebanistería
ebano
ebrio, -a
ebullición
eccehomo
eccema o eczema
echar
ecléctico, -a
eclesiástico, -a
eclipsar
eclipse
eclosión
ecología
ecológico, -a
ecuación
ecuánime

ecuanimidad
ecuestre
ecuménico, -a
edema
edén
edición
edicto
edificación
edredón
educativo, -a
efebo
efectista
efectividad
efectivo, -a
efecto
efectuar
efeméride
efervescencia
efervescente
eficacia
eficaz
eficiencia
eficiente
efigie
efímero, -a
efluvio
efusión
efusivo, -a
égida o egida
egipcio, -a
égloga
egoísmo
egoísta
ególatra

egolatría
egregio, -a
¡eh!
eje
ejecución
ejecutar
ejecutivo, -a
ejecutoria
ejemplar
ejemplarizar
ejemplificar
ejercer
ejercitar
ejército
elaboración
elaborar
elástico
elección
electivo, -a
elector, -a
electricidad
eléctrico, -a
electrizar
electrochoque
*electrolisis [241]
electrólisis
electrónico, -a
elegancia
elegía
elegíaco, -a
o elegiaco, -a
elegible
elegir
elenco

385

elevar
elfo
elidir
elipse
elíptico, -a
elite
élite [242]
elixir o elíxir
elocución
elogiar
elogio
elucubración
elusivo, -a
emanación
emancipación
embadurnar
embajada
embajador, -a
embalaje
embalar
embaldosar
embalsamar
embalsar
embalse
embarazar
embarazo
embarazoso, -a
embarcación
embarcar
embarco
embardunar [243]
embargar
embargo
embarque

embarrancar
embarullar
embate
embaucar
embaular
embebecer
embeberse
embelecar
embeleco
embelesamiento
embelesar
embellecer
embero [244]
emberrincharse
embestida
embestir [245]
emblandecer
emblanquecer
emblema
embobar
embocadura
embocar
embolia
émbolo
embolsar
emboquillado, -a
emboquillar
emborrachar
emborronar
emboscada
emboscar
embotar
embotellamiento
embotellar

embozar
embragar
embrague
embravecer
embrazar
embrear
embriagador, -a
embriagar
embriaguez
embridar
embrión
embrionario, -a
embrollar
embrujo
embrutecer
embudo
embuste
embustero, -a
embutido
embutir
emergencia
emergente
emerger
emérito, -a
emir
emolumento
emotividad
emotivo, -a
empacar
empachar
empadronar
empalagar
empalagoso
empalizada

mpalmar
mpalme
mpanadilla
mpantanar
mpañar
mpapar
mpapelar
mpaque
mpaquetar
mparedar
mparejar
mparentar
mpastar
mpatar
mpecer
mpecinado, -a
mpecinarse
mpedernido, -a
mpedrar
mpeine
mpeñar
mpeorar
mpequeñecer
mperador
mperatriz
mpero
mpezar
mpiece
mpinado, -a
mpinar
mpírico, -a
mpirismo
mplasto
mplazar

emplear
emplumar
empobrecer
empollar
empolvar
emponzoñar
emporcar
emporio
empotrar
empozar
emprender
empringar
empujar
empuje
empujón
empuñadura
empuñar
emulación
émulo, -a
enajenación
enajenar
enaltecer
enarbolar
encabalgar
encabezar
encallar
encallecer
encasillar
encasquillar
encausar [246]
encauzar [247]
encéfalo
encenegarse
encía

encíclica
encima
encinta
enclavar
enclave
enclenque
enclítico, -a
encobar [248]
encoger
encogimiento
encorvar
encovar [249]
encrucijada
encubrimiento
encubrir
encumbramiento
encumbrar
endeble
endeblez
*endeviduo,
  -a [250]
endiablado, -a
endocrinología
endocrinólogo, -a
endógeno, -a
eneágono
eneasílabo, -a
enebro
energético
energía
enérgico, -a
energúmeno, -a
enervar
enésimo, -a

387

énfasis
enfático, -a
enflaquecer
enfrente
engendrar
engendro
engranaje
engreído, -a
engrosar
engruesar [251]
engullir
enhebrar
enhestar
enhiestar [252]
enhiesto, -a
enhorabuena
enigma
enigmático, -a
enjabonar
enjaezar
enjalbegar
enjambre
enjuague
enjundia
enjundioso, -a
enjuto, -a
enlace
enmarcar
enmendar
enmienda
enmohecer
enmudecer
ennegrecer
ennoblecer

enorgullecer
enquilosar [253]
enrabiar
enraizar
enrarecer
enredar
enriquecer
enrocar
enrojecer
enrolar
enrollar
enronquecer
enroscar
ensamblar
ensayar
ensayo
enseguida
o en seguida
ensillar
ensoberbecer
ensombrecer
ensombrecimiento
entablar
entallar
entelequia
entenebrecer
entibiar
entomología
entomólogo, -a
entonación
entorno
entrambos, -as
entrampar
entreacto

entrecomillar
entremedias
entremés
entremeter
o entrometer
entremetimiento
o entrometimien
entrenamiento
entreno [254]
entretanto
o entre tanto
entretener [255]
entretiempo
entrever
entreverado, -a
entrevista
entrevistar
entumecer
enturbiar
enumeración
envainar
envalentonar
envanecer
envaramiento
envarar
envasar
envase
envejecer
envejecimiento
envenenar
envergadura
envero [256]
envés
envestir [257]

enviar
enviciar
envidar
envidia
envidiable
envidiar
envilecer
envilecimiento
enviscar
envite
enviudar
envoltijo [258]
envoltorio
envoltura
envolver
enyesar
enzima
eólico, -a
épico, -a
epicúreo, -a
epifanía
epiglotis
epíglotis [259]
epígono
epígrafe
epilepsia
epilepsía [260]
epiléptico, -a
epílogo
epíteto
epopeya
equidad
equilibrar
equilibrio

equinoccio
equis
equitación
equitativo, -a
equivalencia
equivalente
equivaler
equivocación
equivocar
equívoco, -a
era
erario
erección
eréctil
erecto, -a
eregir [261]
erguir
erial
erigir
erizo
ermita
ermitaño, -a
erógeno, -a
erosión
erótico, -a
errabundo, -a
errar [262]
errata
errático
errátil
erróneo, -a
eructar
eructo
erudición

erudito, -a
erúdito, -a [263]
erupción
eruptar [264]
erupto [265]
esbeltez
esbelto, -a
esbirro
esbozar
esbozo
escabeche
escabroso, -a
escabullir
escalabrar
escalafón
escaléxtric
escalofrío
escalope
escampar
escandinavo, -a
escáner
escaquearse
escarabajo
escarbar
escarceo
escarnecer
escasez
escatológico, -a
escayola
escayolar
escenificación
escenografía
escepticismo
escéptico, -a

389

escisión
esclavitud
esclavizar
esclavo, -a
esclerosis
escoba
escobilla
escocer
escoger
escollera
escollo
escombrar
escombrera
escombro
escotilla
escribano, -a
escribir
escuadrilla
escualidez
escuálido, -a
escudilla
esfinge
esfínter
esguince
eslabón
eslabonar
eslalon
eslavo, -a
eslogan
esmoquin
esnob
esnobismo
esotérico, -a [266]
espabilar

espagueti
espalar
esparcir
especia
especie
especificativo, -a
especimen [267]
espécimen
espectacular
espectacularidad
espectáculo
espectador, -a
espectral
espectro
especulación
especulativo, -a
espejear
espejismo
espeléologo, -a
espeluznante
espermatozoo
espía [268]
espiar [269]
espinilla
espinillera
espiración
espirar [270]
espíritu
esplendidez
espléndido, -a
esplendor
espolón
espolvorear
espontaneidad

espontáneo, -a
esporádico, -a
espúreo, -a [271]
espurio, -a
espúrio, -a [272]
esqueje
esquí
esquilmar
esquimal
esquirol
esquivar
esquivez
esquivo, -a
esquizofrenia
estabilidad
estabilización
estabilizar
estable
establecer
establecimiento
establo
estabulación
estalactita
estalagmita
estallar
estallido
estambre
estampa
estampar
estampido
estándar
estandarizar
estandarte
estanque

estático, -a [273]
estentóreo, -a
estéreo
estereofónico, -a
estereotipo
estéril
esterilla
estético, -a
estiaje
estibador
estiércol
estigma
estigmatizar
estimable
estimativo, -a
estío
estipendio
estirar
estirpe [274]
estival
estoico, -a
estómago
estorbar
estorbo
estrabismo
estrambótico, -a
estraperlo
estratagema
estrategia
estratégico, -a
estratosfera
estratósfera [275]
estrechez
estrella

estrellar
estrés
estribar
estribillo
estribo
estribor
estricto, -a
estructura
estructurar
estruendo
estrujar
estupefacción
estupefaciente
estupefacto
estupidez
esvástica
etcétera
éter
etéreo, -a
ético, -a [276]
etílico, -a
etimología
etimológico, -a
etíope
etiqueta
etnia
étnico, -a
etnografía
etnología
eucalipto
euforia
eufórico, -a
eureka
euritmia

europeo, -a
eurritmia [277]
eusquera
o euskera
evacuación
evacuar [278]
evadir
evaluación
evaluar
evanescente
evangélico, -a
evangelio
evangelizar
evaporación
evaporar
evaporizar
evasión
evasivo, -a
evento
eventual
eventualidad
evidencia
evidenciar
evidente
evitable
evitación
evitar
evocación
evocar
evolución
evolucionar
evolutivo, -a
exabrupto, -a
exacción

391

exacerbación
exacerbar
exactitud
exacto
exageración
exagerar
exagüe [279]
exaltación
exaltar
examen
examinar
exangüe
exánime
exasperación
exasperar
excarcelación
excarcelar
excavación
excavar
excedencia
excedente
exceder
excelencia
excelente
excelso, -a
excentricidad
excéntrico, -a
excepción
excepcional
excepto
exceptuar
excesivo, -a
exceso
excipiente

excitante
excitar
exclamación
exclamar
excluir
exclusive
exclusivo, -a
excluyente
excomulgar
excomunión
excrecencia
excreción
excremento
excretar
exculpación
exculpar
excursión
excusa
excusado, -a
excusar
execrable
execrar
exegesis
  o exégesis
exegeta
  o exégeta
exención
exento, -a
exequias
exhalación
exhalar
exhaustivo, -a
exhausto, -a
exhibición

exhibir
exhortación
exhortar
exhorto
exhumación
exhumar
exigencia
exigente
exigir
exigüidad
exiguo, -a
exiliado, -a
  o exilado, -a
exiliar
exilio
eximente
eximio, -a
eximir
existencia
existir
éxito
éxodo
exógeno, -a
exonerar
exorbitante
exorcizar
exordio
exotérico, -a [280
exótico, -a
exotismo
expander [281]
expandir
expansión
expansionarse

expansivo, -a
expatriación
expatriarse
expectación
expectante
expectativa
expectorante
expectorar
expedición
expedicionario, -a
expedientar
expediente
expedir
expeditivo, -a
expedito, -a
expédito, -a [282]
expeler
expendeduría
expender
expensas (a)
experiencia
experimentación
experimental
experimentar
experimento
experto, -a
expiación
expiar [283]
expiración
expirar [284]
explanada
explanar
explayar
explicable

explicación
explicar
explicitar
explícito, -a
exploración
explorador, -a
explorar
exploratorio, -a
explosión
explosionar
explosivo, -a
explotación
explotar
expoliación
expoliar
expolio
exponente
exponer
exportación
exportar
exposición
expositivo, -a
expósito, -a
expositor, -a
exprés
expresar
expresión
expresividad
expresivo, -a
expreso, -a
exprimir
expropiación
expropiar
expulsar

expulsión
expurgar
exquisitez
exquisito
extasiarse
éxtasis
extático, -a [285]
extemporáneo, -a
extender
extensión
extensivo, -a
extenso, -a
extenuación
extenuar
exterior
exteriorizar
exterminación
exterminar
exterminio
externo, -a
extinción
extinguir
extintor, -a
extirpación
extirpar
extorsión
extorsionar
extra
extracción
extractar
extracto
extractor, -a
extradición
extraditar

393

extraer
extralimitarse
extramuros
extranjero
extranjis (de)
*extranquis
  (de) [286]
extrañar
extrañeza
extraño, -a
extraoficial
extraordinario, -a
extrapolar
extrarradio
extraterrestre
extravagancia
extravagante
extravertido, -a
extraviar
extravío
extremado, -a
extremar
extremaunción
extremeño, -a
extremidad
extremista
extremo, -a
extrínseco, -a
exuberancia
exuberante
exudación
exultante
exultar
exvoto

eyaculación
eyacular

F

fabada
fábrica
fabricación
fabricar
fabril
fábula
fabulación
fabular
fabulista
fabuloso, -a
facción
faccioso, -a
fácil
facsímil
  o facsímile
factible
fáctico, -a
factor
factoría
factótum
factura
facturación
facturar
facultad
facultativo, -a
fagot
falacia
falange
falaz
faldilla

falible
falla [287]
fallar
fallecer
fallecimiento
fallido, -a
fallo
familia
fanático, -a
faquir
farándula
farfullar
faringe
faringitis
farisaico, -a
*fariseico, -a [288]
farmacéutico, -a
farolillo
fascículo
fatídico, -a
fatuidad
fauces
favor
favorable
favorecer
favorito, -a
fax
faya [289]
faz
febrero
febril
fechoría
fehaciente
felicidad

394

emineidad
o feminidad
émur
énix
enómeno
eraz
éretro
eroz
érreo, -a
erruginoso, -a
ertilidad
érvido, -a
erviente
ervor
ervoroso, -a
estín
estival
estividad
estivo, -a
etidez
ez
abilidad
able
ambre
ambrera
bra
broso, -a
bula
cción
chaje
cticio, -a
dedigno, -a
ebre
gurativo, -a

fijación
filiación
filibustero
filología
filológico
filoxera
fingimiento
fingir
fisiología
fisioterapeuta
flacidez
  o flaccidez
flácido, -a
  o fláccido, -a
flagelación
flagelar
flagelo
flagrante
flamígero, -a
flebitis
fleje
flexibilidad
flexibilizar
flexible
flexión
flexionar
flexo
flojear
flojedad
flojera
florilegio
fluctuación
fluctuar
fluidez

fluido, -a
fluído, -a [290]
fluir
fluor [291]
flúor
fluorescencia
fluorescente
fluvial
fobia
folclor o folklore
follaje
folletín
folleto
follón
foráneo, -a
forcejear
forcejeo
fórceps
formica
fórmica [292]
formidable
fórmula
formulación
forraje
fortuito, -a
forúnculo
  o furúnculo
fosforescer
fósil
frac
fracción
fraccionamiento
fraccionar
fraccionario

fractura
fracturar
fragante
frágil
fragilidad
fragmentación
fragmentar
fragmentario, -a
fragmento
frambuesa
francmasón, -a
francotirador, -a
franquicia
fraternidad
fraticida [293]
fratricida
fraudulento, -a
fray
fregaplatos [294]
freír
fréjol o fríjol
   o frijol
frenesí
frenético, -a
fríamente
fricandó
fricción
friccionar
friegaplatos
frigidez
frígido, -a
frigorífico
fríjol o frijol
   o fréjol

frivolidad
frívolo, -a
frondosidad
fructífero, -a
fructificación
fructificar
frugalidad
fruición
frustración
frustrar
fucilar [295]
fucsia
fuel
fuelle
fueraborda
fugacidad
fugaz
fugitivo, -a
fulgente
fulgir
fullería
fullero, -a
funámbulo, -a
fundación
fundición
fungible
furgón
furibundo, -a
furtivo, -a
fuselaje
fusible
fusil
fusilar [296]
fustrar [297]

fútbol o futbol
futil [298]
fútil
futilidad
futurible
futurólogo, -a

G

gabán
gabardina
gabarra
gabela
gabina [299]
gabinete
gaceta
gacetilla
gaje
galáctico, -a
galápago
galardón
galaxia
galimatías
gallardía
gallardo, -a
gallego, -a
galleta
gallina
gallo [300]
galvanizar
gamba
gamberro, -a
ganchillo
ganglio
gangrena

gángster
ganzúa
garabatear
garabato
garage [301]
garaje
garbancero, -a
garbanzo
garbeo
garbo
garboso, -a
garfio
gaseoducto [302]
gasoducto
gasóleo
gavilán
gavilla
gavina [303]
gaviota
gayo, -a [304]
gazmoño, -a
gaznate
géiser
gel
gelatina
gélido, -a
gema
gemación
gemebundo, -a
gemelo, -a
gemido
geminado, -a
gemir

gen o gene
genciana
gendarme
genealogía
genealógico, -a
generable
generación
generador, -a
general
generalidad
generalizar
generar
generatriz
genérico, -a
género
generosidad
generoso, -a
genésico, -a
génesis
genético, -a
genial
genialidad
genio
genital
genitivo
gengibre [305]
genocidio
genotipo
gente
gentil
gentileza
gentilhombre
gentilicio, -a
gentío

genuflexión
genuino, -a
geológico, -a
geólogo, -a
geómetra
geométrico, -a
geranio
gerencia
gerente
geriatra
geriatría
gerifalte
germánico, -a
germen
germinar
gerundense
gerundio
gesta
gestación
gestante
gestar
gestatorio, -a
gesticulación
gesticular
gestión
gestionar
gesto
gestual
geta [306]
giba
giboso
gigante
gigantesco, -a
gimnasia

gimnasta
gimnástico, -a
gimotear
ginebra
gineceo
ginecólogo
gira [307]
girar
girasol
giratorio, -a
giro
gitanería
gitano, -a
glaciación
glaciar
gladíolo
  o gladiolo
glándula
global
globalización
globalizar
globo
globular
glóbulo
glotis
glúteo, -a
gneis [308]
gnómico, -a [309]
gnomo [310]
gobernable
gobernante
gobernar
gobierno
goce

golf
góndola
gorjear
gorjeo
goyesco, -a
gozne
grabación
grabado
grabar [311]
grácil
gradación
graduación
gragea [312]
grajear
grandilocuencia
grandilocuente
granjear
granjero, -a
gratitud
gratuidad
gratuito, -a
grava [313]
gravamen
gravar [314]
grave [315]
gravedad
grávido, -a
gravitar
gravoso, -a
graznido
grecorromano, -a
grey
grillarse
grillete

grillo
grisáceo, -a
grogui
grosella
grúa
grulla
grupúsculo
guacamayo
guaje
guaraní
guardabosque
guardaespaldas
guardagujas
guardapolvo
guardarropa
guardarropía
guardería
guarecer
guarismo
guarnecer
guarnición
guatemalteco, -a
guateque
guayabo
gubernamental
gubernativo, -a
guedeja
guepardo
guerra
guerrear
guerrilla
guerrillero, -a
gueto
guía

;uiar
;uijarro
;uillotina
;uillotinar
;uinda
;uindilla
;uiñapo
;uiñar
;uiño
;uiñol
;uión
;uionista
;uipuzcoano, -a
;uirigay
;uirnalda
;uisante
;uisar
;uiso
;uitarra
;uito [316]
;üito [317]

I

aba [318]
abada [319]
abanera
abano, -a [320]
aber [321]
ábil
abilidad
abilitado, -a
abilitar
abitabilidad
abitable

habitación
habitáculo
habitante
habitar [322]
hábitat
hábito
habitual
habituar
habla
habladuría
hablar
hacedero,
   -a [323]
hacedor, -a
hacendado, -a
hacendoso
hacer
hacha
hache
hachís
hachón
hacia
hacienda
hacinar
hada
hado
hagiografía
hagiógrafo, -a
¡hala! [324]
halagar [325]
halago
halagüeño, -a
halar [326]
halcón

haldea [327]
¡hale!
hálito
hallar
hallazgo
halo
halón [328]
haloque [329]
halterofilia
hamaca
hambre
hambriento, -a
hamburguesa
hamo [330]
hampa
hampón, -a [331]
hámster
hanega [332]
hangar
haragán
harapiento, -a
harapo
haraquiri
harén o harem
harina
harma [333]
harón, -a [334]
hartar
hartazgo
harto, -a [335]
hasta [336]
hastiado
hastiar
hastío

hatajo [337]
hatillo
hato [338]
hawaiano, -a
haya [339]
hayo [340]
hayuco
haz
hazaña
hazmerreír
hebdomadario, -a
hebilla
hebra
hebreo, -a
hecatombe
hechicería
hechicero, -a
hechizar
hechizo
hecho, -a [344]
hechura
hectárea
hectogramo
hectógramo [341]
hectolitro
hectólitro [342]
hectometro [343]
hectómetro
heder
hediondez
hediondo, -a
hedonismo
hedonista
hedor

hegemonía
hegemónico, -a
hégira
helada
helar
helecho
helénico, -a
helenizar
heleno, -a
hélice
helicóptero
heliotropo
helipuerto
helvético, -a
hematíe
hematólogo, -a
hematoma
hembra
hemeroteca
hemiciclo
hemiplejía
  o hemiplejia
hemipléjico, -a
hemisférico, -a
hemisferio
hemistiquio
hemoptisis
hemorragia
hemorroide
hemostático, -a
henchir
hender o hendir
hendidura
heno

hepático, -a
hepatitis
heptaedro
heptágono
heptasílabo, -a
heráldica
heraldo
herbaje
herbario
herbazal
herbívoro, -a
herbolario
herboristería
herborizar
hercio o hertz
hercúleo, -a
heredad
heredar
heredero, -a
hereditario, -a
hereje
herejía
herencia
herético, -a
herida
herir
hermafrodita
hermanar
hermandad
hermano, -a
hermeneuta
hermenéutica
hermético, -a
hermetismo

hermetizar
hermosear
hermoso, -a
hermosura
hernia
herniarse
héroe
heroicidad
heroico, -a
heroína
heroinómano, -a
herpe o herpes
herradura
herraje
herramienta
herrar [345]
herrería
herrero
herrumbar
herrumbre
herrumbroso, -a
hervir
hervor
heterodoxia
heterodoxo, -a
heterogéneo, -a
heterosexual
hético, -a [346]
hexaedro
hexágono
hexasílabo, -a
hez
hiato
hibernación

hibernar
híbrido, -a
hidalgo, -a
hidra
hidratación
hidratante
hidratar
hidrato
hidráulico, -a
hidroavión
hidrógeno
hidrografía
hidrolisis [347]
hidrólisis
hidrolizar
hidropesía
hidroplano
hidrosfera
hidroterapia
hidróxido
hiedra
hiel
hielo
hiena
hierático, -a
hierba
hierbabuena
hierro
hígado
higiene
higiénico, -a
higienizar
higo
higuera

hijastro, -a
hijo, -a
hijodalgo, -a
hilacha
hilandería
hilar
hilarante
hilaridad
hilatura
hilera
hilo
hilván
hilvanar
himen
himno
hincapié
hincar
hincha
hinchar
hinchazón
hindú
hinojo
hipar
hipérbaton
hipérbole
hiperbólico, -a
hipersensibilidad
hipersensible
hipertensión
hipertrofia
hípica
hípico, -a
hipido
hipnosis

hipnótico, -a
hipnotizar
hipo
hipocentro
hipocondria
[348]
hipocondría
hipocondríaco, -a
o hipocondria-
co, -a
hipocresía
hipócrita
hipodermis
hipódromo
hipogrifo
hipógrifo [349]
hipopótamo
hipoteca
hipótesis
hipotético, -a
hirsuto, -a
hisopo
hispánico, -a
hispanoameri-
cano, -a
histeria
histérico, -a
histerismo
histología
historia
historiable
historial
histórico, -a
historieta

histrión
histriónico, -a
hito
hocicar
hocico
hogaño
hogar
hogareño, -a
hogaza
hoguera
hoja
hojalata
hojalatero,-a
hojaldre
hojarasca
hojear [350]
hojoso, -a [351]
¡hola! [352]
holandés, -a
holgado, -a
holganza
holgar
holgazán, -a
holgazanear
holgura
hollar [353]
hollín
holocausto
holografía
hombre
hombrera
hombría [354]
hombro
homenaje

homenajear
homeópata
homérico, -a
homicida
homicidio
homilía
homófono, -a
homogeneidad
homogeneizar
homogéneo, -a
homologable
homologación
homologar
homólogo, -a
homónimo, -a
homosexual
homosexualidad
honda [355]
hondear [356]
hondo, -a
hondón
hondonada
hondura
hondureño, -a
honestidad
honesto, -a
hongo
honor
honorabilidad
honorable
honorario, -a
honorífico, -a
honra
honradez

onrado, -a
onrar
onroso, -a
ontanar
ora [357]
oradar
orario, -a
orca [358]
orcajadas (a)
orcajo
orchata
orda
orizontal
orizonte
orma
ormiga
ormigón
ormiguear
ormiguero
ormona
ornacina
ornada [359]
ornera
ornilla
ornillo
orno
oróscopo
orquilla
orrendo, -a
órreo
orrible
orripilante
orripilar
orrísono, -a

horro, -a
horror
horrorizar
horroroso, -a
hortaliza
hortelano, -a
hortensia
hortera
horticultura
hosco, -a [360]
hospedaje
hospedar
hospedería
hospedero, -a
hospicio
hospital
hospitalario, -a
hospitalizar
hosquedad
hostelería
hostelero, -a
hostería
hostia [361]
hostiario [362]
hostigamiento
hostigar
hostil
hostilidad
hostilizar
hotel
hoto [363]
hoy
hoya [364]
hoyo

hoyuelo
hoz
hozadura
hozar
hucha
huebos [365]
hueco, -a
huecograbado
huelga
huelguista
huelguístico, -a
huella
huérfano, -a
huero, -a
huerta
huerto
huesecillo
hueso
huésped, -a
hueste
huevero, -a
huevo
huida
huidizo, -a
huido, -a
huir
hule
hulla [366]
humanidad
humanización
humanizar
humano, -a
humareda
humear

403

humedad

humedecer

húmedo, -a

húmero

humildad

humilde

humillación

humillante

humillar

humo

humor

humorada

humorista

humorístico, -a

humus

hundimiento

hundir

húngaro, -a

huno [367]

huracán

huraño, -a

hurgar

hurgón, -a

hurí

hurón

huronear

¡hurra!

hurtadillas (a)

hurtar

húsar

husmear

husillo [368]

huso [369]

¡huy!

I

ibero, -a o íbero, -a

iberoamericano, -a

ibicenco, -a

ibis

iceberg

icono

iconografía

ictiología

ida

idealizar

idéntico, -a

ideología

ideológico, -a

ideólogo, -a

idiosincrasia

idoneidad

idóneo, -a

iglú

ígneo, -a

ignición

ignominia

ignominioso, -a

ignorar

ignoto, -a

ilación

ilegible

ilegítimo, -a

íleon

ilícito, -a

ilustración

imagen

imaginar

imaginativo, -a

imán

imbatible

imbatido, -a

imbécil

imbecilidad

imberbe

imbricación

imbricar

imbuir

imitación

impaciencia

impacientar

impaciente

impactar

impacto

impagable

impago

imparcialidad

imparisílabo, -a

impartición

impartir

impasible

impávido, -a

impecable

impedido, -a

impedimenta

impedimento

impedir

impeler

impenetrable

impenitente

impensable

imperante

imperar

mperativo, -a
mperceptible
mperecedero, -a
mperfección
mperfectivo, -a
mpericia
mpermeabiliza-
ción
mpermeabilizar
mpermeable
mpersonal
mpertérrito, -a
mpertinente
mperturbabilidad
mperturbable
mpetrar
mpetu
mpetuoso, -a
mpiedad
mpío, -a
mplacable
mplantar
mplicación
mplicar
mplícito, -a
mploración
mplorar
mpoluto, -a
mponderable
mponer
mponible
mpopularidad
mportar
mportunar

importuno, -a
imposibilidad
imposible
impositivo, -a
impostergable
impostor, -a
impostura
impracticable
imprecación
imprecar
impredecible
impregnación
impregnar
imprescindible
impresentable
impresionable
imprevisible
imprevisto, -a
imprimir
improbabilidad
improbable
ímprobo, -a
improcedente
improductivo, -a
impromptu
impronta
impronunciable
improperio
impropio, -a
improvisación
improviso (de)
impúber
impudicia
impudor

impugnable
impugnación
impugnar
impulsivo, -a
impune
imputable
imputación
imputar
inabarcable
inabordable
inaccesibilidad
inaccesible
inacción
inactividad
inactivo, -a
inadmisible
inadvertencia
inadvertido, -a
inagurar [370]
inalienable
inalterable
inamovible
inane
inanición
inaplazable
inapreciable
inaprensible
inaprensivo, -a
inasequible
inaudible
inaudito, -a
inauguración
inaugurar
inca [371]

405

incaico, -a
incásico, -a [372]
incandescente
incapaz
incautación
incautarse
incentivar
incentivo
incertidumbre
incidencia
incipiente [373]
incisivo, -a
incivil
inclinación
incluir
inclusive
incoación
incoar
incoercible
incógnito, -a
incognoscible
incoherencia
incoherente
incólume
incombustible
incomparable
incomparecencia
incompatibilidad
incompatible
inconcebible
inconciliable
inconexo, -a
incongruente
inconmesurable

inconmovible
inconsciencia
inconsciente
inconstante
incontrovertible
incorrección
incorregible
incorruptible
incorrupto, -a
incruento, -a
incubación
incubadora
incubar
incumbencia
incumbir
indebido, -a
indecible
indefectible
indefinible
indeleble
indemne
indemnizar
inderogable
indescriptible
indestructible
índice
indicio
indición [374]
indígena
indigencia
indigente
indigestarse
indigestión
indigesto, -a

indignar
indigno, -a
indiscreción
indiscutible
indisoluble
indispensable
individual
individuo, -a
indivisible
indocto, -a
índole
indómito, -a
inducción
inductivo, -a
inductor, -a
indudable
indulgencia
indulgente
inédito, -a
inefable
inefectivo, -a
ineficaz
ineluctable
ineludible
inenarrable
inepcia
ineptitud
inepto, -a
inequívoco, -a
inercia
inerme
inerte
inescrutable
inestabilidad

406

inestable
inestimable
inevitable
inexactitud
inexacto, -a
inexcusable
inexistencia
inexistente
inexorable
inexperto, -a
inexplicable
inexpugnable
inextinguible
inextirpable
inextricable
infalible
infatigable
infección
infeccioso, -a
infectar
inficionar
ínfimo, -a
infinitivo
inflación
inflamable
inflamación
inflexible
inflexión
infligir
influyente
infracción
infractor, -a
infranqueable
infrarrojo, -a

infravalorar
infringir
infructuoso, -a
ínfula
ingeniar
ingeniería
ingeniero, -a
ingenio
ingente
ingenuidad
ingenuo, -a
ingerir [375]
ingrávido, -a
inhabilitación
inhabilitar
inhalación
inhalar
inherencia
inherente
inhibición
inhibir
inhospitalario, -a
inhóspito, -a
inhumación
inhumano, -a
inhumar
iniciativa
inicuo, -a
ininteligible
iniquidad
injerencia
injerir [376]
injertar
injerto

inmaculado, -a
inmanente
inmarcesible
inmemorial
inmensurable
inmersión
inmerso, -a
inmigración
inminente
inmiscuir
inmobiliario, -a
inmolación
inmolar
inmortalizar
inmóvil
inmovilidad
inmueble
inmune
inmunidad
inmunizar
inmunodeficiencia
inmutable
innato, -a
innegable
innovación
innovar
innumerable
inobservancia
inocuidad
inocuo, -a
inofensivo, -a
inolvidable
inquirir
inquisitivo, -a

insaciabilidad
insaciable
insalubre
insalubridad
insatisfacción
inscribir
inscripción
insectívoro, -a
insecto
insensatez
insensibilizar
insensible
inservible
insigne
insignia
insignificancia
insípido, -a
insipiente [377]
insobornable
insociable
insólito, -a
insoluble
insolvencia
insolvente
insomne
insondable
insonorización
insoslayable
inspección
inspeccionar
inspector, -a
inspiración
inspirar
instalación

instancia
instantáneo, -a
instaurar
instigación
instigar
instintivo, -a
institución
instituir
instituto
institutriz
instrucción
instructivo, -a
instructor, -a
instruido, -a
instruir
instrumentación
instrumentaliza-
 ción
instrumentalizar
insubordinación
insustancial
insufrible
insurgente
insurrección
insurrecto, -a
insustituible
intachable
intacto, -a
intangible
intelección
intelecto
inteligible
intemperante
intemperie

intempestivo, -a
intención [378]
intensión [379]
intensivo, -a
interacción
intercambiar
intercambio
interceptar
intercesión
interdicción
interdicto
interfecto, -a
*interín [380]
ínterin
interinidad
interjección
internacionaliza-
 ción
interpelación
intérprete
interregno
interrelación
interrupción
interruptor, -a
intersección
intersticio
intervalo
*intérvalo [381]
intervención
intervenir
interventor, -a
interviú
intimidación
intoxicación

intoxicar
intramuros
intransferible
intransigencia
intransigente
ntransitable
ntravenoso, -a
ntrepidez
ntrépido, -a
ntríngulis
ntrínseco, -a
introducción
ntroductor, -a
ntrospección
ntrospectivo, -a
ntroversión
introvertido, -a
ntuición
ntuitivo, -a
nvadir
nvalidar
nvalidez
nválido, -a
nvariable
nvasión
nvectiva
nvencible
nvención
nventar
nventariar
nventario
nventiva
nvento
nvernadero

invernación [382]
invernal
invernar
inverosímil
inverosimilitud
inversión
inverso, -a
inversor, -a
invertebrado, -a
invertido, -a
invertir
investigación
investidura
investigar
investir
inveterado, -a
inviabilidad
inviable
invicto, -a
invidente
invierno
inviolabilidad
inviolable
invisible
invitación
invitar
invocación
invocar
involución
involucionar
involucrar
involuntariedad
involuntario, -a
involutivo, -a

invulnerabilidad
invulnerable
inyección
inyectable
inyectar
inyector
ionizar
ionosfera
ira
iraní
iraquí
irascible
iridiscente
irisación
irrealizable
irrebatible
irreconciliable
irrecuperable
irrecusable
irreductible
irreemplazable
irreflexión
irreflexivo, -a
irrefutable
irrelevancia
irrelevante
irremediable
irremisible
irrenunciable
irreparable
irreprochable
irresoluble
irresolución
irresoluto, -a

409

irrespirable
irresponsable
irreverencia
irreverente
irreversible
irrevocable
irrigación
irrigar
irrompible
irrumpir
irrupción
isóbara o isobara
isobárico, -a
israelí
israelita
istituto [383]
istmo
iterativo, -a
izar
izquierdo, -a

J

jabalí
jabalina
jabato, -a
jabón
jabonar
jabonera
jacarandoso, -a
jacobeo, -a
jactancia
jactancioso, -a
jactarse
jadear

jadeo
jaez
jaguar
jalear
jalón
jamás
japonés, -a
jaque
jaqueca
jarabe
jauría
jazmín
jefe
jenciana [384]
jengibre
jeque
jerarca
jerarquía
jerárquico, -a
jerarquizar
jerez
jerga
jergón
jerigonza
jeringar
jeringuilla
jeroglífico
jersey
jesuita
jesuíta [385]
jesuítico, -a
jeta [386]
jícara
jifa

jilguero
jineta
jinete
jira [387]
jirafa
jirón
jocoso, -a
jolgorio
joroba
jorobar
joven
jovialidad
jovial
joya
joyería
joyero, -a
jubilación
jubilar
jubileo
júbilo
jubiloso, -a
jubón
judaico, -a
judicatura
judía
judío, -a
jueves
juez
jugar
juglar
juguete
juguetear
juicio
júnior

urisconsulto, -a
urisdicción
urisprudencia
ustiprecio
uvenil
uventud
uzgado
uzgar

K

káiser
kantiano, -a
kantismo
kárate
kéfir
keniano, -a
kilo
kilocaloría
kilociclo
kilogramo
kilolitro
kilólitro [388]
kilometraje
kilométrico, -a
kilómetro
kilovatio
kirie
kiwi
klistrón
koala
krausismo
krausista
kurdo, -a
kuwaití

L

laberíntico, -a
laberinto
labial
labio
labor
laborable
laboral
laborar
laboratorio
laborear
laboriosidad
laborioso, -a
laborismo
laborista
labrador, -a
labranza
labrar
labriego, -a
lacayo
lacerar
lacio, -a
lacónico, -a
lacrimógeno, -a
lactancia
lactante
lácteo, -a
lágrima
laísmo
lamentable
lampiño, -a
lampista
lance
languidecer

languidez
lánguido, -a
lanzacohetes
lanzagranadas
lanzallamas
lanzatorpedos
lapislázuli
lápiz
lapso
lapsus
largometraje
laringe
laringitis
larva
larvado, -a
lascivia
lascivo, -a
láser
lasitud [389]
laso, -a [390]
latinoamericano, -a
latitud
laúd
laudable
lavable
lavabo
lavadero
lavanda
lavandera
lavaplatos
lavar
lavativa
lavavajillas
laxante

411

laxitud [391]
laxo, -a [392]
laya
lazarillo
lazo [393]
lebrel
lección
lectivo, -a
legación
legajo
legendario, -a
legible
legión
legionario, -a
legislación
legislativo, -a
legitimación
legitimar
legitimidad
legítimo, -a
leísmo
lejía
lencería
lenguaje
lenguaraz
lengüeta
lenitivo, -a
lesbiano, -a
lesivo, -a
letanía
letárgico, -a
leva
levadizo, -a
levadura

levantamiento
levantar
levante
levantisco, -a
levar
leve
levedad
levita
levitar
levítico, -a
lexicalización
lexicalizar
léxico
lexicografía
lexicógrafo, -a
ley
leyenda
lezna
liar
libanés, -a
libar
libelo
libélula
liberación
liberal
liberalidad
liberalizar
liberar
libertad
libertar
libertario, -a
libertinaje
libertino, -a
libio, -a

libidinoso, -a
libido
'líbido [394]
libra
librar
libre
librecambio
librecambista
librepensador, -a
librepensamien-
to
librería
libreta
libreto
libro
licencia
licenciar
licencioso, -a
licitación
lícito, -a
licuación
licuar [395]
lid
líder
liderazgo
liebre
lienzo
ligero, -a
limbo
límite
limítrofe
limpiabotas
limpiaparabri-
sas

limpiar
limpiaúñas
limpidez
límpido, -a
impieza
impio, -a
ínea
ingüista
ingüístico, -a
línia [396]
inimento
inóleo
ío
ipotimia
iquen
iquidez
írico, -a
isiado, -a
isiar
iso, -a [397]
isonjear
itigar
itigio
itografía
itosfera
litósfera [398]
iturgia
itúrgico, -a
iviandad
iviano, -a
ividecer
ividez
ívido, -a
iza [399]

llaga
llagar
llama
llamar
llamativo, -a
llamear
llanear
llaneza
llano, -a
llanta
llanto
llar
llave
llavero
llegada
llegar
llenar
lleno, -a
llevar
llorar
lloriquear
lloriqueo
lloro
llover
llovizna
lloviznar
lluvia
lluvioso, -a
loa
loar
lobo, -a
lóbrego, -a
lobreguez
lóbulo

localización
locomoción
locuacidad
locuaz
locución
lógico, -a
lombriz
longevidad
longevo, -a
loor
loriga
losa [400]
loza [401]
lubricación
lubricante
lubricar
lubricidad
lúbrico, -a
lubrificante
lubrificar
lucero
lucidez
lucido, -a
lúcido, -a
luciferino, -a
lucimiento
lucir
lucrativo, -a
luctuoso, -a
lúdico, -a
lugarteniente
lúgubre
lujuria
lumbago

413

lumbar
lumbre
lumbrera
luminiscencia
lunación
luxación
luxemburgués, -a
luz

M

macabro, -a
machamartillo (a)
machihembrar
macerar
maceta
macilento, -a
macizo, -a
macramé
macrobiótica
macrocosmo
 o macrocosmos
mácula
madastra [402]
maderamen
madrastra
madreselva
madriguera
madurez
magdalena
magia
magiar
mágico, -a
magisterio
magistrado

magistral
magistratura
magma
magnánimo, -a
magnate
magnético, -a
magnetizar
magnetofono
 [403]
magnetófono
 o magnetofón
magnicidio
magnificar
magníficat
magnificencia
magnificente
magnífico, -a
magnitud
magno, -a
magrebí
magullar
mahometano, -a
maíz
majestad
majestuosidad
majestuoso, -a
malacitano, -a
malasangre
malasombra
malaúva
malavenido,-a
malaventura
malbaratar
malcarado, -a

malconsiderado, -a
malcriado, -a
maldiciente
maldición
maleabilidad
maleable
maledicencia
maleducado, -a
maleficio
malentendido
malévolo, -a
malhablado, -a
malhadado, -a
malhechor, -a
malherir
malhumor
malhumorado, -a
malhumorar
malicioso, -a
malignidad
maligno, -a
malla [404]
mallo [405]
malmeter
malnacido, -a
malparado, -a
malpensado, -a
malsonante
malva
malvado, -a
malvender
malversar
malvis
malvivir

414

mama o mamá
mamotetro [406]
mamotreto
mampara
mámpara [407]
mamut
maná
mancebo
mancilla
mancillar
mandíbula
maní
maníaco, -a
  o maniaco, -a
maniobra
maniobrar
maniquí
manirroto, -a
manivela
manojear
mansalva (a)
mansedumbre
manufactura
manufacturación
manufacturar
manumisión
manuscribir
manutención
maorí
mapamundi
maquiavélico, -a
maquillaje
maquis
marabú

marabunta
maratón
maravedí
maravilla
maravillar
maravilloso, -a
marbete
marcapaso
  o marcapasos
maremagno
  o mare mágnum
margen
marihuana
mármol
marmóreo, -a
marqués
marroquí
marrullería
martillo
mártir
masa [408]
masaje
mascarilla
mascullar
masivo, -a
masonería [409]
mástil
masturbación
masturbarse
matarratas
matasellos
matiz
matraz
matriz

maullar
maullido
máuser
mausoleo
maxilar
máxima
maximalista
máxime
maximizar
máximo, -a
maya [410]
mayar
mayestático, -a
mayo [411]
mayonesa
mayor
mayordomo, -a
mayoría
mayoritario, -a
mayúsculo, -a
maza [412]
mazonería [413]
meandro
mecanografiar
mecenas
mecer
medalla
medallón
medecina [414]
medianoche
mediatriz
medicación
medicina
médico, -a

415

medievo
medieval
mediodía
mediopensionista
meditabundo, -a
mediterráneo, -a
médium
medula o médula
mefítico, -a
megalomanía
megalómano, -a
mejicano, -a
mejilla
mejillón
mejunje
melancolía
melancólico, -a
melifluo, -a
mella [415]
mellizo, -a
melomanía
melómano, -a
membrana
membrete
membrillo
membrudo, -a
memez
memorable
memorándum
  o memorando
memorizar
menaje
mención
mendacidad

mendaz
mendicidad
mendigo, -a
*méndigo, -a [416]
menester
menesteroso, -a
mengua
menguar
menhir
meninge
meningitis
menoscabo
menospreciar
mensaje
mensajero, -a
menstruación
mensurable
mentís
menú
meollo
mercadería
mercadotecnia
mercancía
merced
mercería
meretriz
mesías
mester
mestizaje
metalurgia
metalúrgico, -a
metamórfico, -a
metamorfosear
metamorfosis

*metamórfosis
  [417]
metátesis
metempsicosis
  o metempsícosi
meteoro o metéor
meteorología
meteorológico, -
meteorólogo, -a
*metereología
  [418]
*metereológico,
  -a [419]
*metereólogo,
  -a [420]
metodología
metomentodo
metralla
metrópoli
meya [421]
mezcolanza
  o mescolanza
mezquindad
mezquino, -a
mezquita
miasma
micción
micología
microbio
miembro
migración
mildíu
*mildiú [422]
milésimo, -a

niligramo
milígramo [423]
nililitro
milílitro [424]
milimetro [425]
nilímetro
nilla
nillón
nilpies
nimbre
nimesis o mímesis
nímica
nineralogía
nineralógico, -a
ningitorio, -a
nínimo, -a
ninusvalía
ninusvalidez
ninusválido, -a
ninusvalorar
niope
niopía
miriada [426]
niríada
niriagramo
miriágramo [427]
nirialitro
miriálitro [428]
nisántropo, -a
niscelánea
niserable
nísero, -a
nisil o mísil
nisiva

misoginia
misógino, -a
mistificación
  o mixtificación
mistificar
  o mixtificar
mitad
mitin
mitín [429]
mitología
mitológico, -a
mixto, -a
mixtura
mnemónico,
  -a [430]
mnemotecnia
  [431]
mnemotécnico,
  -a [432]
moaré
mobiliario, -a
moción
módico, -a
mogollón
mohecer
mohoso
moje
mojigatería
mojigato, -a
mojón
molicie
molleja
mollera
momentáneo, -a

mómina [433]
monegasco, -a
mongólico, -a
monje
monjil
monocorde
monocromático, -a
monocromo, -a
*monócromo,
  -a* [434]
monóculo
monocultivo
monodia
monógamo, -a
monografía
monográfico, -a
monolingüe
monorrítmico, -a
monstruosidad
monstruoso, -a
montacargas
montaje
montaraz
montepío
morbidez
mórbido, -a
morbilidad
morbo
morbosidad
morboso, -a
morcilla
mordacidad
mordaz
mordisquear

417

moribundo, -a
morigeración
morigerado, -a
morosidad
mortandad
mortecino, -a
mortífero, -a
mortificación
moscovita
mosquear
motejar
motín
motivación
motivar
motivo
motorizar
motriz
movedizo, -a
mover
movible
móvil
movilización
movilizar
movimiento
moviola
mozalbete
mozambiqueño, -a
mozárabe
muaré
muchedumbre
mudable
mudez
mueble
muecín

muelle
mugido
mugir
mujer
muletilla
mullido, -a
mullir
múltiple
multiplicidad
múltiplo
munificencia
munificente
muralla
murmullo
musulmán, -a
mutabilidad
mutable
mutación
mutualidad
mutuo, -a
muy

N

nabab
nabal [435]
nabo
nácar
nacer
nacimiento
nación
nacionalidad
nacionalización
nadería
nadir

°*nádir* [436]
nafta
naftalina
nailon
°*nailón* [437]
naipe
narcótico, -a
narración
natalidad
natillas
natividad
nativo, -a
naufragio
náufrago, -a
náusea
nauseabundo, -a
náutico, -a
navaja
navajero, -a
naval [438]
navarro, -a
nave
navegable
navegación
navegante
navegar
naveta
navidad
navideño, -a
naviero, -a
navío
náyade
nazi
nazismo

aztalina [439]
eblí o nebí
eblina
ebulizar
ebulosa
ebulosidad
ebuloso, -a
ecedad
eceser
ecesidad
ecio, -a
ecrofagia
ecrófago, -a
ecrología
ecrológico, -a
ecrópolis
éctar
eerlandés, -a
efrítico, -a
efrología
egación
egativo, -a
egligencia
egligente
egociable
egocio
egrillo
egritud
eis [440]
ómico, -a [441]
omo [442]
emónico, -a
[443]
emotecnia [444]

nemotécnico,
 -a [445]
nenúfar
neófito
neologismo
neoyorquino, -a
neozelandés, -a
nervadura
nervio
nervioso, -a
neumático, -a
neumología
neumonia
 [446]
neumonía
neumotórax
neuralgia
neurálgico, -a
neurología
neurólogo, -a
neurótico, -a
neutro, -a
nevada
nevar
nevera
nevero
nevisca
nexo
nicaragüense
nictálope
niebla
nieblina [447]
nieve
nigeriano, -a

nigromancia
 o nigromancía
nihilismo
nihilista
nilon [448]
nilón
nimbar
nimbo
nimiedad
nimio, -a
ningún
niñez
nipón, -a
níquel
nirvana
níspero
nitidez
nítido, -a
nitrógeno
nivel
nivelación
nivelar
nobiliario
noble
nobleza
nochebuena
nocherniego, -a
nochevieja
noción
noctámbulo, -a
noctívago, -a
nocturnidad
nocturno, -a
nombradía

419

nombrar
nombre
nomenclátor
nomeolvides
nómina
nominación
nominativo, -a
nonagenario, -a
nonagésimo, -a
noningentésimo, -a
nordeste o noreste
nórdico, -a
noroeste
norteamericano, -a
nostalgia
nostálgico, -a
notabilidad
notable
noticiario
notificación
novatada
novato, -a
novecientos, -as
novedad
novedoso, -a
novel [449]
novela
novelar
novelería
novelesco, -a
novelística
novelizar
novena
noveno, -a

noventa
noviazgo
novicio, -a
noviembre
novillada
novillero, -a
novillo, -a
novio, -a
nubarrón
nube
nubil
nublado, -a
nublar
nubosidad
nuboso, -a
núcleo
nudillo
nueve
nuevecientos, -as [450]
nuevo, -a
nuez
nulidad
numático, -a [451]
numerable
numeración
numismática
nupcial
nupcialidad
nupcias
nutria
nutricio, -a
nutrición
nutritivo, -a

Ñ

ñandú
ñomo [452]
ñoñería
ñoñez
ñoño, -a
ñu

O

o [453]
oasis
obcecación
obcecarse
obedecer
obediencia
obediente
obelisco
obertura
obesidad
obeso, -a
óbice
obispado
obispo
óbito
objeción
objetable
objetivar
objetivo, -a
objeto
objetor, -a
oblación
oblea
oblicuo, -a
obligación

obligatoriedad
obligatorio, -a
obliteración
obliterar
oblongo, -a
obnubilación
obnubilar
oboe
óboe [454]
óbolo [455]
obra
obrar
obrero, -a
obscenidad
obsceno, -a
obsecuente
obsequiar
obsequio
obsequioso, -a
observación
observador, -a
observancia
observar
observatorio
obsesión
obsesionar
obsesivo, -a
obseso, -a
obsolescencia
obsoleto, -a
obstaculizar
obstáculo
obstante
obstar

obstetricia
obstinación
obstinado, -a
obstinarse
obstrucción
obstruir
obtención
obtener
obturación
obturador, -a
obturar
obtusángulo
obtuso, -a
obus
obviar
obviedad
obvio, -a
ocaso
occidente
occipital
occipucio
océano
oceanógrafo, -a
ochocientos, -as
ociosidad
ocluir
oclusión
oclusivo, -a
octágono
  u octógono
octavilla
octavo, -a
octogenario, -a
octogésimo, -a

octubre
óctuple u óctuplo
ocupación
odontología
odontólogo, -a
ofensivo, -a
oficio
oftalmología
oftalmólogo, -a
ofuscación
¡oh! [456]
ohm
ohmio
oído
oír
ojal
ojalá
ojeada
ojeador
ojear [457]
ojeo
ojera
ojeriza
ojeto [458]
ojiva
ojival
ojo
ojoso, -a [459]
okapi
ola [460]
oleada
oleaginoso, -a
oleaje
óleo

421

oleoducto
olfativo, -a
oligarquía
olimpiada
  u olimpíada
olímpico, -a
oliva
oliváceo, -a
olivar
olivo
olla [461]
ollar [462]
olmo
olvidar
olvido
ombligo
ombrío, -a [463]
omisión
ómnibus
omnímodo, -a
omnipotencia
omnipotente
omnipresente
omniscencia
omnisciente
omnívoro, a
omóplato
  u omoplato
once
onceavo, -a
oncología
onda [464]
ondear [465]
ondulación

ondular
oneroso, -a
ónice u ónix
onomástico, -a
onomatopeya
ontología
oosfera
opalescencia
ópalo
opción
opcional
ópera
operación
operativo, -a
opimo, -a
opíparo, -a
opresión
opresivo, -a
oprobio
optar
optativo, -a
óptico, -a
optimación
optimar u
  optimizar
optimismo
óptimo, -a
opugnar
opulencia
opúsculo
oquedad
ora [466]
oración
oráculo

oral
orangután
orar
orbe
órbita
orca [467]
ordeñar
ordinariez
orear
orégano
oreja
orejera
orfandad
orfebre
orfebrería
orfeón
organdí
organización
orgía
orgiástico, -a
orgullo
orientación
orífice
orificio
origen
original
originario, -a
orilla
orillar
oriundo, -a
orla
ornado, -a [468]
ornamentación
ornitología

ornitólogo, -a
oro
orogenia
orogénico, -a
orografía
orondo, -a
oropel
orquesta
ortiga
ortodoncia
ortodoxia
ortodoxo
ortografía
ortográfico, -a
ortopedia
oruga
orujo
orvallar
orvallo
osadía
osamenta
osar
osario
oscilación
oscilar
osco, -a [469]
ósculo
oscurecer
oscurecimiento
oseo, -a
osificación
ósmosis u osmosis
oso, -a
ostentación

ostentar
osteología
osteopatía
ostia [470]
ostiario [471]
ostra
ostracismo
otalgia
otear
otero
otitis
oto [472]
otología
otomano, -a
otoño
otorgar
otorrinolaringo-
    logía
otorrinolaringó-
    logo, -a
otrora
otrosí
ova
ovación
ovacionar
oval
ovalado, -a
ovario
oveja
ovillar
ovillo
ovino, -a
ovíparo, -a
ovni

ovoide
óvolo [473]
ovulación
ovular
óvulo
oxidable
oxidación
oxidante
oxidar
óxido
oxigenación
oxigenar
oxígeno
oxítono, -a
oyente
ozonizar
ozono

P

pabellón
pabilo o pábilo
pábulo
paceño
pacer
pachá
paciencia
paciente
pacífico, -a
pacotilla
pactar
pacto
padrastro
padrenuestro
padrinazgo

423

paella
pagaré
página
paginación
paginar
paipay
pairo
país
paisaje
paisajístico, -a
pájaro
paje
palacio
paletilla
paliativo, -a
palidez
pálido, -a
palillero
palillo
palimpsesto
palinodia
palmarés
palmípedo, -a
palpación
pálpito
pampa
pámpano
pamplina
panacea
páncreas
pandemónium
pandilla
panegírico, -a
pánfilo, -a

pánico
panoplia
pantagruélico
pantalla
panteón
pantorrilla
pañolería
pañoleta
papa
papá
papagayo
papilla
papiro
pápiro [474]
papiroflexia
papú o papúa
paquistaní
parabién
parábola
parabólico, -a
parabrisas
paracaídas
parachoques
paradigma
paradigmático, -a
paradisíaco, -a
 o paradisiaco, -a
paradójico, -a
parafernalia
paráfrasis
parágrafo
paraguas
paraguayo, -a
paragüero

paraíso
paralelogramo
paralelógramo
 [475]
paralís [476]
paralisis [477]
parálisis
paralítico, -a
paralización
paralizar
parámetro
páramo
parangón
paranoia
paraplejía
 o paraplejia
parapsicología
parapsicológico, -
pararrayos
parásito, -a
parasol
parchís
pardillo, -a
pardusco, -a
parduzco, -a [478]
pared
paréntesis
paridad
parodia
parónimo, -a
paronomasia
paroxismo
paroxítono, -a
párpado

arqué
arquedad
arrilla
árroco
arroquia
arterre
artición
artícipe
artícula
artitivo, -a
arvedad
arvo, -a
arvulario
arvulista
árvulo, -a
asable
asacalle
asaje
asajero, -a
asamano
o pasamanos
asamontañas
asapurés
aseíllo
asillo
asividad
asivo, -a
asodoble
aspartú
asquín
asteurización
astilla
até
atético, -a

patibulario, -a
patilla
patín
patina [479]
pátina
patógeno, -a
patología
patológico, -a
patrulla
pavana
pavimentar
pavimento
pavo, -a
pavonear
pavor
pavoroso, -a
payasada
payaso, -a
payo, -a
paz
pazguato, -a
¡pche! o ¡pchs!
peaje
pececillo
pecera
pecíolo o peciolo
pedagogía
pedestre
pediatra
pediatría
pedigüeño, -a
pedrestre [480]
pelaje
pelambre

pelambrera
pelícano
 o pelicano
pelirrojo, -a
pellejo, -a
pelliza
pellizcar
pellizco
pelvis
penalización
péndulo
penetración
penicilina
península
penitencia
pensil o pénsil
pentagrama
 o pentágrama
penumbra
penumbroso, -a
peón
peonaje
peonza
percance
percebe
percepción
perceptible
perceptivo, -a
perceptor, -a
percibir
percusión
perdición
pérdida
perdigón

425

perdiz
perdurabilidad
perdurable
perduración
perejil
perenne
perfección
perfeccionar
perfeccionista
perfectibilidad
perfectible
perfectivo, -a
perfecto, -a
perfidia
pérfido, -a
perforación
pergeñar
pergeño
pericia
periférico, -a
perífrasis
perihelio
perilla
perímetro
periodicidad
período o periodo
peripecia
peritaje
perito, -a
périto, -a [481]
perjudicial
perjuicio
permanencia
permeabilidad

permeable
permisividad
permisivo, -a
permutación
permutable
pernocta
pernoctar
peroné
peroración
perorar
perorata
perpetuación
perpetuo, -a
perplejidad
persecución
persignar
personaje
personificación
perspectiva
perspicacia
perspicaz
persuasión
persuasivo, -a
pertenencia
pértiga
pertinacia
pertinaz
perturbación
perturbado, -a
perturbar
perversidad
perversión
perverso, -a
pervertir

pervivencia
pervivir
pesadez
pesadilla
pesadumbre
pesaje
pésame
pescadilla
pesebre
pesebrera
pesquis
pesquisa
pestilencia
pestillo
pétalo
petición
peticionario, -a
pétreo, -a
petrodólar
petrología
petroquímico, -a
peyorativo, -a
pez
pibe
picapedrero
picapleitos
picazón
pictografía
pictórico, -a
pie
piedad
pífano
pigmentación
pigmentar

pigmeo, -a
pignoración
pignorar
pillaje
pillar
pillo, -a
pilotaje
pimpante
pimpollo, -a
pimpón
o ping-pong
pinchadiscos
pingue [482]
pingüe [483]
pingüino
pintarrajear
pío, -a
pipermín
piqueta
piquete
piragua
piragüismo
piragüista
pirexia
pirotecnia
pirotécnico, -a
pírrico, -a
pirueta
pisapapeles
piscifactoría
piscolabis
pitecantropo [484]
pitecántropo
pitiminí

pivotar
pivote
pizca
placaje
pláceme
placentero, -a
placidez
plácido, -a
plafón
plagiar
plagio
plancton
planicie
plantilla
plasticidad
plática
platillo
plató
plausible
playa
playero, -a
plebe
plebeyo, -a
plebiscitar
plebiscito
plectro
pleitesía
plenitud
plétora
pletórico, -a
pleuresía
plexiglás
plexo
pléyade

pliegue
plumaje
plúmbeo, -a
plumilla
plurilingüe
plurivalencia
plurivalente
plusmarca
plusmarquista
plutocracia
pluvial
pluviómetro
pluviosidad
pluvioso, -a
población
poblador, -a
poblamiento
poblar
*poblema [485]
pobre
pobreza
pocillo
pócima
poción
podio
podología
podólogo, -a
podredumbre
*pograma [486]
policíaco, -a
o policiaco, -a
policromo, -a
o polícromo, -a
poliéster

427

polifacético, -a
polígamo, -a
polígloto, -a
  o poligloto, -a
polígono
polígrafo, -a
polinización
poliomelitis
polisíndeton
politburó
politécnico, -a
politeísmo
politeísta
politiquear
politización
polivalente
pollería
pollo, -a [487]
pollino, -a
polluelo, -a
polución
polvareda
polvo
pólvora
polvoriento, -a
polvorín
pompa
pomposidad
pomposo, -a
pómulo
ponderación
pontevedrés, -a
popurrí
poquedad

póquer
porcentaje
porcentual
porción
porfía
porfiar
portaaviones
portaequipajes
portafolios
portahelicópteros
portalámparas
portarretratos
portátil
portavoz
portazgo
portillo
portorriqueño, -a
portugués, -a
porvenir
posavasos
posbélico, -a
posdata o postdata
posesivo, -a
posguerra
  o postguerra
posibilidad
posibilitar
posible
positivo, -a
poso [488]
posología
postergación
postergar
posteridad

postigo
postoperatorio, -a
postración
postrimería
póstumo, -a
postventa
potabilidad
potable
potaje
potenciación
potenciar
potestad
potestativo, -a
potingue
poyo [489]
pozo [490]
práctica
practicable
práctico, -a
pragmático, -a
pragmatismo
praxis
preámbulo
prebenda
prebendado
preboste
precariedad
precario, -a
precaución
precaver
precavido, -a
preceptivo, -a
precepto
preceptor, -a

receptuar
recipicio
recocidad
recoz
redecesor, -a
redecible
redicación
redicción
redilección
redilecto, -a
reeminencia
reeminente
reescolar
reestablecer
reexistencia
refabricar
refecto
refectura
rehistoria
rehistórico, -a
rejuicio
relación
remonición
rensil
orénsil [491]
reparativo
reponderancia
reposición
rerrogativa
rerromántico, -a
resagiar
resagio
resbiteriano, -a
resbiterio

presbítero
prescindir
prescribir
prescripción
prescriptible
preservación
preservar
preservativo, -a
prespectiva [492]
prespicaz [493]
prestación
prestidigitador, -a
prestigiar
prestigio
presunción
preterición
pretérito, -a
pretextar
pretexto
pretil
prevalecer
prevaler
prevaricación
prevaricar
prevención
preveer [494]
prevenido, -a
prevenir
preventivo, -a
prever
previo, -a
previsible
previsión
previsor, -a

previsto, -a
prez
primacía
primavera
primicia
primigenio, -a
primitivismo
primitivo, -a
pirmogénito, -a
príncipe
principesco, -a
principio
pringue
prior, -a
prioridad
pristino, -a [495]
prístino, -a
privación
privanza
privar
privativo
privatización
privatizar
privilegiar
privilegio
proa
probabilidad
probable
probador
probadura
probanza
probar
probatura
probeta

429

probidad
problema
problemático, -a
probo, -a
procacidad
procaz
procedencia
proceloso, -a
prócer
procesión
proclive
prodigio
prodigioso, -a
pródigo, -a
producción
producir
productividad
productivo, -a
producto
proemio
proeza
profecía
profiláctico, -a
profilaxis
profusión
progenie
progenitor, -a
prognato, -a
programa
progresivo, -a
prohibición
prohibir
prohibitivo, -a
prohijar

prohombre
prójimo
prolegómeno
prolífico, -a
prolijidad
prolijo, -a
prólogo
prolongación
prominencia
prominente
promiscuidad
promiscuo, -a
promoción
promover
promulgación
pronombre
prontitud
pronunciación
pronunciamiento
propagación
propedéutico, -a
propensión
propiciación
propiciar
propicio, -a
proposición
propugnar
prorrata
prorratear
prorrateo
prórroga
prorrogar
prorrumpir
prosaísmo

proscribir
proscripción
prosecución
proseguir
prosopopeya
prospección
prospecto
próspero, -a
próstata
prosternarse
prostibulario, -a
prostíbulo
prostitución
protección
protector, -a
proteger
protegido, -a
proteico, -a
proteína
protervo, -a
protésico, -a
prótesis
protuberancia
protuberante
provecho
provechoso, -a
provecto, -a
proveedor, -a
proveeduría
proveer
proveniencia
proveniente
provenir
proverbial

proverbio
providencia
providente
próvido, -a
provincia
provisión
provisional
provisor, -a
provisto, -a
provocación
provocador, -a
provocar
provocativo, -a
proxeneta
proximidad
próximo, -a
proyección
proyectar
proyectil
proyecto
proyector
prudencia
prueba
prurito
psicoanálisis [496]
psicoanalizar [497]
psicología [498]
psicólogo, -a [499]
psicópata [500]
psicosis [501]
psique o psiquis
psíquico, -a [502]
púa
púber

pubertad
pubis
publicación
publicar
publicidad
publicista
publicitario, -a
público, -a
pudibundo, -a
pudrir
pueblerino, -a
pueblo
pues
púgil
pugilato
pugnar
pugnaz
pujanza
pulcritud
pulido, -a
pulla [503]
púlpito
pulsación
pulverización
pulverizar
punible
punición
punitivo, -a
puntapié
puntilla
puntilloso, -a
puntuable
puntuación
puntualidad

puntualización
pupilaje
puré
purgación
purgativo, -a
puridad
purificación
púrpura
purpúreo
pusilánime
pústula
putativo, -a
putrefacto, -a
puya [504]

Q

quebrada
quebradero
quebradizo, -a
quebrado, -a
quebrante
quebrantahuesos
quebrantamiento
quebrantar
quebranto
quebrar
quehacer
quejica
quejido
quejumbroso, -a
quemarropa (a)
quemazón
quepis
querella

431

querellarse
quermés
queroseno
querubín
quevedos
quicio
quid
quiebra
quiebro
quienquiera
quietud
quijote
quilla
quimbambas
 (en las)
quimera
quimérico, -a
químico, -a
quimioterapia
quimono
quincalla
quincallería
quincallero, -a
quince
quinceavo, -a
quincena
quincuagenario, -a
quincuagésimo, -a
quingentésimo, -a
quinientos, -as
quinqué
quinquenal
quinquenio
quintaesencia

quintaesenciar
quinteto
quintillizo, -a
quintuplicar
quíntuplo
 o quíntuple
quiosco
quirófano
quiromancia
 o quiromancía
quisquilloso, a
quitamanchas
quitanieves
quitasol
quizá o quizás
quorum

R

rabadán
rábano
rabel
rabí
rabia
rabiar
rabieta
rabillo
rabino
rabioso, -a
rabo
racimo
raciocinio
ración
racionalizar
racismo

radar
radiactivo, -a
radicación
radiografía
radiología
radiólogo, -a
radiorreceptor
radioyente
raer
ráfaga
raído, -a
raigambre
raíl o rail
raíz
rajatabla (a)
ralentización
ralentizar
rallador
ralladura
rallar [505]
rallo [506]
ramaje
rambla
ramillete
rampa
ramplón, -a
ramplonería
ranciedad
rancio, -a
rapacidad
rapapolvo
rapaz
rapidez
rápido, -a

apsoda	rebanar	recensión
apsodia	rebañadura	recepción
aptar	rebañar	recepcionista
apto	rebaño	receptáculo
aquítico, -a	rebasar	receptividad
ascacielos	rebatible	receptivo, -a
ascar	rebatir	receptor, -a
asquear	rebato	recesivo, -a
astrillo	rebeco	recibí
astrojera	rebelarse [509]	recibidor
aya	rebelde	recibimiento
ayado, -a	rebeldía	recibir
ayano, -a	rebelión	recibo
ayar [507]	reblandecer	reciclaje
ayo [508]	rebobinar	reciedumbre
azonable	reborde	recio, -a
eacción	rebosante	recipiendario, -a
eaccionar	rebosar [510]	reciprocidad
eaccionario, -a	rebotar	recíproco, -a
eacio, -a	rebote	recitativo, -a
eactivación	rebozar [511]	recluir
eactivo, -a	rebozo	reclusión
eactor	rebullir	recobrar
eal	rebuscamiento	recogedor, -a
ealce	rebuscar	recogepelotas
ealidad	rebuznar	recoger
ealización	recabar [512]	recogida
eaparición	recalcitrante	recogimiento
eavivar	recambio	recolección
ebaja	recapitulación	recolectar
ebajar	recauchar	recolector, -a
ebaje	o recauchutar	recomendación
ebalsar	recaudación	recompensa
ebanada	recavar [513]	recompensar

433

recomponer
recóndito, -a
reconocible
reconstituyente
reconstrucción
reconvención
reconvenir
reconversión
reconvertir
recopilación
recoveco
recreación
recreativo, -a
recrudecer
rectángulo
rectificación
rectificar
rectitud
recto, -a
rector, -a
recubrir
recuperable
recurrible
red
redacción
redactar
redactor, -a
redecilla
rédito
redivivo, -a
redoblar
redoble
redondez
reducción

reducible
reducto
reelección
reelegir
reembarcar
reembolsar
  o rembolsar
reembolso
  o rembolso
reemplazar
  o remplazar
reemplazo
  o remplazo
reenviar
reestructuración
reestructurar
reexaminar
reexpedir
refacción
refectorio
referéndum
reflectar
reflector
reflexión
reflexionar
reflujo
refractar
refractario, -a
refrendación
refrigerio
refugiarse
refugio
refulgencia
refulgente

refulgir
refutable
refutación
refutar
regaliz
regencia
regentar
regente
regicida
regicidio
regidor, -a
régimen
regímenes
régimenes [514]
regimiento
regio, -a
región
regir
registrar
registro
reglaje
regresión
regresivo, -a
regüeldo
reguero
regurgitar
rehabilitación
rehabilitar
rehacer
rehén
rehervir
rehilar
rehogar
rehuir

rehusar [515]
reimpresión
reimprimir
reincidencia
reincidir
reinserción
reintegración
reír
reiteración
reiterativo, -a
reivindicación
reivindicar
reivindicativo, -a
rejilla
rejuvenecer
rejuvenecimiento
relación
relacionar
relámpago
relampaguear
relatividad
relativismo
relativo, -a
relegación
relevancia
relevante
relevar
relevo
relieve
religión
religiosidad
religioso, -a
reliquia
rellano

rellenar
reloj
relojería
relucir
reluctancia
relumbrante
relumbrar
relumbrón
remangarse
remarcable
remembranza
rememoración
remilgado, -a
reminiscencia
remisión
remoción
remodelación
remolque
rémora
remover
renacuajo
rencilla
rendición
rendija
renombre
renovable
renovación
renovar
renqueante
renquear
rentabilidad
rentable
renuencia
renuente

renuevo
renunciación
renunciar
renuncio
reostato [516]
reóstato
repantigarse
reparación
repartición
repartimiento
repatriación
repliegue
repoblación
repoblar
repollo
reportación
reportaje
repostería
represalia
representativo, -a
represión
represivo, -a
reprobable
reprobación
reprobar
réprobo, -a
reproducción
reproductivo, -a
reprografía
reptar
reptil o réptil
república
republicano, -a
repudiable

435

repudio
repugnancia
repugnante
repugnar
repulsivo, -a
reputación
requebrar
requerimiento
requerir
requiebro
réquiem
resabiado, -a
resabido, -a
resabio
resarcible
resarcimiento
resarcir
resbaladizo, -a
resbalar
resbalón
rescindir
rescinsión [517]
rescisión
reserva
reservado, -a
reservar
reservista
residuo
resignación
resignado, -a
resignarse
resobado, -a
resollar
resolución

resolutivo, -a
resolver
respectivo, -a
respetabilidad
respetable
respiración
responsabilidad
responsabilizar
responsable
resquebrajar
resquebrar
resquicio
restablecer
restablecimiento
restallar
restauración
restitución
restituible
restituir
restricción
restrictivo, -a
restringir
resuello
resumen
resurgimiento
resurgir
resurrección
retablo
retahila [518]
retahíla
retemblar
retén
retención
retentiva

retentivo, -a
reticencia
reticente
retícula
retórico, -a
retorsión
retracción
retractación
retractar
retráctil
retraído, -a
retraimiento
retransmisión
retransmitir
retreparse
retribución
retribuir
retributivo, -a
retribuyente
retroacción
retroactivo, -a
retrógrado, -a
retrospección
retrospectivo, -a
retrotracción
retrotraer
retroversión
retrovisor
retumbar
reuma o reúma
reumatología
reumatólogo, -a
reusar [519]
reválida

evalidación
evalidar
evalorizar
evaluación
evaluar
evancha
evelación
evelado
evelador, -a
evelarse [520]
evender
evenir
eventa
eventar
eventón
everberación
everberar
everbero
everdecer
everdecimiento
everencia
everencial
everenciar
everencioso, -a
everendo, -a
everente
eversibilidad
eversible
eversión
everso, -a
everter
evertir
evés
evestimiento

revestir
revindicar [521]
revirar
revisable
revisar
revisión
revisionismo
revisionista
revisor, -a
revista
revistero, -a
revitalizar
revivificar
revivir
revocable
revocación
revocador, -a
revocadura
revocar
revolar
revolcar
revolotear
revoltijo
revoltillo
revoltoso, -a
revolución
revolucionar
revolucionario, -a
revolver
revoque
revuelo
revuelta
revuelto, -a
revulsivo, -a

rey
reyerta
rezagar
rezongar
ría
rial [522]
riba
ribazo
ribera [523]
ribereño, -a
ribete
ricohombre
rictus
ridiculez
ridiculización
riel
rigidez
rígido, -a
rimbombante
rímel
rinoceronte
río
risible
ristra
risueño, -a
rítmico, -a
ritmo
rival
rivalidad
rivalizar
rivera [524]
robar
robinsón
roble

437

robo
robot
robótica
robustecer
robustecimiento
robustez
robusto, -a
rocambolesco, -a
roce
rociar
rocín
rocío
rock
rococó
rodaballo
rodaje
rodapié
rodilla
rodillera
rodillo
rodrigón
roer
rogativa
rojez
rojizo, -a
rollizo, -a
rollo [525]
románico, -a
romanización
rombo
romería
rompecabezas
rompehielos
rompehuelgas

rompeolas
romper
rompiente
rompimiento
rondó
ronquera
ronquido
ronronear
ronroneo
ropaje
ropavejero, -a
roqueda
roquedal
roquero, -a
rorro
rosáceo, -a
rosbif
roséola
rosicler
rosquilla
rotación
rotativa
rotativo, -a
rótula
rotulación
rotundidad
rotura
royo, -a [526]
rozagante
rúa
ruandés, -a
rubéola o rubeola
rubí
rubicundo, -a

rubio, -a
rublo
rubor
ruborizar
ruboroso, -a
rúbrica
rubricar
rudimentario, -a
rufián
rugido
rugir
ruido
ruidoso, -a
ruin
ruina
ruinoso, -a
ruiseñor
rumba
rumbo
rumboso, -a
runrún
rupestre
ruptura
rústico, -a

S
sábado
sabana
sábana
sabandija
sabañón
sabático, -a
sabatino, -a
sabedor, -a

438

abelotodo

aber

abiamente

abidillo, -a

abiduría

abiendas (a)

abihondo, -a

abio, -a [527]

able

ablear

ablista

abor

aborear

abotaje

abotear

abroso, -a

abueso, -a

acacorchos

acacuartos

acadineros

acamanchas

acamuelas

acaperras

acapuntas

aciar

aciedad

acrificio

acrilegio

acrílego, -a

ádico, -a

afari

agacidad

agaz

agitario

saharaui

sahariano, -a

sahumar

sahumerio

sajón, -a

salacot

salaz

salazón

salinidad

saliva

salivación

salivar

salmantino, -a

salmodia

salmodiar

salmonella

salmuera

salobre

salobridad

saltamontes

saltimbanqui

salobre

salobridad

salud

saludable

salutación

salva

salvabarros

salvación

salvadoreño, -a

salvaguarda

salvaguardar

salvaguardia

salvaje

salvajismo

salvamanteles

salvamento

salvar

salvavidas

salve

salvedad

salvo, -a

salvoconducto

samba

sambenito

samblaje

sampán

samuray

sanctasanctórum

sandez

sandía

sandío, -a

sanguijuela

sanguinario, -a

sanguíneo, -a

sanguinolencia

sanguinolento, -a

sanmartín

sánscrito, -a

sanseacabó

santiamén

santificación

santiguar

sapidez

sápido, -a

sapiencia

saprofito, -a

saque

439

saquear
saqueo
sarampión
sarao
sarcástico, -a
sarcófago
sardónico, -a
sargento
sari
sarpullido
sarraceno, -a
satánico, -a
satélite
satén
sátira
satírico, -a
sátiro
satisfacción
satisfacer
satisfactorio, -a
sátrapa
sauce
saúco
saudí
savia [528]
saxo
saxófono
  o saxofón
saya
sayo
sayón
sazón
sebáceo, -a
sebe

sebero [529]
sebo [530]
seborrea
seboso, -a
sección
seccionar
secesión
secreción
secreter
secta
sectario, -a
sectarismo
sector
sectorial
secuaz
secuencia
secularización
sed
sede
sedición
sedicioso, -a
sedimentación
seducción
seducir
seductor, -a
sefardí
segar [531]
segmentación
segmentar
segmento
segregación
seguidilla
seguir
según

segur
seguridad
seisavo, -a
seiscientos, -as
seísmo
selección
seleccionar
selectividad
selectivo, -a
selecto, -a
selector, -a
sellar
sello
selva
selvático, -a
semblante
semblanza
sembrado
sembrador, -a
sembrar
semicírculo
semidiós, -a
semiesférico, -a
semilla
semillero
semiología
semiológico, -a
semirrecta
sémola
sempiterno, -a
senador, -a [532]
sencillez
sencillo, -a
senectud

senegalés, -a
senil
sénior
sensación
sensibilidad
sensibilización
sensibilizar
sensible
sensiblería
sensiblero, -a
sensitivo, -a
sensual [533]
sensualidad
señalización
señoría
señorío
señuelo
separación
septembrino, -a
septenario, -a
septentrión
septentrional
septeto
séptico, -a
septiembre
éptimo, -a
septuagenario, -a
septuagésimo, -a
septuplicación
eptuplicar
séptuplo, -a
sequedad
séquito
eráfico, -a

serafín
seriedad
sermón
serrallo
serrar [534]
serrijón
serrín
serventesio
servible
servicial
servicio
servidor, -a
servidumbre
servil
servilismo
servilleta
servir
sesentavo, -a
sesentón, -a
sesión [535]
seso [536]
seta [537]
setecientos, -as
setentavo, -a
setentón, -a
seudónimo
seudópodo
severidad
severo, -a [538]
sevicia
sexagenario, -a
sexagesimal
sexagésimo, -a
sexenio

sexismo
sexista
sexo [539]
sexteto
sextilla
sextina
sexto, -a
sextuplicar
séxtuplo, -a
sexual
siamés, -a
sibarita
sibaritismo
sibila
sibilante
sibilina
sicalíptico, -a
sicoanálisis [540]
sicoanalizar [541]
sicofanta
 o sicofante
sicología [542]
sicológo, -a [543]
sicomoro
 o sicómoro
sicópata [544]
sicosis [545]
sidecar
siderurgia
siderúrgico, -a
sidra [546]
siembra
siempre
siempreviva

sien [547]
siervo, -a [548]
*sietecientos,
  -as* [549]
sífilis
sifón
sigilo
sigiloso
signar
signatario, -a
signatura
significación
significar
significativo, -a
signo
sílaba
silabario
silabear
silábico, -a
silba
silbante
silbar
silbato
silbido
silbo
silepsis
sílex
sílfide
sílice
silicio [550]
silla
sillería
sillín
sillón

silogismo
silueta
silva [551]
silvestre
silvicultor, -a
silvicultura
sima [552]
simbiosis
simbiótico, -a
simbólico, -a
simbolismo
simbolización
simbolizar
símbolo
simbología
simetría
simétrico, -a
símil
similitud
simpatía
simpático, -a
simpatizar
simple
simpleza
simplicidad
simplicista
simplificación
simplificar
simplista
simposio
simulación
simultanear
simultaneidad
simultáneo, -a

simún
síncopa
síncope
sincronía
sincrónico, -a
sincronización
síndrome
sinecura
sinéresis
sinfín
sinfonía
sinfónico, -a
siniestralidad
sinnúmero
sínodo
sinología
sinólogo, -a
sinopsis
sinóptico, -a
sinrazón
sinsabor
sintáctico, -a
sintagma
sintaxis
síntesis
sintético, -a
sintetizar
sintomatología
sintonización
sinuosidad
sinvergüenza
sionismo
sionista
síquico, -a [553]

irviente, -a
ismógrafo, -a
ístole
ituación
oba
obaco
obado, -a
obaquera
obaquillo
obar
oberanía
oberano, -a
oberbia
oberbio, -a
obornable
obornar
oborno
obra
obradillo
obrado, -a
obrante
obrar
obrasada
obre
obrealimentación
obreático
obrecarga
obrecargar
obrecogedor, -a
obrecoger
obrecubierta
obredosis
obreesdrújulo, -a
obreexcitación

sobreexponer
sobreexposición
sobrehilado
sobrehilar
sobrehilo
sobrehumano, -a
sobrellevar
sobremanera
sobremesa
sobrenatural
sobrenombre
sobrentender
sobrentendido, -a
sobrepelliz
sobreproducción
sobrepuesto, -a
sobresaliente
sobresalto
sobrescribir
sobreseer
sobreseimiento
sobrestante
sobrestimación
sobresueldo
sobrevenir
sobreviviente
sobrevivir
sobrevolar
sobrexceder
sobrino, -a
sobriedad
sobrio, -a
socaire
socavar

socavón
sociabilidad
sociable
socialdemocracia
socialdemócrata
socialización
sociolingüística
sociología
sociológico, -a
soez
sofá
sofisticación
sofocación
sofreír
sojuzgar
solaz
solecismo
soledad
solemne
solemnidad
solemnizar
solícito, -a
solicitud
solidaridad
soliloquio
sólito, -a
soliviantar
sollozar
sollozo
solsticio
soluble
solución
solvencia
solventar

solvente
somalí
somático, -a
sombra
sombrear
sombrerería
sombrero
sombrilla
sombrío, -a
somier
somnífero, -a
somnolencia
somnoliento, -a
sonajero
sonámbulo, -a
sonoridad
sonreír
sonrisa
sonrojar
sonrojo
soñoliento, -a
sorber
sorbete
sorbo
sordidez
sórdido, -a-
sorpresivo, -a
sortilegio
soslayar
soslayo, -a
sotabanco
sotavento
sotobosque
soviético, -a

suave
suavidad
suavización
suavizar
subafluente
subalterno, -a
subarrendar
subasta
subastar
subcampeón
subclase
subconsciencia
subconsciente
subcutáneo, -a
subdelegado, -a
subdesarrollo
subdirección
súbdito, -a
subdivisión
subempleo
subespecie
subestimar
subgénero
subida
subíndice
subinspección
subinspector, -a
subir
subitáneo, -a
súbito, -a
subjetividad
subjetivismo
subjetivo, -a
subjuntivo

sublevación
sublevar
sublimación
sublimar
sublime
sublimidad
subliminal
submarino, -a
submúltiplo
subnormal
suboficial
subordinación
subordinar
subprefecto
subproducto
subrayado, -a
subrayar
subrepticio, -a
subrogación
subrogar
subsanable
subsanar
subsecretario, -a
subsecuente
subseguir
subsidiar
subsidiario, -a
subsidio
subsiguiente
subsistencia
subsistir
subsuelo
subterfugio
subterráneo, -a

subtitular
subtítulo
subtropical
suburbano, -a
suburbial
suburbio
subvención
subvencionar
subvenir
subversión
subversivo, -a
subvertir
subyacente
subyacer
subyugante
subyugar
succión
succionar
sucedáneo, -a
sucesivo, -a
suciedad
sucinto, -a
sucumbir
sudafricano, -a
sudamericano, -a
sudanés, -a
sudeste
sudoeste
sueco, -a [554]
suéter
suficiencia
sufragáneo, -a
sufragio
sufragista

sugerencia
sugerente
sugeridor, -a
sugerir
sugestión
sugestionable
sugestionar
sugestivo, -a
sujeción
sulfúreo, -a
sultán
sumergible
sumergir
sumersión
sumiller
sumo, -a [555]
supeditación
superávit
superfluidad
superfluo, -a
superlativo, -a
superstición
supersticioso, -a
supervisar
supervisión
supervivencia
superviviente
suposición
supresión
surafricano, -a
suramericano, -a
sureste
surgimiento
surgir

susceptibilidad
susceptible
suscribir
suscripción
suscriptor, -a
suspicacia
suspicaz
sustancia
sustancial
sustancioso, -a
sustantivación
sustantivar
sustantivo
sustentación
sustitución
sustitutivo, -a
sustracción
sustraendo
sustraer
sustrato
sutil
*sútil [556]

T

tabaco
tábano
tabaquera
tabardo
tabarra
taberna
tabernáculo
tabernario, -a
tabernero, -a
tabicar

445

tabique
tabla
tablado
tablazón
tablear
tablero
tableta
tabletear
tablilla
tablón
tabú
tabulación
tabular
taburete
tácito, -a
táctica
tactil [557]
táctil
tacto
tafetán
taheño, -a
tahona
tahúr
taifa
tailandés, -a
talabartero, -a
tálamo
talismán
talla
tallar
talle
taller
tallo
talud

tambaleante
tambalear
también
tambor
tamborilear
tamiz
tampoco
tampón
tándem
tangana [558]
tángana
tangencial
tangente
tangible
taquilla
taquillero, -a
tapabocas
tapacubos
taparrabos
tapir
tapiz
taquicardia
taquigrafía
taquígrafo, -a
tarambana
tarjeta
tarot
tartajear
tartajeo
tasa [559]
tasación
tatuaje
taumaturgia
taumaturgo, -a

tauromaquia
tautología
taxativo, -a
taxi
taxidermia
taxidermista
taxonomía
taxonómico, -a
taza [560]
té
teatro
tebeo
techumbre
tecnicismo
técnico, -a
tecnicolor
tecnificar
tecnocracia
tecnócrata
tecnología
tecnológico, -a
tectónico, -a
tedéum
tejedor
tejemaneje
tejer
tejido
teledirigido, -a
teleférico
telefilme
telegrafiar
telegráfico, -a
telégrafo
telepatía

elesilla
elespectador, -a
elesquí
elevidente
elevisión
elevisivo, -a
élex
emblar
emblor
embloroso, -a
emeridad
émpano
emperancia
emperar
empestad
emplanza
emplar
emple
emplo
emporada
emporalizar
emporero, -a
emporizar
emprano, -a
enacidad
enaz
endenciosidad
enebroso, -a
entativa
entempié
enue
ología
ológico, -a
orización

terapeuta
terapéutico, -a
tercermundismo
tercermundista
terciar
tercio, -a
tergiversación
tergiversar
térmico, -a
terminología
terminológico, -a
termostato
o termóstato
terquedad
terracota
terraplén
terrario
terrible
terrícola
testaferro
testarudez
testuz
tétano o tétanos
tetraedro
tetrágono
tetralogía
tetrasílabo, -a
tétrico, -a
textil
texto
textura
tez
tía
tiara

tiatro [561]
tibetano, -a
tibia
tibio, -a
tiburón
tic
tictac
tiempo
tifón
tifus
tijera
tijereta
timba
timbal
timbrar
timbre
timidez
tímido, -a
tímpano
tinaja
tío
tiovivo
tipicidad
típico, -a
tiple
tipografía
tipógrafo, -a
tipología
tique
tiquismiquis
tirabuzón
tirachinas
tiraje
tiralíneas

447

tirantez
tisú
titán
titánico, -a
títere
titiritar
titiritero, -a
titubear
titubeo
tiznar
tizne
toalla
toba [562]
tobillera
tobillo
tobogán
tocayo, -a
todavía
todopoderoso, -a
todoterreno
toisón
tolerable
tolerancia
tolvanera
tomavistas
tómbola
tomillo
tonadilla
tonadillero, -a
tonelaje
tónico, -a
tópico, -a
topografía
topógrafo, -a

toponimia
toponímico, -a
topónimo
toquilla
torácico, -a
tórax
torbellino
tornasol
tornillo
torrefacto, -a
tórrido, -a
torsión
tortícolis
  o torticolis
torva
torvo, -a
tosquedad
tótem
totémico, -a
tova [563]
toxicidad
tóxico, -a
toxicomanía
toxicómano, -a
traba
trabajar
trabajo
trabalenguas
trabar
trabazón
trabilla
trabucar
trabuco
tracción

tractor
tradición
traducción
traducible
traducir
traductor, -a
tráfago
tragalenguas [56
tragaluz
tragaperras
tragedia
trágico, -a
tragicomedia
tragicómico, -a
traición
traílla
traje
trajín
trajinar
tramoya
tramoyista
trampa
trampear
trampilla
trampolín
trance
tranquilidad
transacción
transalpino, -a
  o trasalpino, -a
transandino, -a
  o trasandino, -a
transatlántico, -a
  o trasatlántico, -

transbordador
transbordar
o trasbordar
transbordo
o trasbordo
transcontinental
transcribir
o trascribir
transcripción
o trascripción
transcriptor, -a
o trascriptor, -a
transcurrir
o trascurrir
transcurso
o trascurso
transeúnte
transexual
transferencia
o trasferencia
transferible
o trasferible
transferir
o trasferir
transfiguración
o trasfiguración
transfigurar
o trasfigurar
transformable
o trasformable
transformación
o trasformación
transformador, -a
o trasformador, -a

transformar
o trasformar
tránsfuga
o trásfuga
transfundir
o trasfundir
transfusión
o trasfusión
transfusor, -a
o trasfusor, -a
transgredir
o trasgredir
transgresión
o trasgresión
transgresivo, -a
o trasgresivo, -a
transgresor, -a
o trasgresor, -a
transiberiano, -a
transición
transido, -a
transigencia
transigente
transigir
transistor
transitable
transitar
transitivo, -a
tránsito
transitorio, -a
translimitación
translimitar
transliteración
transliterar

translúcido, -a
o traslúcido, -a
transmarino, -a
o trasmarino, -a
transmigración
o trasmigración
transmigrar
o trasmigrar
transmisible
o trasmisible
transmisión
o trasmisión
transmisor, -a
o trasmisor, -a
transmitir
o trasmitir
transmontano
o trasmontano
transmonte
transmudar
o trasmudar
transmutable
o trasmutable
transmutación
o trasmutación
transmutar
o trasmutar
transpacífico, -a
transparencia
o trasparencia
transparentar
o trasparentar
transparente
o trasparente

449

transpirable
  o traspirable
transpiración
  o traspiración
transpirar
  o traspirar
transponer
  o trasponer
transportar
  o trasportar
transporte
  o trasporte
transportista
  o trasportista
transposición
  o trasposición
transubstanciación
transubstanciar
tranvasar
  o trasvasar
transvase
  o trasvase
transversal
  o trasversal
tranvía
tranviario, -a
trapacería
trapecio
trapecista
trapío
trapo
tráquea
traqueotomía
traquetear

trascendencia
  o transcendencia
trascendental
  o transcendental
trascendente
  o transcendente
trascender
  o transcender
trascoro
trasdós
trasegar
trasfondo
trasgo
trashumancia
trashumante
trashumar
trasiego
traslación
  o translación
trasladable
trasladar
traslado
traslaticio, -a
  o translaticio, -a
traslucir
  o translucir
trasluz
trasmano
trasminar
trasmundo
trasnochado, -a
trasnochar
traspapelarse
traspasable

traspasar
traspaso
traspié
trasplantar
trasplante
traspunte
trasquilar
trastabillar
  o trastrabillar
traste
trastear
trastienda
trastocar
trastornar
trastorno
trastrocamiento
trastrocar
trastrueque
trasudar
trasunto
trasver
trasverter
trasvolar
trauma
traumático, -a
traumatismo
traumatología
traumatólogo, -a
travelín
través
travesaño
travesía
travestido, -a
travestir

ravesura
raviesa
ravieso, -a
rayecto
rayectoria
rébede
rebejo
rébol
rece
receavo, -a
reintavo, -a
remebundo, -a
rémulo, -a
resbolillo
ría
riaca
ríada
ribal
ribu
ribulación
ribuna
ribunal
ribuno
ributación
ributar
ributario, -a
ributo
ricentenario, -a
ríceps
rigésimo, -a
rilingüe
rillar
rillizo
rilogía

trío
triple
trípode
tríptico
triptongo
triquiñuela
trisílabo, -a
triunvirato
triunviro
trivial
trivialidad
trivializar
trivio
troglodita
troglodita [565]
troj
tromba
trombo
tromboflebitis
trombón
trombosis
trompa
trompeta
trompicar
tropelía
troposfera
troquel
troquelar
trotaconventos
trotamundos
trova
trovador, -a
trovadoresco, -a
trovar

truchimán
truculento, -a
trueque
truhán, -a
truhanería
tuareg
tubérculo
tuberculosis
tubería
tubo [566]
tubular
tullido, -a
tullir
tumba
tumbar
tumbo
tumefacción
tumefacto, -a
túmulo
tumultuoso, -a
tunecino, -a
tungsteno
tupé
tupido, -a
turba
turbación
turbador, -a
turbamulta
turbante
turbar
turbera
turbidez
túrbido, -a
turbiedad

451

turbieza
turbina
turbio, -a
turbión
turbulento, -a
turgencia
turgente
túrgido, -a
turnedó
turolense
turquesa
tutoría
tuyo, -a

U

ubada [567]
ube [568]
ubérrimo, -a
ubicación
ubicar
ubicuidad
ubicuo, -a
ubre
ucase
ucranio, -a
ufanarse
ufano, -a
ujier
úlcera
ulterior
ultimátum
último, -a
ultraísmo
ultrajar

ultraje
ultramar
ultramarino, -a
ultrarrojo
ultrasónico, -a
ultratumba
ultravioleta
ulular
umbilical
umbral
umbría
umbrío, -a
umbroso, -a
unánime
unanimidad
unción
uncir
undécimo, -a
undécuplo, -a
ungido
ungir
ungüento
ungulado, -a
unificación
unigénito, -a
unisex
unísono, -a
univalvo, -a
universal
universidad
universo
univocidad
unívoco, -a
uno, -a [569]

urbanidad
urbanización
urbano, -a
urbe
urce
urdimbre
urdir
urea
uremia
uréter
uretra
urgencia
urgente
urgir
úrico, -a
urinario, -a
urna
urogallo
urología
urólogo, -a
uropeo, -a [570]
urticante
urticaria
uruguayo, -a
usanza
usar
usía
usillo [571]
uso [572]
usted
usual
usuario, -a
usufructo
usufructar

usufructuario, -a
usura
usurero, -a
usurpación
usurpar
útero
útil
utilidad
utilitario, -a
utilizar
utillaje
utillería
utomático, -a
[573]
utopía o utopia
utópico, -a
uva
uvada [574]
uve [575]
úvula
uxoricida
uy!

V

vaca [576]
vacación
vacada [577]
vacante [578]
vacar
vacío, -a [579]
vaciar
vaciedad
vacilación
vacilante

vacilar [580]
vacío, -a
vacuidad
vacuna
vacunación
vacunar
vacuno, -a
vacuo, -a
vadear
vademécum
vado
vagabundear
vagabundo, -a
vagancia
vagar [581]
vagido
vagina
vago, -a [582]
vagón
vaguada
vaguear
vaguedad
vaharada
vahído
vaho [583]
vaina
vainilla
vaivén
vajilla
valar [584]
vale
valedero, -a
valedor, -a
valencia

valentía
valer
valeroso, -a
valetudinario, -a
valí
valía
validar
validez
valido [585]
válido, -a
valiente
valija
valimiento
valioso, -a
valla [588]
valladar
vallado
vallar
valle
vallisto, -a
valluno, -a
valón, -a [586]
valor
valoración
valorar
valorizar
valquiria
vals
valsar [587]
valuar
valva
válvula
vampiresa
vampirismo

453

vampiro
vanagloria
vanagloriarse
vandálico, -a
vandalismo
vándalo, -a
vanguardia
vanguardista
vanidad
vanidoso, -a
vano, -a
vapor
vaporizar
vaporoso, -a
vapulear
vapuleo
vaquería
vaquero, -a
vaqueta [589]
vaquilla
vara
varal
varapalo
varar
varea
varear
varga
variabilidad
variable
variación
variado, -a
variante
variar
varice o variz

varicela
variedad
varilla
vario, -a [590]
variopinto, -a
varita [591]
varón [592]
varonía
varonil
vasallaje
vasallo, -a
vasar [593]
vasco, -a [594]
vascular [595]
vaselina
vasija
vaso
vástago
vastaguera
vastar [596]
vastedad
vasto, -a [597]
vate [598]
vaticinar
vaticinio
vatímetro
vatio
vaya [599]
vecera o vecería
vecinal
vecindad
vecindario
vecino, -a
vector

veda
vedar
vedilla
veedor, -a
vega
vegetación
vegetal
vegetar
vegetariano, -a
veguer
veguero, -a
vehemencia
vehemente
vehículo
veinte
veinteavo, -a
veintena
veinticinco
veinticuatro
veintidós
veintinueve
veintiocho
veintiséis
veintisiete
veintitantos, -as
veintitrés
veintiuno, -a
vejación
vejamen
vejar
vejatorio, -a
vejestorio
vejez
vejiga

vela
velada
velador, -a
velaje
velamen
velar
velarizar
velatorio
¡velay!
veleidad
veleidoso, -a
veleño, -a [600]
velero, -a
veleta
vello [601]
vellocino
vellón
vellosidad
velludo, -a
velo
velocidad
velocípedo
velódromo
veloz
vena
venablo
venada
venado
venal
venalidad
venatorio, -a
vencejo
vencer
vencimiento

venda
vendaje
vendar
vendaval
vender
vendimia
vendimiar
veneno
venenoso, -a
venerable
veneración
venerar
venéreo, -a
venereología
venero
venezolano, -a
vengador, -a
venganza
vengar
vengativo, -a
venia
venial
venida
venidero, -a
venir
venta
ventaja
ventajista
ventajoso, -a
ventana
ventanilla
ventear
ventero, -a
ventilación

ventilador
ventilar
ventisca
ventiscar
ventisquero
ventolera
ventosa
ventosidad
ventoso, -a
ventral
ventrículo
ventrílocuo, -a
ventriloquía
ventura
venturanza
venturoso, -a
venusino, -a
ver
vera
veracidad
veranear
veraneo
veraniego, -a
veras (de)
veraz
verbal
verbena
verbenero, -a
verbigracia
verbo
verbosidad
verboso, -a
verdad
verdadero, -a

455

verde
verdear
verdecer
verdemar
verderón
verdín
verdinegro, -a
verdor
verdugo
verdulería
verdulero, -a
verdura
verdusco, -a
verduzco, -a [602]
verecundia
verecundio, -a
vereda
veredicto
verga
vergal
vergonzante
vergonzoso, -a
vergüenza
vericueto
verídico, -a
verificable
verificación
verificar
verismo
verja
vermicular
vermiforme
vermú o vermut
vernáculo, -a

verónica
verosímil
verosimilitud
verruga
verrugoso, -a
versado, -a
versal
versallesco, -a
versar
versátil
versatilidad
versículo
versificar
versión
verso
vértebra
vertebrado, -a
vertebración
vertebrar
vertedero
verter
vertical
verticalidad
vértice
vertiente
vertiginoso, -a
vértigo
vertimiento
vesanía
vesánico, -a
vesícula
vespertino, -a
vestal
vestíbulo

vestido
vestigio
vestimenta
vestir
vestuario
veta
vetar
vetear
veteranía
veterano, -a
veterinario, -a
veto
vetustez
vetusto, -a
vez
vía
viabilidad
viable
viacrucis
viaducto
viajante
viajar
viaje
viajero, -a
vial
vianda
viandante
viaticar
viático
víbora
vibración
vibrador, -a
vibrante
vibrar

vibrátil
vibratorio, -a
vicaría
vicario, -a
vicenal
viceversa
viciar
vicio
vicisitud
viciversa [603]
víctima
victorioso, -a
vid
vida
vidente [604]
vídeo
vidio [605]
vidriar
vidriera
vidrio
vidrioso, -a
vieira
viejo, -a
viento
vientre
vierteaguas
vietnamita
viga [606]
vigencia
vigente
vigésimo, -a
vigía
vigilancia
vigilante

vigilar
vigilia
vigor
vigorizar
vihuela
vikingo, -a
vil
vileza
vilipendiar
vilipendio
villa
villancico
villanía
villano, -a
villar [607]
villorrio
vilo (en)
vinagre
vinario, -a [608]
vinatero, -a
vinculación
vincular
vínculo
vindicación
vindicativo, -a
vindicar
vinícola
vinicultor, -a
vinicultura
vino
viña
viñeta
violáceo, -a
violado, -a

violar
violencia
violentar
violento, -a
violeta
violín
violón
violoncelo
  o violonchelo
viperino, -a
viraje
viral
virar
virgen
virginal
virginidad
virgo
virguería
vírgula
vírico, -a
viril
virología
virrey
virtual
virtualidad
virtud
virtuosismo
virtuoso, -a
viruela
virulé
virulencia
virulento
virus
viruta

vis [609]
visado
visaje
visar
víscera
visceral
viscosidad
viscoso, -a
visera
visibilidad
visibilizar
visible
visicitud [610]
visillo
visión
visionar
visionario, -a
visir
visita
visitación
visitante
visitar
vislumbrar
vislumbre
viso [611]
visón
visor
víspera
vista
vistosidad
vistoso, -a
visual
visualización
visualizar

vital
vitalicio, -a
vitalidad
vitalizar
vitamina
vitamínico, -a
vitando, -a
viticultor, -a
viticultura
vitola
¡vítor!
vitorear
vitral
vítreo, -a
vitrificar
vitrina
vitualla
vituperable
vituperar
vituperio
viudedad
viudez
viudo, -a
vivac o vivaque
vivacidad
vivaquear
vivar
vivaracho, -a
vivaz
vivencia
víveres
vivero
viveza
vívido, -a

vividor, -a
vivienda
viviente
vivificación
vivificar
vivíparo, -a
vivir
vivisección
vivo, -a
vizcaíno, -a
vizconde
vocablo
vocabulario
vocación
vocacional
vocal [612]
vocálico, -a
vocalista
vocalización
vocalizar
vocativo
voceador, -a
vocear [613]
vocerío
vocero
vociferar
vocinglero, -a
vodevil
vodka
voladizo, -a
volado, -a
voladura
volandas (en)
volandero, -a

volante
volar [614]
volatería
volátil
volatilizar
volatinero, -a
volatizar
volcán
volcánico, -a
volcar
volea
volear
voleibol
volero
volframio
volición
volitivo, -a
volquete
voltaje
voltear
volteo
voltereta
volteriano, -a
voltímetro
voltio
volubilidad
voluble
volumen
voluminoso, -a
voluntad
voluntario, -a
voluntarioso, -a
voluptuosidad
voluptuoso, -a

voluta
volver
vomitar
vomitivo, -a
vómito
voracidad
vorágine
voraz
vórtice
vos
vosear [615]
voseo
vosotros, -as
votación
votante
votar [616]
votivo, -a
voto [617]
voz
vudú
vuecencia
vuelapluma (a)
vuelco
vuelo
vuelta
vuestro, -a
vulcanización
vulcanizar
vulcanología
vulcanólogo, -a
vulgar
vulgaridad
vulgarismo
vulgarización

vulgarizar
vulgo
vulnerabilidad
vulnerable
vulneración
vulnerar
vulpeja
vulpino, -a
vulva

W

wagneriano, -a
waterpolo
wólfram
  o wolframio

X

xana
xenofobia
xenófobo, -a
xerocopia
xerocopiar
xerófilo, -a
xeroftalmía
  o xeroftalmia
xerografía
xerografiar
xerógrafo, -a
xifoides
xilófago, -a
xilófono
xilografía
xilógrafo, -a
xilórgano

459

Y

ya
yac
yacaré
yacente
yacer
yacija
yacimiento
yámbico, -a
yambo
yanqui
yantar
yarda
yayo, -a
yegua
yeguada
yeísmo
yeísta
yelmo
yema
yemení
yen
yerbajo
yermo, -a
yerno
yerro
yerto, -a
yesca
yeso
yeti
yo
yodo
yoga
yogui

yogur
yogurtera
yonqui
yóquey o yoqui
yoyó
yudo
yudoca
yugo
yugoslavo, -a
yugular
yunque
yunta
yuntero
yute
yuxtaponer
yuxtaposición

Z

zafarrancho
zafiedad
zafio, -a
zafiro
záfiro [618]
zaguán
zaguero, -a
zahareño, -a
zaheridor, -a
zaherimiento
zaherir
zahína [619]
zahorí
zahúrda
zaino, -a
    o zaíno, -a [620]

zaireño, -a
zalamería
zamarra
zambiano, -a
zambo, -a
zambomba
zambullida
zambullir
zampar
zampoña
zanahoria
zancadilla
zancadillear
zancajear
zancajera
zángano
zangolotear
zanja
zanjar
zanquilargo, -a
zapatilla
zapatero, -a
zarabanda
zaragüelles
zarandajas
zarandear
zarcillo
zarevich
zarrapastroso, -a
zarza
zarzamora
zarzaparrilla
zéjel
zepelín

zeta [621]	zombi	zueco [622]
zeugma	zonzo, -a	zulo
zigurat	zoo	zulú
zigzag	zoófago, -a	zumbar
zigzaguear	zoólatra	zumbido
zimbabuense	zoolatría	zumbón, -a
zinc	zoología	zumo [623]
zipizape	zoólogo, -a	zurcido
zócalo	zoomorfo, -a	zurcir
zodiacal	zootecnia	zurear
Zodíaco	zozobra	zureo
o Zodiaco	zozobrar	zutano, -a

NOTAS DEL VOCABULARIO

1. *a*, preposición. V. *¡ah!* Distíngase de *ha,* del verbo *haber.*
2. *aba*, medida de longitud. V. *haba.*
3. *abada*, rinoceronte. V. *habada.*
4. *abalar*, mover de un lugar. V. *avalar.*
5. *abano*, abanico. V. *habano.*
6. *abiar*, cierta planta. V. *aviar.*
7. *abitar*, asegurar postes. V. *habitar.*
8. *abocar*, aproximar. V. *avocar.*
9. *abollar*, hacer abolladuras. V. *aboyar.*
10. *aboyar*, poner boyas. V. *abollar.*
11. *abrasar*, quemar. V. *abrazar.*
12. *abrazar*, dar un abrazo. V. *abrasar.*
13. *abyacente*. Forma correcta: *adyacente.*
14. *acechanza*, acecho, espionaje. V. *asechanza.*
15. *acechar*, observar secretamente. V. *asechar.*
16. *acecinar*, curar la carne. V. *asesinar.*
17. *acedera*, cierta planta. V. *hacedero, -a.*

461

18. *acerbo, -a*, cruel, desagradable. V. *acervo*.
19. *acervo*, montón; conjunto. V. *acerbo, -a*.
20. *achote*, cierto árbol. V. *hachote*.
21. **acrobacía*. Forma correcta: *acrobacia*.
22. *adecuar*. Formas verbales correctas de este verbo son: *adecuo, adecuas, adecua...; adecue, adecues...; adecua, adecuad* y no **adecúo, *adecúas, *adecúa*, etc
23. **aerodromo*. Forma correcta: *aeródromo*.
24. *agitar*. Distíngase la forma verbal *agito* de *ajito*.
25. *¡ah!,* interjección. V. *a*. Distíngase de *ha,* del verbo *haber*.
26. **ahi*. Forma correcta: *ahí*.
27. *ahí*, adverbio de lugar. Distíngase de *hay,* del verbo *haber*.
28. *ahijado, -a*, cualquier persona, respecto de sus padrinos. V. *aijada*.
29. *aijada*, vara larga. V. *ahijada*.
30. *ajo*. Distíngase su diminutivo, *ajito*, de *agito*, del verbo *agitar*.
31. *ala*, extremidad del ave. V. *¡hala!*
32. *alagar*, llenar de lagos. V. *halagar*.
33. *alar*, alero del tejado. V. *halar*.
34. *alarma*, aviso. V. *alharma*.
35. *albino, -a*, blanquecino, -a. V. *alvino,-a*.
36. **alcánfor*. Forma correcta: *alcanfor*.
37. *aldea*, pueblo. Distíngase de *haldea*, del verbo *haldear*.
38. *aleñar*, hacer leña. V. *alheñar*.
39. **álfil*. Forma correcta: *alfil*.
40. *alhambra*, palacio morisco. Distíngase de *alambra*, del verbo *alambrar*.
41. *alharma*, cierta planta. V. *alarma*.
42. *alheñar*, teñir con alheña. V. *aleñar*.
43. *alhoja*, alondra. Distíngase de *aloja*, del verbo *aloja*

44. *alisar*, poner liso algo. V. *alizar*.
45. *alizar*, azulejo; cenefa. V. *alisar*.
46. °*almóndiga*. Forma correcta: *albóndiga*.
47. *alón*, ala desplumada. V. *halón*.
48. *aloque*, de color rojo claro. V. *haloque*.
49. *alvino, -a*, del bajo vientre. V. *albino, -a*.
50. *amo, -a*, dueño, -a. V. *hamo*.
51. *ampón, -a*, amplio, -a. V. *hampón, -a*.
52. *andar*. Formas verbales correctas de este verbo son: *anduve, anduviste, anduvo, aduvimos, anduvisteis, anduvieron*, y no °*andé,* °*andaste,* °*andó,* °*andamos,* °*andasteis,* °*andaron*.
53. °*antidiluviano, -a*. Forma correcta: *antediluviano, -a*.
54. °*antitesis*. Forma correcta: *antítesis*.
55. °*apoplejia*. Forma correcta: *apoplejía*.
56. *aprehender*, prender. V. *aprender*.
57. *aprehensión*, de *aprehender*. V. *aprensión*.
58. *aprehensivo, -a*, capaz de aprehender. V. *aprensivo, -a*.
59. *aprender*, instruirse. V. *aprehender*.
60. *aprensión*, escrúpulo. V. *aprehensión*.
61. *aprensivo, -a*, escrupoloso, -a. V. *aprehensivo, -a*.
62. *ara*, altar. Distíngase de *hará*, del verbo *hacer*.
63. °*areopuerto*. Forma correcta: *aeropuerto*.
64. *arma*, utensilio para luchar. V. *harma*.
65. °*arrascar*. Forma correcta: *rascar*.
66. °*arrellenarse*. Forma correcta: *arrellanarse*.
67. °*arremilgado, -a*. Forma correcta: *remilgado, -a*.
68. *arrollar*, llevarse algo por delante. V. *arroyar*.
69. *arroyar*, formar arroyos. V. *arrollar*.
70. *arroyo*, río pequeño. Distíngase de *arrollo*, del verbo *arrollar*.
71. *arte*, maña, astucia. Distíngase de *harte*, del verbo *hartar*.
72. *arto*, cierto arbusto. V. *harto, -a*.

73. *as*, nombre de naipe. Distíngase de *has*, del verbo *haber* y de *haz*.
74. *asado, -a*, de *asar*. Dístingase *asada* de *azada*.
75. *asar*, tostar. V. *azar* y *azahar*. Distíngase algunas formas verbales de las correpondientes del verbo *hacer*.
76. *asceso. Forma correcta: *acceso*.
77. *asechanza*, engaño, treta. V. *acechanza*.
78. *asechar*, engañar. V. *acechar*.
79. *asesinar*, matar. V. *acecinar*.
80. *asolar*, arrasar, destruir. V. *azolar*.
81. *asta*, cuerno; palo. V. *hasta*.
82. *ástil. Forma correcta: *astil*.
83. **astracto, -a*. Forma correcta: *abstracto, -a*.
84. *atajo*, camino corto. V. *hatajo*.
85. *áuriga. Forma correcta: *auriga*.
86. *autosia. Forma correcta: *autopsia*.
87. *avalar*, garantizar. V. *abalar*.
88. **ávaro, -a*. Forma correcta: *avaro, -a*.
89. *aviar*, aderezar, arreglar. V. *abiar*.
90. *ávido, -a*, ansioso, -a. V. *habido, -a*.
91. *avocar*, conocer de una causa que se ha estado siguiendo ante un juez inferior. V. *abocar*.
92. *axfisia. Forma correcta: *asfixia*.
93. *aya*, educadora de niños. V. *haya*.
94. *ayo*, educador de niños. V. *hayo*.
95. *azada*, herramienta agrícola. V. *asado, -a*.
96. *azahar*, flor del naranjo. V. *azar* y *asar*.
97. *azar*, casualidad. V. *azahar* y *asar*.
98. *azolar*, desbastar con azuela. V. *asolar*.
99. *baca*, portaequipaje. V. *vaca*.
100. *bacada*, batacazo. V. *vacada*.
101. *bacante*, mujer que celebra bacanales. V. *vacante*.
102. *bacía*, utensilio de barbero. V. *vacío, -a*.

03. *bacilar*, de bacilo. V. *vacilar*.
04. *bacilo*, microbio. Distíngase de *vacilo*, del verbo *vacilar*.
05. *baga*, cápsula del lino; soga. V. *vago, -a*.
06. *bagar*, echar baga el lino. V. *vagar*.
07. *bago*, distrito de tierras; de *bagar*. V. *vago, -a*.
08. *balar*, dar balidos. V. *valar*.
09. *balido*, voz de la oveja. V. *valido*.
10. *°balompíe*. Forma correcta: *balompié*.
11. *balón*, pelota. V. *valón*.
12. *balsar*, terreno con zarzas. V. *valsar*.
13. *°balustrada*. Forma correcta: *balaustrada*.
14. *bao*, barrote de un buque. V. *vaho*.
15. *baqueta*, vara; moldura. V. *vaqueta*.
16. *°barahúnta*. Forma correcta: *barahúnda o baraúnda*.
17. *baria*, cierto árbol de Cuba. V. *vario, -a*.
18. *bario*, meta. V. *vario, -a*.
19. *barita*, óxido de bario. V. *varita*.
20. *barón*, título nobiliario. V. *varón*.
21. *basa*, base, apoyo. V. *baza*.
22. *basar*, fundar. V. *vasar y bazar*.
23. *basca*, malestar. V. *vasco, -a*.
24. *bascular*, oscilar. V. *vascular*.
25. *bastar*, ser suficiente. V. *vastar*.
26. *basto, -a*, poco fino. V. *vasto, -a*.
27. *bastos*, del juego de naipes. Distíngase de *vastos*, plural de *vasto*.
28. *bate*, palo de béisbol. V. *vate*.
29. *baya*, cierto fruto. V. *vaya y valla*.
30. *°bayonesa*. Formas correctas: *mahonesa o mayonesa*.
31. *baza*, del juego de naipes. V. *basa*.
32. *bazar*, tienda. V. *basar y vasar*.
33. *be*, letra *b*; balido. Distíngase de *ve*, del verbo *ir*.
34. *°beisbol*. Forma correcta: *béisbol*.

465

135. *beleño, -a*, cierta planta. V. *veleño*.
136. *bello, -a*, hermoso, -a. V. *vello*.
137. *biga*, carro de dos caballos. V. *viga*.
138. *billar*, cierto juego. V. *villar*.
139. *binario, -a*, de dos elementos. V. *vinario, -a*.
140. *°biósfera*. Forma correcta: *biosfera*.
141. *bis*, repetido. V. *vis*.
142. *biso*, secreción de los moluscos. V. *viso*.
143. *bobina*, carrete de hilo. V. *bovino, -a*.
144. *bocal*, jarro; tabla de embarcación. V. *vocal*.
145. *bocear*, mover los labios el caballo. V. *vocear* y *vosear*.
146. *bolar*, tierra con que se hace el bol. V. *volar*.
147. *bollero, -a*, que vende bollos. V. *boyero*.
148. *botar*, dar botes; arrojar. V. *votar*.
149. *boto*, tipo de bota. V. *voto*.
150. *bovino, -a*, de ganado vacuno. V. *bobina*.
151. *boyero*, que guía bueyes. V. *bollero, -a*.
152. *bracero*, jornalero, peón. V. *brasero*.
153. *brasa*, carbón encendido. V. *braza*.
154. *brasero*, vasija en que se echa lumbre. V. *bracero*.
155. *braza*, estilo de natación. V. *brasa*.
156. *caber*. Formas verbales correctas de este verbo son *cupe, cupiste, cupo, cupimos, cupisteis, cupieron*, y no *°cabí, °cabiste, °cabió, °cabimos, °cabisteis, °cabieron*. Distíngase algunas formas verbales de las correspondientes del verbo *cavar*.
157. *°cábila*. Forma correcta: *cabila*.
158. *cabo*, militar; accidente geográfico. Distíngase de *cavo*, del verbo *cavar*.
159. *°cadavera*. Forma correcta: *calavera*.
160. *callado, -a*, silencioso, -a. V. *cayado*.
161. *callar*. Distínganse *calló*, del verbo *callar*, de *cayó* del verbo *caer*.

62. *callo*, dureza de la piel. V. *cayo*.
63. *cangrena. Forma correcta: *gangrena*.
64. *carácteres. Forma correcta: *caracteres*.
65. *carnecería. Forma correcta: *carnicería*.
66. *casa*, vivienda, domicilio. V. *caza*.
67. *casar*, desposar; encajar. V. *cazar*.
68. *caso*, suceso. V. *cazo*.
69. *catalisis. Forma correcta: *catálisis*.
70. *cayado*, bastón corvo. V. *callado, -a*.
71. *cayo*, islote. Distíngase de *callo*, del verbo *callar*.
72. *caza*, matanza de animales. V. *casa*.
73. *cazar*, matar animales. V. *casar*.
74. *cazo*, recipiente metálico. V. *caso*.
75. *cebo*, señuelo. V. *sebo*.
76. *cegar*, dejar ciego; tapar. V. *segar*.
77. *cenador*, espacio cercado del jardín. V. *senador, -a*.
78. *cénit. Forma correcta: *cenit*.
79. *censual*, del censo. V. *sensual*.
80. *centígramo. Forma correcta: *centigramo*.
81. *centílitro. Forma correcta: *centilitro*.
82. *centimetro. Forma correcta: *centímetro*.
83. *cepa*, tronco de la vid. Distíngase de *sepa*, del verbo *saber*.
84. *cera. El uso de esta palabra para designar la orilla de la calle o de otra vía pública no es correcto. Forma correcta: *acera*.
85. *cerrar*, asegurar con cerradura. V. *serrar*.
86. *cesión*, renuncia, traspaso. V. *sesión*.
87. *champurrear. Forma correcta: *chapurrear*.
88. *chiclé. Forma correcta: *chicle*.
89. *chimbambas (en las). Forma correcta: *quimbambas (en las)*.
90. *cidra*, fruto del cidro. V. *sidra*.
91. *cien*, número. V. *sien*.

467

192. *ciervo, -a*, animal rumiante. V. *siervo, -a*.
193. *cilicio*, prenda para penitentes. V. *silicio*.
194. *cima*, cumbre de una montaña. V. *sima*.
195. *°circustancia*. Forma correcta: *circunstancia*.
196. *cocer*, hervir. V. *coser*.
197. *°cocreta*. Forma correcta: *croqueta*.
198. *cohorte*, conjunto. V. *corte*.
199. *°cólega*. Forma correcta: *colega*.
200. *concejo*, ayuntamiento. V. *consejo*.
201. *°concienzar*. Forma correcta: *concienciar*.
202. *°concretizar*. Forma correcta: *concretar*.
203. *°condor*. Forma correcta: *cóndor*.
204. *conducir*. Formas verbales correctas de este verbo son: *conduje, condujiste, condujo, condujimos, condujisteis, condujeron*, y no *°conducí, °conducist °condució, °conducimos, °conducisteis, °conducieror*
205. *consejo*, recomendación. V. *concejo*.
206. *°cónsola*. Forma correcta: *consola*.
207. *contexto*, entorno. Distíngase de *contesto*, del verb *contestar*.
208. *contradecir*. Formas verbales correctas de este verbo son: *contradije, contradijiste, contradijo, contradijimos, contradijisteis, contradijeron*, y no *°contradecí, °contradeciste, °contradició, °contradicimos, °contradicisteis, °contradicieron*.
209. *°convalescencia*. Forma correcta: *convalecencia*.
210. *°cónyugue*. Forma correcta: *cónyuge*.
211. *°coopropietario, -a*. Forma correcta: *copropietario, -*
212. *corso, -a*, de Córcega. V. *corzo, -a*.
213. *corte*, séquito; inciso. V. *cohorte*.
214. *corzo, -a*, animal rumiante. V. *corso, -a*.
215. *coser*, unir con hilo. V. *cocer*.
216. *°cotidianeidad*. Forma correcta: *cotidianidad*.
217. *°cuádriga*. Forma correcta: *cuadriga*.

218. *decágramo*. Forma correcta: *decagramo*.
219. *decálitro*. Forma correcta: *decalitro*.
220. *decígramo*. Forma correcta: *decigramo*.
221. *decílitro*. Forma correcta: *decilitro*.
222. *decimetro*. Forma correcta: *decímetro*.
223. *delicuesciencia*. Forma correcta: *delicuescencia*.
224. *dentrífico, -a*. Forma correcta: *dentífrico, -a*.
225. *desgallitarse*. Forma correcta: *desgañitarse*.
226. *deshojar*, quitar las hojas. V. *desojar*.
227. *desmallar*, cortar malla. V. *desmayar*.
228. *desmayar,* perder el sentido. V. *desmallar*.
229. *desojar*, cegar un aparato. V. *deshojar*.
230. *destornillarse*. Forma correcta: *desternillarse*.
231. *desvastar*. Forma correcta: *devastar*.
232. *diabetis*. Forma correcta: *diabetes*.
233. *dialisis*. Forma correcta: *diálisis*.
234. *disgresión*. Forma correcta: *digresión*.
235. *divertimento*. Forma correcta: *divertimiento*.
236. *divertir*. Formas verbales correctas de verbo son: *divertí, divertiste, divirtió, divertimos, divertisteis, divirtieron,* y no *divertió,* *divertieron*.
237. *dotor, -a*. Forma correcta: doctor, -a.
238. *dúho*, asiento indio. V. *dúo*.
239. *dúo*, grupo musical de dos. V. *dúho*.
240. *e*, conjunción copulativa. Distíngase de ¡eh! y de *he*, del verbo *haber*.
241. *electrolisis*. Forma correcta: *electrólisis*.
242. *élite*. Forma correcta: *elite*.
243. *embardunar*. Forma correcta: *embadurnar*.
244. *embero*, cierto árbol de África. V. *envero*.
245. *embestir*, atacar. V. *envestir*.
246. *encausar*, llevar a juicio. V. *encauzar*.
247. *encauzar*, dirigir por el cauce. V. *encausar*.
248. *encobar*, incubar las aves. V. *encovar*.

249. *encovar*, guardar en cueva. V. *encobar*.
250. *°endeviduo, -a.* Forma correcta: *individuo, -a.*
251. *°engruesar.* Forma correcta: *engrosar.*
252. *°enhiestar.* Forma correcta: *enhestar.*
253. *°enquilosar.* Forma correcta: *anquilosar.*
254. *°entreno.* Forma correcta: *entrenamiento.*
255. *entretener.* Formas correctas de este verbo son: *entretuve, entretuviste, entretuvo, entretuvimos, entretuvisteis, entretuvieron,* y no *°entretení, °entreniste, °entretenió, °entretenimos, °entretenisteis, °entretenieron.*
256. *envero*, color de la uva. V. *embero*.
257. *envestir*, investir. V. *embestir*.
258. *°envoltijo.* Formas correctas: *envoltura* o *envoltori*
259. *°epíglotis.* Forma correcta: *epiglotis.*
260. *°epilepsía.* Forma correcta: *epilepsia.*
261. *°eregir.* Forma correcta: *erigir.*
262. *errar*, no acertar; vagar. V. *herrar*.
263. *°erúdito, -a.* Forma correcta: *erudito, -a.*
264. *°eruptar.* Forma correcta: *eructar.*
265. *°erupto.* Forma correcta: *eructo.*
266. *esotérico, -a*, oculto, -a. V. *exotérico, -a.*
267. *°especimen.* Forma correcta: *espécimen.*
268. *espía*, el que hace espionaje. Distíngase de *expía*, del verbo *expiar*.
269. *espiar*, observar disimuladamente. V. *expiar*.
270. *espirar*, expulsar el aire al respirar. V. *expirar*.
271. *°espúreo, -a.* Forma correcta: *espurio, -a.*
272. *°espúrio, -a.* Forma correcta: *espurio, -a.*
273. *estático, -a*, inmóvil. V. *extático, -a.*
274. *estirpe*, linaje, casta. Distíngase de *extirpe*, del verbo *extirpar*.
275   *°estratósfera.* Forma correcta: *estratosfera.*
276. *ético, -a*, moral. V. *hético, -a.*

470

77. *eurritmia*. Forma correcta: *euritmia*.
78. *evacuar*. Formas correctas de este verbo son: *evacuo, evacuas, evacua...; evacue, evacues...; evacua, evacuad* y no *evacúo, evacúas, evacúa*, etc.
79. *exagüe*. Forma correcta: *exangüe*.
80. *exotérico, -a*, común. V. *esotérico, -a*.
81. *expander*. Forma correcta: *expandir*.
82. *expédito, -a*. Forma correcta: *expedito, -a*.
83. *expiar*, borrar una culpa. V. *espiar*.
84. *expirar*, morir. V. *espirar*.
85. *extático, -a*, en éxtasis. V. *estático, -a*.
86. *extranquis (de)*. Forma correcta: *extranjis (de)*.
87. *falla*, defecto; hoguera. V. *faya*.
88. *fariseico, -a*. Forma correcta: *farisaico, -a*.
89. *faya*, tejido; peñasco. V. *falla*.
90. *fluído, -a*. Forma correcta: *fluido, -a*.
91. *fluor*. Forma correcta: *flúor*.
92. *fórmica*. Forma correcta: *formica*.
93. *fraticida*. Forma correcta: *fratricida*.
94. *fregaplatos*. Forma correcta: *friegaplatos*.
95. *fucilar*, producirse fucilazos. V. *fusilar*.
96. *fusilar*, matar con fusil. V. *fucilar*.
97. *fustrar*. Forma correcta: *frustrar*.
98. *futil*. Forma correcta: *fútil*.
99. *gabina*, sombrero de copa. V. *gavina*.
00. *gallo*, ave de corral; cierto pez. V. *gayo, -a*.
01. *garage*. Forma correcta: *garaje*.
02. *gaseoducto*. Forma correcta: *gasoducto*.
03. *gavina*, gaviota. V. *gabina*.
04. *gayo, -a*, alegre, vistoso, -a. V. *gallo*.
05. *gengibre*. Forma correcta: *jengibre*.
06. *geta*, natural de un pueblo de la Dacia. V. *jeta*.
07. *gira*, viaje; serie de actuaciones artísticas. V. *jira*.
08. *gneis*. Preferible a *neis*.

309. *gnómico, -a*. Preferible a *nómico, -a*.
310. *gnomo*. Preferible a *nomo*.
311. *grabar*, marcar. V. *gravar*.
312. *gragea*, confite; pastilla. Distíngase de *grajea*, del verbo *grajear*.
313. *grava*, arena gruesa. Distíngase de *graba*, del verb[] *grabar*.
314. *gravar*, cargar, pesar. V. *grabar*.
315. *grave*, serio, -a; de *gravar*. Distíngase de *grabe*, d[] verbo *grabar*.
316. *guito*, animal de carga falso. V. *güito*.
317. *güito*, sombrero; hueso de albaricoque. V. *guito*.
318. *haba*, planta herbácea. V. *aba*.
319. *habada*, caballería con tumor. V. *abada*.
320. *habano, -a*, de La Habana; puro. V. *abano*.
321. *haber*. Este verbo, en su uso impersonal, no admi[] plural; por tanto, la forma correcta es *había (tres coches)*, en lugar de *habían (tres coches)*. Forma[] correctas de este verbo son: *haya, hayas, haya, hayamos, hayáis, hayan,* y no °*haiga,* °*haigas,* °*haiga,* °*haigamos,* °*haigáis,* °*haigan.*
322. *habitar*, vivir. V. *abitar*.
323. *hacedero, -a*, que puede hacerse. V. *acedera*.
324. *¡hala!*, interjección. V. *ala*.
325. *halagar*, adular. V. *alagar*.
326. *halar*, tirar hacia sí. V. *alar*.
327. *haldea*, de aldear. V. *aldea*.
328. *halón*, meteoro luminoso. V. *alón*.
329. *haloque*, embarcación pequeña. V. *aloque*.
330. *hamo*, anzuelo de pescar. V. *amo, -a*.
331. *hampón, -a*, bribón, -a. V. *ampón, -a*.
332. *hanega*, fanega. Distíngase de *anega*, del verbo *anegar*.
333. *harma*, cierta planta. V. *arma*.

34. *harón, -a*, holgazán, -a. V. *arón*.
35. *harto, -a*, sobrado, -a. V. *arto*.
36. *hasta*, preposición. V. *asta*.
37. *hatajo*, ganado pequeño. V. *atajo*.
38. *hato*, ropa de uso ordinario. V. *ato*.
39. *haya*, cierto árbol; de *haber*. V. *aya*. Distíngase de *haya*, del verbo *hallar*.
40. *hayo*, coca del Perú. V. *ayo*.
41. *hecho, -a*, de hacer. Distíngase de *echo*, del verbo *echar*.
42. *˚hectógramo*. Forma correcta: *hectogramo*.
43. *˚hectólitro*. Forma correcta: *hectolitro*.
44. *˚hectometro*. Forma correcta: *hectómetro*.
45. *herrar*, poner herraduras. V. *errar*.
46. *hético, -a*, muy flaco, tísico. V. *ético, -a*.
47. *˚hidrolisis*. Forma correcta: *hidrólisis*.
48. *˚hipocondria*. Forma correcta: *hipocondría*.
49. *˚hipógrifo*. Forma correcta: *hipogrifo*.
50. *hojear*, pasar hojas de un libro. V. *ojear*.
51. *hojoso, -a*, de nuchas hojas. V. *ojoso, -a*.
52. ¡*hola!*, interjección de saludo. V. *ola*.
53. *hollar*, pisar; despreciar. V. *ollar*.
54. *hombría*, calidad de hombre. V. *ombría*.
55. *honda*, utensilio que sirve para arrojar piedras. V. *onda*.
56. *hondear*, utilizar la sonda. V. *ondear*.
57. *hora*, medida de tiempo. V. *ora*.
58. *horca*, instrumento de ejecución. V. *orca*.
59. *hornada*, lo que se cuece en el horno. V. *ornado, -a*.
60. *hosco, -a*, intratable. V. *osco, -a*.
61. *hostia*, pan de misa. V. *ostia*.
62. *hostiario*, caja de hostias. V. *ostiario*.
63. *hoto*, confianza, esperanza. V. *oto*.
64. *hoya*, fosa. V. *olla*.

473

365. *huebos*, necesidad. Distíngase de *huevos*.
366. *hulla*, carbón. Distíngase de *huya*, del verbo *huir*.
367. *huno*, pueblo bárbaro. V. *uno*.
368. *husillo*, tornillo de la prensa. V. *usillo*.
369. *huso*, instrumento para hilar. V. *uso*.
370. *°inagurar*. Forma correcta: *inaugurar*.
371. *inca*, rey de Perú. Distíngase de *hinca*, del verbo *hincar*.
372. *°incásico, -a*. Forma correcta: *incaico, -a*.
373. *incipiente*, que empieza. V. *insipiente*.
374. *°indición*. Forma correcta: *inyección*.
375. *ingerir*, introducir por la boca. V. *injerir*.
376. *injerir*, entremeterse. V. *ingerir*.
377. *insipiente*, falto, -a, de *saber*. V. *incipiente*.
378. *intención*, voluntad. V. *intensión*.
379. *intensión*, energía. V. *intención*.
380. *°interín*. Forma correcta: *ínterin*.
381. *°intérvalo*. Forma correcta: *intervalo*.
382. *°invernación*. Forma correcta: *hibernación*.
383. *°istituto*. Forma correcta: *instituto*.
384. *°jenciana*. Forma correcta: *genciana*.
385. *°jesuíta*. Forma correcta: *jesuita*.
386. *jeta*, boca saliente; hocico. V. *geta*.
387. *jira*, pedazo de tela rasgado. V. *gira*.
388. *°kilólitro*. Forma correcta: *kilolitro*.
389. *lasitud*, cansancio. V. *laxitud*.
390. *laso, -a*, cansado, -a. V. *laxo, -a* y *lazo*.
391. *laxitud*, relajamiento. V. *lasitud*.
392. *laxo, -a*, relajado. V. *laso, -a* y *lazo*.
393. *lazo*, nudo de cintas. V. *laso, -a* y *laxo, -a*.
394. *°líbido*. Forma correcta: *libido*.
395. *licuar*. Formas verbales correctas de este verbo son *licuo, licuas, licua...; licue, licues...; licua, licuad* y no *°licúo, °licúas, °licúa*, etc.

396.   *línia*. Forma correcta: *línea*.

397.   *liso, -a*, plano, -a. V. *liza*.

398.   *litósfera*. Forma correcta: *litosfera*.

399.   *liza*, lid. V. *liso, -a*.

400.   *losa*, piedra. V. *loza*.

401.   *loza*, porcelana; vajilla. V. *losa*.

402.   *madastra*. Forma correcta: *madrastra*.

403.   *magnetofono*. Forma correcta: *magnetófono*.

404.   *malla*, tejido de red. V. *maya*.

405.   *mallo*, mazo. V. *mayo*.

406.   *mamotetro*. Forma correcta: *mamotreto*.

407.   *mámpara*. Forma correcta: *mampara*.

408.   *masa*, mezcla; conjunto. V. *maza*.

409.   *masonería*, grupo selecto. V. *mazonería*.

410.   *maya*, pueblo precolombino. V. *malla*.

411.   *mayo*, mes del año. V. *mallo*.

412.   *maza*, herramienta. V. *masa*.

413.   *mazonería*, fábrica de cal y canto. V. *masonería*.

414.   *medecina*. Forma correcta: *medicina*.

415.   *mella*, hendedura en un filo. V. *meya*.

416.   *méndigo, -a*. Forma correcta: *mendigo, -a*.

417.   *metamórfosis*. Forma correcta: *metamorfosis*.

418.   *metereología*. Forma correcta: *meteorología*.

419.   *metereológico, -a*. Forma correcta: *meteorológico, -a*.

420.   *metereólogo, -a*. Forma correcta: *meteorólogo, -a*.

421.   *meya*, especie de centolla. V. *mella*.

422.   *mildiú*. Forma correcta: *mildíu*.

423.   *milígramo*. Forma correcta: *miligramo*.

424.   *mililitro*. Forma correcta: *mililitro*.

425.   *milimetro*. Forma correcta: *milímetro*.

426.   *miriada*. Forma correcta: *miríada*.

427.   *miriágramo*. Forma correcta: *miriagramo*.

428.   *miriálitro*. Forma correcta: *mirialitro*.

429.   *mitín*. Forma correcta: *mitin*.

430.   *mnemónico, -a*. Preferible a *nemónico, -a*.
431.   *mnemotecnia*. Preferible a *nemotecnia*.
432.   *mnemotécnico, -a*. Preferible a *nemotécnico, -a*.
433.   *°mómina*. Forma correcta: *nómina*.
434.   *°monócromo, -a*. Forma correcta: *monocromo, -a*.
435.   *nabal*, de nabo. V. *naval*.
436.   *°nádir*. Forma correcta: *nadir*.
437.   *°nailón*. Forma correcta: *nailon*.
438.   *naval*, de nave. V. *nabal*.
439.   *°naztalina*. Forma correcta: *naftalina*.
440.   *neis*. V. *gneis*.
441.   *nómico, -a*. V. *gnómico, -a*.
442.   *nomo*. V. *gnomo*.
443.   *nemónico, -a*. V. *mnemónico, -a*.
444.   *nemotecnia*. V. *mnemotecnia*.
445.   *nemotécnico, -a*. V. *mnemotécnico,-a*.
446.   *°neumonia*. Forma correcta: *neumonía*.
447.   *°nieblina*. Forma correcta: *neblina*.
448.   *°nilon*. Forma correcta: *nilón*.
449.   *novel*, nuevo, -a, principiante. Distíngase del premio *Nobel*.
450.   *°nuevecientos, -as*. Forma correcta: *novecientos, -as*.
451.   *°numático, -a*. Forma correcta: *neumático, -a*.
452.   *°ñomo*. Formas correctas: *gnomo* o *nomo*.
453.   *o*, conjunción. V. *¡oh!*
454.   *°óboe*. Forma correcta: *oboe*.
455.   *óbolo*, peso; moneda. V. *óvolo*.
456.   *¡oh!*, interjección. V. *o*.
457.   *ojear*, mirar detenidamente. V. *hojear*.
458.   *°ojeto*. Forma correcta: *objeto*.
459.   *ojoso, -a*, de muchos ojos. V. *hojoso, -a*.
460.   *ola*, onda del mar. V. *¡hola!*
461.   *olla*, vasija. V. *hoya*.
462.   *ollar*, orificio nasal equino. V. *hollar*.

476

63. *ombrío, -a*, parte sombría. V. *hombría*.
64. *onda*, ondulación. V. *honda*.
65. *ondear*, hacer ondas. V. *hondear*.
66. *ora*, conjunción; de *arar*. V. *hora*.
67. *orca*, cierto cetáceo. V. *horca*.
68. *ornado, -a*, adornado, -a. V. *hornada*.
69. *osco, -a*, de Osco-Umbría. V. *hosco, -a*.
70. *ostia*, ostra. V. *hostia*.
71. *ostiario*, clérigo. V. *hostiario*.
72. *oto*, especie de lechuza. V. *hoto*.
73. *óvolo*, moldura, adorno. V. *óbolo*.
74. *pápiro*. Forma correcta: *papiro*.
75. *paralelógramo*. Forma correcta: *paralelogramo*.
76. *paralís*. Forma correcta: *parálisis*.
77. *paralisis*. Forma correcta: *parálisis*.
78. *parduzco, -a*. Forma correcta: *pardusco, -a*.
79. *patina*. Forma correcta: *pátina*.
80. *pedrestre*. Forma correcta: *pedestre*.
81. *périto, -a*. Forma correcta: *perito, -a*.
82. *pingue*, embarcación. V. *pingüe*.
83. *pingüe*, gordo, abundante. V. *pingue*.
84. *pitecantropo*. Forma correcta: *pitecántropo*.
85. *poblema*. Forma correcta: *problema*.
86. *pograma*. Forma correcta: *programa*.
87. *pollo, -a*, cría de ave. V. *poyo*.
88. *poso*, sedimento. V. *pozo*.
89. *poyo*, bando de piedra. V. *pollo, -a*.
90. *pozo*, hoyo en la tierra con agua. V. *poso*.
91. *prénsil*. Forma correcta: *prensil*.
92. *prespectiva*. Forma correcta: *perspectiva*.
93. *prespicaz*. Forma correcta: *perspicaz*.
94. *preveer*. Forma correcta: *prever*.
95. *pristino, -a*. Forma correcta: *prístino, -a*.
96. *psicoanálisis*. Preferible a *sicoanálisis*.

477

497. *psicoanalizar*. Preferible a *sicoanalizar*.
498. *psicología*. Preferible a *sicología*.
499. *psicólogo, -a*. Preferible a *sicólogo, -a*.
500. *psicópata*. Preferible a *sicópata*.
501. *psicosis*. Preferible a *sicosis*.
502. *psíquico, -a*. Preferible a *síquico, -a*.
503. *pulla*, broma, burla. V. *puya*.
504. *puya*, pica, púa, punta. V. *pulla*.
505. *rallar*, desmenuzar, raspar. V. *rayar*.
506. *rallo*, rallador; de *rallar*. V. *rayo*.
507. *rayar*, hacer rayas. V. *rallar*.
508. *rayo*, relámpago, radiación. V. *rallo*.
509. *rebelarse*, sublevarse. V. *revelarse*.
510. *rebosar*, derramarse. V. *rebozar*.
511. *rebozar*, bañar en huevo o harina. V. *rebosar*.
512. *recabar*, conseguir; reclamar. V. *recavar*.
513. *recavar*, volver a cavar. V. *recabar*.
514. *régimenes*. Forma correcta: *regímenes*.
515. *rehusar*, no aceptar, rechazar. V. *reusar*.
516. *reostato*. Forma correcta: *reóstato*.
517. *rescinsión*. Forma correcta: *rescisión*.
518. *retahila*. Forma correcta: *retahíla*.
519. *reusar*, volver a usar. V. *rehusar*.
520. *revelarse*, mostrarse. V. *rebelarse*.
521. *revindicar*. Forma correcta: *reivindicar*.
522. *rial*. Forma correcta: *real*.
523. *ribera*, orilla, huerto. V. *rivera*.
524. *rivera*, arroyo. V. *ribera*.
525. *rollo*, objeto cilíndrico. V. *royo, -a*.
526. *royo, -a*, rubio, -a, rojo, -a. V. *rollo*.
527. *sabio, -a*, con sabiduría. V. *savia*.
528. *savia*, jugo vegetal. V. *sabio, -a*.
529. *sebero*, recipiente con sebo. V. *severo, -a*.
530. *sebo*, grasa animal. V. *cebo*.

531. *segar*, cortar con la hoz. V. *cegar*.

532. *senador, -a*, miembro del senado. V. *cenador*.

533. *sensual*, de los sentidos. V. *censual*.

534. *serrar*, cortar con sierra. V. *cerrar*.

535. *sesión*, reunión, junta. V. *cesión*.

536. *seso*, cerebro. V. *sexo*.

537. *seta*, cierta clase de hongo. V. *zeta*.

538. *severo, -a*, riguroso, -a, grave. V. *sebero*.

539. *sexo*, condición orgánica que distingue al macho de la hembra. V. *seso*.

540. *sicoanálisis*. V. *psicoanálisis*.

541. *sicoanalizar*. V. *psicoanalizar*.

542. *sicología*. V. *psicología*.

543. *sicólogo, -a*. V. *psicólogo, -a*.

544. *sicópata*. V. *psicópata*.

545. *sicosis*. V. *psicosis*.

546. *sidra*, bebida. V. *cidra*.

547. *sien*, parte de la cabeza. V. *cien*.

548. *siervo, -a*, servidor, -a, esclavo, -a. V. *ciervo, -a*.

549. *°sietecientos, -as*. Forma correcta: *setecientos, -as*.

550. *silicio*, metaloide. V. *cilicio*.

551. *silva*, tipo de estrofa. Distíngase de *silba*, del verbo *silbar*.

552. *sima*, foso. V. *cima*.

553. *síquico, -a*. V. *psíquico, -a*.

554. *sueco, -a*, de Suecia. V. *zueco*.

555. *sumo, -a*, supremo, -a. V. *zumo*.

556. *°sútil*. Forma correcta: *sutil*.

557. *°tactil*. Forma correcta: *táctil*.

558. *°tangana*. Forma correcta: *tángana*.

559. *tasa*, valoración. V. *taza*.

560. *taza*, recipiente para líquidos. V. *tasa*.

561. *°tiatro*. Forma correcta: *teatro*.

562. *toba*, cierta planta. V. *tova*.

563. *tova*, alondra. V. *toba*.
564. **tragalenguas*. Forma correcta: *trabalenguas*.
565. **trogoldita*. Forma correcta: *troglodita*.
566. *tubo*, cilindro hueco. Distíngase de *tuvo*, del verbo *tener*.
567. *ubada*, medida de tierra. V. *uvada*.
568. *ube*, cierta planta de Filipinas. V. *uve*. Distíngase d *hube*, del verbo *haber*.
569. *uno*, unidad, de unir. V. *huno*.
570. **uropeo, -a*. Forma correcta: *europeo, -a*.
571. *usillo*, achicoria silvestre. V. *husillo*.
572. *uso*, utilización; de *usar*. V. *huso*.
573. **utomático, -a*. Forma correcta: *automático, -a*.
574. *uvada*, abundancia de uva. V. *ubada*.
575. *uve*, letra *v*. V. *ube*. Distíngase de *hube*, del verbo *haber*.
576. *vaca*, hembra del toro. V. *baca*.
577. *vacada*, manada de vacas. V. *bacada*.
578. *vacante*, empleo sin cubrir. V. *bacante*.
579. *vacío, -a*, no lleno, -a; de *vaciar*. V. *bacía*.
580. *vacilar*, titubear, oscilar. V. *bacilar*.
581. *vagar*, ir sin rumbo fijo. V. *bagar*.
582. *vago, -a*, ocioso, -a; de *vagar*. V. *bago* y *baga*.
583. *vaho*, vapor. V. *bao*.
584. *valar,* relativo al muro. V. *balar*.
585. *valido*, primer ministro. V. *balido*.
586. *valla*, cerca; cartelera publicitaria. V. *baya* y *vaya*.
587. *valón, -a*, de Valonia. V. *balón*.
588. *valsar*, bailar el vals. V. *balsar*.
589. *vaqueta*, cuero curtido. V. *baqueta*.
590. *vario, -a*, diverso, -a, variable. V. *bario* y *baria*.
591. *varita*, vara pequeña. V. *barita*.
592. *varón*, hombre. V. *barón*.
593. *vasar*, estante para vasos. V. *basar* y *bazar*.

594. *vasco, -a*, vascongado, -a. V. *basca*.
595. *vascular*, de las venas. V. *bascular*.
596. *vastar*, talar, destruir. V. *bastar*.
597. *vasto, -a*, extenso, -a. V. *basto, -a*.
598. *vate*, adivino; poeta. V. *bate*.
599. *vaya*, burla, de *ir*. V. *baya* y *valla*.
600. *veleño, -a*, de Vélez-Málaga. V. *beleño*.
601. *vello*, pelo suave. V. *bello, -a*.
602. *°verduzco, -a*. Forma correcta: *verdusco, -a*.
603. *°viciversa*. Forma correcta: *viceversa*.
604. *vidente*, adivino. V. *bidente*.
605. *°vidio*. Forma correcta: *vídeo*.
606. *viga*, pieza del techo. V. *biga*.
607. *villar*, pueblo pequeño. V. *billar*.
608. *vinario, -a*, relativo al vino. V. *binario, -a*.
609. *vis*, vigor, fuerza. V. *bis*.
610. *°visicitud*. Forma correcta: *vicisitud*.
611. *viso*, prenda de vestir. V. *biso*.
612. *vocal*, de voz, letra. V. *bocal*.
613. *vocear*, dar voces. V. *bocear* y *vosear*.
614. *volar*, desplazarse por aire. V. *bolar*.
615. *vosear*, usar *vos* por *tú*. V. *bocear* y *vocear*.
616. *votar*, hacer votos, dar el voto. V. *botar*.
617. *voto*, promesa, deseo. V. *boto*.
618. *°záfiro*. Forma correcta: *zafiro*.
619. *zahína*, cierta planta. V. *zaíno, -a*.
620. *zaíno, -a*, traidor, -a, falso, -a. V. *zahína*.
611. *zeta*, letra *z*. V. *seta*.
622. *zueco*, cierto calzado. V. *sueco, -a*.
623. *zumo*, jugo de la fruta. V. *sumo, -a*.

SOLUCIONES
DE LOS EJERCICIOS

ORTOGRAFÍA DE LAS LETRAS DUDOSAS

I

1. El, Alcalde (el que aparece en primer lugar).
2. Argentina, América, Sudamérica.
3. El, Océano, Atlántico, Europa, África, Presenta, Mediterráneo, Caribe, Báltico, Golfo, San, Lorenzo.
4. Son, Academia, Lengua, Española, Academia, Colombiana, Bogotá, Academia, Ecuatoriana, Quito, Academia, Mexicana, México, Academia, Salvadoreña, San Salvador, Academia, Venezolana, Caracas, Academia, Chilena, Santiago, Chile, Academia, Peruana, Lima, Academia, Guatemalteca, Guatemala, Academia, Costarricense, San, José, Costa, Rica, Academia, Filipina, Manila, Academia, Panameña, Panamá, Academia, Cubana, La, Habana, Academia, Paraguaya, Asunción, Academia, Dominicana, Santo, Domingo, Academia, Boliviana, La, Paz, Academia, Nicaragüense, Managua, Academia, Hondureña, Tegucigalpa, Academia, Puertorriqueña, San, Juan, Puerto, Rico, Academia, Norteamericana, Nueva, York, Están, Academia, Argentina, Letras, Buenos, Aires, Academia, Nacional, Letras, Uruguay, Montevideo.
5. El, Presidente, Consejo, Ministros, Gobernador.
6. San, Juan, Evangelista, Zebedeo, Santiago, Mayor, Fue, San, Juan, Bautista, Jesucristo, Nació, Betsiada, Genesaret, Escribió, Evangelio, Epístolas, Apocalipsis.
7. Edmund, Halley, Este, Halley, Halley, Sinopsis.
8. Aquel, Si, En.
9. Rodeados.
10. El, Liceo, Pedagógico.

11. La, Química.
12. Me, Cuál, Creo, P, Y.

2

1. b, b, b, v, b.
2. b, b, v.
3. v, v, b, v, b.
4. b, b, b, v, b, b, b, b.
5. b, b, b, b.
6. b, b, b, b, b, b, b, V.
7. b, b, b, b, b, b, b.
8. b, b, b, v, b, b.
9. v, b, b, b, b, b.
10. b, b, b, b, b, v.
11. b, v, b, v, v.
12. b, b, b, b.
13. b, v.
14. B, b, b, v, b, v, b, b.
15. b, b, b, b, b, b, b, b.
16. b, b, b, b, b, b.
17. b, b, b.
18. b, v, v, v, v, b.
19. b, v, b, b, b, b, b.
20. b, v, b, b, b, b, b.

3

bebida, bebedero, bebible, bebido...
vivencia, vividor, vivienda, vivo, viviente, víveres, viva-
lavirgen, avivar, vivero, vívido...
habitación, habitabilidad, habitable, habitáculo, habitante, hábitat...
bocacalle, bocado, bocamanga, bocanada, bocazas...
barbado, barbería, barbilla, barbudo, imberbe...
hervidero, hervido, hervidor, hervor, hirviente...

barca, embarcar, desembarcar, barquillo, barcaza...
bandada, bandazo, bando, desbandarse, desbandada...
servible, servicio, servidor, servidumbre, siervo, sir
viente...
subvencionar, subvencionado...
burladero, burlador, burlar, burlesco, burlón...

4

1. v, v, v, v, v.
2. v, v, v, b, v, v.
3. v, v, v, v, V, v.
4. v, v, v, b, b, b, v.
5. v, b, b.
6. v, b, v, v, V, B, v, V, V, v, b, v, B, b.
7. v, v, b, v, b.
8. v, b, b, v, b, b.
9. b, v, b, v, b, b, b, b, b, b, b, b, b, b, b, v, b, v, b, b, v
b, b, b, v.
10. v, v, b, v, b, b.

5

brevedad, breviario, abreviar, abreviatura, brevemente...
gravedad, gravemente, grávido, agravar...
cautivador, cautivar, cautiverio, cautividad...
activación, activar, actividad, activismo...
suavemente, suavizar, suavidad, suavizante...
levar, levedad, levemente, levadizo...

6

1. b.
2. b.
3. v.
4. v, v, v, v.
5. v, b.

6. b.
7. v, b.
8. b, v.
9. b.
10. v.
11. b.
12. v, v.
13. v, b.
14. v, b.
15. b.
16. b, v, v.
17. b, v.
18. v, v.
19. v.
20. v, b, v.
21. b, v.
22. v, b.
23. V, V, b.
24. v, b.
25. v, v, b.
26. b.
27. B.
28. v.
29. v, b.

7

1. j, g, g.
2. g, g.
3. j, g, g.
4. g, g, g, g.
5. g.
6. g, g, j, g, g.
7. g, g.
8. g, g, g, g.

9. g, j, g, g.
10. g, j, g, g, j, g.
11. g, g, g, g, g, g.
12. j, g.
13. g, j, g, g, g, g, g, g, j, g, g.
14. g, g, g, g, g, g, g.
15. j, j, j.
16. g, g, j.
17, g, j, g, g, g.
18. g, g, g.

8

corrijo, corriges, corrige, corregimos, corregís, corrigen;
corregí, corregiste, corrigió, corregimos, corregisteis, co
rrigieron.

rijo, riges, rige, regimos, regís, rigen;
regí, registe, rigió, regimos, registeis, rigieron.

surjo, surges, surge, surgimos, sugís, surgen;
surgí, surgiste, surgió, surgimos, surgisteis, surgieron.

refrigero, refrigeras, refrigera, refrigeramos, refrigeráis
refrigeran;
refrigeré, refrigeraste, refrigeró, refrigeramos, refrigeras
teis, refrigeraron.

tejo, tejes, teje, tejemos, tejéis, tejen;
tejí, tejiste, tejió, tejimos, tejisteis, tejieron.

finjo, finges, finge, fingimos, fingís, fingen;
fingí, fingiste, fingió, fingimos, fingisteis, fingieron.

aflijo, afliges, aflige, afligimos, afligís, afligen;
afligí, afligiste, afligió, afligimos, afligisteis, afligieron.

escojo, escoges, escoge, escogemos, escogéis, escogen;
escogí, escogiste, escogió, escogimos, escogisteis, esco
gieron.

ingiero, ingieres, ingiere, ingerimos, ingerís, ingieren;
ingerí, ingeriste, ingirió, ingerimos, ingeristeis, ingirieron.

486

exijo, exiges, exige, exigimos, exigís, exigen;
exigí, exigiste, exigió, exigimos, exigisteis, exigieron.
transijo, transiges, transige, transigimos, transigís, tran-
sigen;
transigí, transigiste, transigió, transigimos, transigisteis,
transigieron.
protejo, proteges, protege, protegemos, protegéis, pro-
tegen;
protegí, protegiste, protegió, protegimos, protegisteis,
protegieron.

9

1. j, j.
2. J, j, j, j, j, j, j, j.
3. j, g, g, g.
4. j, g.
5. j, j, j, g, j.
6. j, j.
7. j, j, g.
8. j, j, j, j, j, j, j, j.
9. j, j, j, j.
10. j, g, j, j.
11. g, j, j, g, j.
12. g, j, g, j, j, g, j, j.
13. g, j, j, J.
14. g, g, j, j, g.
15. j, j.
16. j, j, j.
17. g, j, g.
18. j, j, j, g, j.

10

ojal, ojear, ojera, ojeriza, ojete, ojoso...
flojamente, flojear, flojedad, flojera...

consejero, consejería, aconsejar...
naranja, naranjada, naranjal, naranjero, anaranjado...
granjero, granjería, granjear...
rejilla, rejo, rejón, rejería, enrejado, enrejar...
fajar, fajilla, fajín, fajón...
rojear, rojez, rojizo, enrojecer, pelirrojo, petirrojo...
cajero, cajetilla, cajetín, cajón, cajuela...
brujo, brujería, embrujar, embrujo...

II

1. hamaca, hambre.
2. hermana, ha, huerta, malhumor.
3. inhábil, enhebrar, hilo.
4. hombres, hombros.
5. Hasta, horizontal, almohada.
6. Honor, honra, hacienda.
7. tahúr, hospedado, hotel, Jehová, huellas, habitaciones.
8. inhumano, horripilante, hormigas, hasta.
9. Enhorabuena, ahorros, alhajas, heredaste, anhelas.
10. vehemencia, heno.
11. vehículo, homicida, alcohólico, higos, ahorquen.
12. Hernando, Hilario, hueco, huesos, herraduras, habas.
13. prohibieron, hijos, hogueras, ahuyentar, halcones búhos.
14. He, hoy, horrible, ahogar, hurtaban, hipnotizarme.
15. hechiceros, hemorragias.
16. hervirlo, hora, hay, herméticamente.
17. He, humoristas, hospicio, huérfanos.
18. ha, hocico, hiena.
19. hogares, moho, hongos, hierbabuena, albahaca, hinojo.
20. Hola, Huy, has, Hasta, ahora, había.
21. hacen, He, horma.
22. hidrofobia, horror.
23. herida, hinchando, hueso.

24. herramientas, hará, hábil, herrero, dehesa.
25. Hércules, Humberto, herpes, hombros.
26. hidroavión, ha, deshidratado.
27. hidráulicas.
28. hielo, hípica, hipódromo.
29. ha, hartado, hipocresía, habla.
30. humildes, habitantes, homilía, himno.

12

humedad, humedecer, humidificar, humectar...
habitación, habitabilidad, habitable, habitáculo, habitante, hábitat...
hijastro, ahijar, ahijado, hijuela, prohijar...
deshollinador, deshollinar, holliniento...
hojalata, hojaldre, hojarasca, hojear, hojoso, hojuela...
harinado, harinero, harinoso, enharinar...
herida, herido, heridor, hiriente, zaherir...
hebroso, enhebrar, desenhebrar...
humanamente, humanidad, humanismo, humanitario,
humanizar...

13

   1. Ø.
   2. Ø.
   3. hora.
   4. Hay, hojear.
   5. Ø.
   6. hasta, haya.
   7. Ø.
   8. Habría, rehusar.
   9. aprehendieron.
  10. hasta.
  11. Ø.
  12. Hablando.

13. Ø.
14. Haré.
15. Ø.
16. Has (el que aparece en primer lugar).
17. azahar.
18. Ahí, hay (el que aparece en primer lugar).
19. harté.
20. Ø.
21. herrara.
22. huso (el que aparece en segundo lugar).
23. Ø.
24. honda.
25. Hola.
26. he, hecho (el que aparece en segundo lugar).
27. ahorcado.
28. Ø.
29. Hala, habrías.
30. habanos.
31. hosco.

14

1. cc.
2. c.
3. cc.
4. c.
5. cc, c.
6. c, c.
7. cc, c.
8. c.
9. c.
10. cc.
11. cc.
12. cc, c.
13. cc.

14. c.
15. c.
16. cc.
17. cc.
18. c, c.
19. c.
20. c, c.
21. c.
22. cc, c.
23. c, c.
24. c, c.
25. c.
26. c, cc.
27. c.
28. c, c.
29. c.
30. c, c.

15

actualización
capitalización
civilización
restricción
urbanización
organización
humanización
contradicción
agudización
atracción
comercialización
infección
protección
evangelización
conservación

proyección
reducción
reproducción
formalización

16

1. z.
2. z.
3. z, z.
4. z, z, c.
5. z, z, z.
6. z, z. c.
7. c o z.
8. z, z.
9. z, z, z, z.
10. z.
11. z, z.
12. c o z.
13. c, c, z, z.
14. z, c.
15. c, z.
16. z, c.
17. z, z, z.
18. z, z.
19. z, z.
20. z, c, z.

17

puertecita, portezuela, puertecilla.
cacito, cazuela, cacillo.
bigotazo.
perrazo, perruzo.
pececito, pececillo.
bosquecito, bosquecillo.

492

avecilla, avecita.
riconcillo, rinconzuelo.
placita, plazuela.
cabecita, cabecilla, cabezón, cabezazo.

18

1. s, s.
2. s.
3. s, s, s.
4. s, s, s.
5. s, s.
6. s, s.
7. s, x.
8. s, x.
9. s, x.
10. x, x.
11. s, s, s.
12. s.
13. s, s, s.
14. s, s, s, s.
15. s, s.
16. s, s, s.
17. s, s, s.
18. s, s, s.
19. s, s, s.
20. s, s.
21. s, s, s.
22. s, s.
23. s, s, s.
24. s, s, s.

19

especulación, especulador, especulativo, especulativa-
mente...

especial, específico, especioso, especialista, especiali
dad, especializar...

escudar, escudería, escuderil, escudero...

escobada, escobilla, escobón, escobazo...

esponjadura, esponjar, esponjera, esponjosidad, esponjoso...

estable, estabilizar, establemente...

establecimiento, establecedor...

estomacal, estomagar...

esquemático, esquematizar, esquematismo, esquemática
mente, esquematización...

20

1. x, x.
2. x, x, x.
3. x, x, x.
4. x, x.
5. x, x.
6. x, x, x.
7. s, s.
8. x, x, x.
9. x, x, x.
10. x, x.
11. x, x.
12. x, x.
13. x, s.
14. x.
15. x, x.
16. x, x, x.
17. x, x, x.
18. x, x, x, x, x.
19. s, x.
20. s, s.
21. x, x, s.
22. x, s.

21

auxiliar (verbo), auxiliar (adjetivo), auxiliador, auxiliatorio, auxilianía...

experimentar, experimental, experimentación, experimentador, experimentativo...

textual, textualista, pretexto, metatexto, textura...

excluible, exclusive, exclusivo, excluyente, exclusiva...

exiliar, exiliado...

toxicidad, toxina, toxicología, toxicomanía, intoxicar...

22

1. z, s.
2. s, s.
3. z, c.
4. s, z, s.
5. s, x, s.
6. z, z.
7. s, s.
8. z, z.
9. s.
10. z, c.
11. s, z.
12. c, c.
13. s.
14. s.
15. x.
16. s, s, z.
17. s, c, c.
18. c, s, s, s.
19. c, s.
20. S, c.
21. c, c, s.

SOLUCIONES DE LOS EJERCICIOS

22. s, z, s.
23. s, s.
24. x, z.

23

1. z, t.
2. d, z.
3. z, z.
4. d, d.
5. d, d, d.
6. t, d.
7. t, t.
8. d.
9. d.
10. z.
11. d, d.
12. z.
13. d, d.
14. t, d.
15. d, d.
16. d.
17. t.
18. d, d.
19. d.
20. z, z, z.
21. z.
22. z, z.
23. z, z.
24. z, z.
25. z, d, z.

24

deficitario...
paredón, emparedar, emparedado, parietal...

496

robótica, robotizar...
lidiar, lidia, lidiador...

25

1. m, m, m, m m, m, n, m.
2. m, m, m, m.
3. m, m, m, m, m, m.
4. m, m, m.
5. m, m.
6. m, m.
7. m, m, m, m, m.
8. m, m, mm, m.
9. m, m, m.
10. m, m, m, m.
11. m, m, n, n, m, m, m, m.
12. n, m, m, m.
13. mm.
14. m, n, n, m.
15. m, m, m, m.
16. mm, m.
17. m, n, m, m.
18. m.
19. m, m, m, m, m.

26

compositor, composición, componente, compuesto, re-
omponer...
cambiar, cambiante, cambiazo, cambista, cambiable...
indemnizar, indemnización, indemnidad...
campestre, acampar, campamento, campesino, campear,
ampal, campiña...
competición, competidor, competitivo...
embajador...
trampear, trampero, trampilla, tramposo, trampantojo...

medicina, medicar, medicación, medicamento, medicinal...

amigable, amigote, amiguete, amistad, amistoso...

27

1. n, m.
2. n, n, n, n, n.
3. n, n.
4. m, n, n.
5. m, n, n, n.
6. n, nn, n.
7. nn, n, n.
8. m, n, m, m, n.
9. n, n, n, n.
10. mn, n, n.
11. mn, mn.
12. n, n, n.
13. n, nn.
14. n, n, n, m.
15. n, n, n, n.
16. n, n, n, n, n, n, n.

28

envidiar, envidioso, envidiable...

envasar, envasado, envasador...

inventar, inventor, invención, inventiva...

enviar, enviado...

confidencial, confidente, confidencialmente...

enlazar, enlazamiento, enlazador, enlazable...

enfocar, desenfoque, desenfocar...

29

1. r, r, r.
2. R, r, r.

3. r, r.
4. r, r.
5. R, R.
6. R, r.
7. r, r.
8. r, r.
9. r, R.
10. R, r.
11. r, r.
12. r, r, r, r.
13. r, R, r, r.
14. r, r, r, r.
15. R, r, r.
16. r, r, r.
17. r, r, r, r.

0

respuesta, respondón, responsable, corresponder...
residencia, residencial, residente...
reservar, reservado, reservista, reservable...
reproducción, reproductor, reproducible, reproductivo...
reprochar, reprochable, irreprochable...
roce, rozadura, rozamiento...
ruinoso, arruinar, ruin...
ruedo, rodar, rodado, rodear, rodete, rodaja...

I

1. rr, rr.
2. rr, rr.
3. rr, rr, rr.
4. rr, rr.
5. rr, rr.
6. rr, rr.
7. rr, rr.

8. rr, rr, rr.
9. rr, rr, rr, rr.
10. rr, rr, rr, r.
11. rr, rr, rr.
12. rr, rr, rr.
13. rr, r.
14. rr, rr, rr.
15. rr, rr, rr, rr.
16. rr, rr, rr.
17. rr, rr, rr, rr.
18. rr, rr, rr.
19. rr, rr, rr.
20. rr, rr, rr.
21. rr, rr.
22. rr, rr.

32

perrería, perrera, perrero, perruno, perrada...
ocurrencia, ocurrente...
arrepentimiento, arrepentido...
aporrear, porro, porrada, porrazo...
carrocería, carreta, carretilla, carruaje, carroza, carretero
carretón...

33

1. ll, ll.
2. ll, ll.
3. ll, ll.
4. ll, ll.
5. ll, ll, ll.
6. ll, ll.
7. ll, ll, ll, ll.
8. ll, ll.
9. y, ll, ll.

10. ll, ll, ll.
11. ll, ll, ll.
12. ll, ll.
13. ll, ll, ll.
14. Ll, ll.
15. ll, ll.
16. ll, ll.
17. ll, ll.
18. ll, ll.
19. ll, ll.
20. ll, ll.

4

llevadero, llevanza, llevador...
lluvia, llovizna, lluvioso, llovedizo...
fallecimiento, fallecido, desfallecer...
calleja, callejear, callejeo, callejero, callejón, callejuela...
llanura, llaneza, llanero, llanamente, allanar...

5

1. y, y, y.
2. y, y, y.
3. y, y.
4. y, y, y.
5. y, y, y.
6. í, y.
7. y, í, y, y, i.
8. I, y, y, y.
9. Y, I, í.
10. y, y, y.
11. y, y, y, y, y.
12. y, y, y.
13. y, y.
14. Y, y, y, Y, I.

15. y, í, y.
16. y, y, y.
17. y, y.
18. y, y.
19. í, y, í, y.
20. y, y.

36

constituyo, constituyes, constituye, constituyen;
constituyó, constituyeron;
constituyendo.
leyó, leyeron;
leyendo.
creyó, creyeron;
creyendo.
voy;
yendo.
cayó, cayeron;
cayendo.

37

1. y, ll, ll, y.
2. y, ll.
3. ll, ll.
4. ll, ll.
5. y, y.
6. y, y, y.
7. ll, ll.
8. y, y.
9. ll, ll.
10. y, ll.
11. y.
12. y.
13. ll.

14. y.
15. y.
16. y.
17. ll.
18. ll, y.
19. y.
20. y.

8

1. c.
2. c.
3. k, qu.
4. k o qu.
5. qu, c, qu.
6. k.
7. k.
8. qu, *k* o *qu*, k, c, qu.
9. *k* o *qu*, qu.
10. qu, qu, c.
11. k, K.
12. K.
13. c.
14. k.
15. k, k.
16. c, c.
17. K, k.
18. K, k.
19. k, qu.
20. qu, K.
21. K, c.
22. c.
23. c.
24. k.
25. k.

39

1. qu, qu, qu.
2. qu, qu.
3. qu, qu.
4. qu, qu.
5. qu, qu.
6. qu o k.
7. qu, qu.
8. qu.
9. qu, qu.
10. qu.
11. qu.
12. qu, qu, qu, qu.
13. qu, qu.
14. qu, qu, qu.
15. qu, qu, qu.
16. qu, qu, qu, qu.
17. qu, qu, qu.
18. qu, qu.
19. qu, qu.
20. qu, qu, qu, qu, qu.
21. qu, qu.
22. *qu* o *k.*
23. *qu* o *k.*

40

1. w.
2. W, W.
3. gü.
4. v.
5. v.
6. W.
7. W.
8. w.

9. v.
10. v.
11. W.
12. w, W.
13. W.
14. W, W, W.
15. v.

LA ACENTUACIÓN

41

em-po-bre-cer	san-ti-guar-se	ul-tra-mar
con-trac-ción	tras-pa-pe-lar	ad-ver-ten-cia
trans-crip-tor	obs-truir	tras-to
sub-li-mi-nal	des-tro-zar	ad-ya-cen-te
des-he-cho	mul-ti-tud	lec-tor
he-li-cóp-te-ro	cons-tan-cia	re-fres-co
pers-pi-caz	trans-at-lán-ti-co	in-ha-lar
	tran-sat-lán-ti-co	
lo-gro	o-pri-mo	am-nis-tí-a
so-bre-sa-lir	sub-te-rrá-ne-o	co-rre-vei-di-le
pe-li-rro-jo	ce-ji-jun-to	be-ne-fac-tor
in-a-pe-ten-te	bis-a-bue-lo	an-ti-his-tó-ri-co
i-na-pe-ten-te	bi-sa-bue-lo	
ar-chi-du-que	des-he-re-dar	in-ú-til
		i-nú-til
re-u-ni-do	des-ahu-cio	sub-lu-nar
reu-ni-do	de-sahu-cio	
sub-rei-no	sub-si-guien-te	pa-ra-rra-yos
con-tra-rre-	in-ter-re-la-ción	in-ter-es-ta-tal
vo-lu-ción	in-te-rre-la-ción	in-te-res-ta-tal
co-o-pe-rar	pa-ra-psi-co-	co-e-xis-tir
	lo-gí-a	

505

SOLUCIONES DE LOS EJERCICIOS

42

información	péinate	industria
hueco	puerta	muerte
fraile	adecuar	nieve
radio	cuento	pascua
criatura	anfitrión	fuego
ciudad	Guadalupe	ciego
dialéctica	diecinueve	razonamiento
repetición	hoy	riesgo

43

agujerear	albahaca	desleír
creación	geografía	petróleo
acaecer	teatro	ejercicio
tío	bahía	prohíba
océano	solfeo	raíz
relojería	sonríe	cirugía

44

cin-cuen-ta	a-le-go-rí-a	Ca-ma-güey
ex-haus-to	a-ve-ri-guas-teis	re-cien-te
a-ta-úd	i-ma-gi-na-ción	guión
tru-hán (*)	guar-dia	gui-ri-gay
diur-no	po-e-ma	au-llar
a-é-re-o	O-a-xa-ca	pro-ve-er
Dios	o-bo-e	ha-cia

(*) Tru-hán es una excepción. La normativa lo considera bi-sílabo.

45

Aguda (a), llana (ll), esdrújula (e) o sobreesdrújula (s).

francés (a)	alhelí (a)	diócesis (e)
argentino (ll)	plata (ll)	árido (e)

506

sábado (e)	atención (a)	uniforme (ll)
llama (ll)	secreto (ll)	antibiótico (e)
dócil (ll)	castaña (ll)	enano (ll)
móvil (ll)	fecha (ll)	éxodo (e)
pantera (ll)	agua (ll)	espuma (ll)
sombrero (ll)	factura (ll)	tiempo (ll)
difícil (ll)	fácil (ll)	examen (ll)
vapor (a)	alcohol (a)	botiquín (a)
salud (a)	escribir (a)	subterráneo (e)
carácter (ll)	máquina (e)	próximo (e)
tónico (e)	pérdida (e)	lunes (ll)
Jesús (a)	Bolivia (ll)	decir (a)
cielo (ll)	águila (e)	autobús (a)
paisaje (ll)	cardenal (a)	húmedo (e)

46

volcán	mágico	carácter
mándamelo	mal	príncipe
fértil	sofá	muevo
líquido	liquidar	ágil
agárralo	electrónica	rellano
amor	fe	fui
diciéndoselo	sagaz	fin
huracán	lunes	anís
pésimo	jardín	música
cárcel	avestruz	árbitro

47

Agudas (a), llanas (ll), esdrújulas (e) o sobreesdrújulas (s).

volcán (a)	mágico (e)	carácter (ll)
mándamelo (s)	mal (monosílabo)	príncipe (e)
fértil (ll)	sofá (a)	muevo (ll)
líquido (e)	liquidar (a)	ágil (ll)

agárralo (e)   electrónica (e)   rellano (ll)
amor (a)   fe (monosílabo)   fui (monosílabo)
diciéndoselo (s) sagaz (a)   fin (monosílabo)
huracán (a)   lunes (ll)   anís (a)
pésimo (e)   jardín (a)   música (e)
cárcel (ll)   avestruz (a)   árbitro (e)

48

1. *sólo* o *solo*, aquí.
2. tú.
3. lámparas.
4. Qué, Cuándo.
5. sé, quién, así.
6. hacía.
7. estantería, *sólo* o *solo*, *ó* u *o*, más.
8. *éste* o *este*, *aquél* o *aquel*.
9. preguntó, qué, habíamos.
10. mí.
11. diría, sí.
12. té (el que aparece en primer lugar).
13. Él, dirá, más (el que aparece en primer lugar), *sólo* o *solo*.
14. Ø.
15. dónde.
16. Sé.
17. dé.
18. Sí (el que aparece en primer lugar), sé, cuestión.
19. temías.
20. preguntándoselo.
21. Cómo.
22. Aún, bíceps, esté.
23. hablé.
24. Ø.
25. *Aquéllos* o *aquellos*, *ésos* o *esos*.

49

cia-nu-ro	Cáu-ca-so	es-toy
te-ra-péu-ti-co	hués-ped	náu-fra-go
dió-ce-sis	hin-ca-pié	tam-bién
es-tiér-col	a-pa-ci-guáis	sa-béis
hé-ro-e	fiar	co-rro-er
ma-íz	huir	ac-tú-a
ca-í-do	pa-ís	ba-úl
ve-hí-cu-lo	re-í-a-mos	sen-ti-rí-a
cre-í-a-mos	gui-ó	tru-hán
guión	de-sa-fia-ron	a-griéis

50

concedía, concedías, concedía, concedíamos, concedíais, concedían;

concedí, concediste, concedió, concedimos, concedisteis, concedieron;

concedería, concederías, concedería, concederíamos, concederíais, concederían.

partía, partías, partía, partíamos, partíais, partían;

partí, partiste, partió, partimos, partisteis, partieron;

partiría, partirías, partiría, partiríamos, partiríais, partirían.

sentía, sentías, sentía, sentíamos, sentíais, sentían;

sentí, sentiste, sintió, sentimos, sentisteis, sintieron;

sentiría, sentirías, sentiría, sentiríamos, sentiríais, sentirían.

cedía, cedías, cedía, cedíamos, cedíais, cedían;

cedí, cediste, cedió, cedimos, cedisteis, cedieron.

cedería, cederías, cedería, cederíamos, cederíais, cederían.

volvía, volvías, volvía, volvíamos, volvíais, volvían;

volví, volviste, volvió, volvimos, volvisteis, volvieron;

volvería, volverías, volvería, volveríamos, volveríais, volverían.

concluía, concluías, concluía, concluíamos, concluíais, concluían;

concluí, concluiste, concluyó, concluimos, concluisteis concluyeron;

concluiría, concluirías, concluiría, concluiríamos, con cluiríais, concluirían.

51

asimismo	rápidamente	rioplatense
vámonos	hágase	búscalo
déme	date	estáte
austro-húngaro	oígame	donjuán
adiós	ínterin	duodécimo
afro-cubano	ascético-místico	dispónte
cuéntalo	sutilmente	conteneos
heroicamente	portalámparas	videojuego
anglo-egipcio	píamente	ingenuamente
manténte	salíos	propónlo

52

1. cómics.
2. Dónde, cortaúñas.
3. Rápidamente, escribió, currículum.
4. Dáselas, más.
5. Cállate.
6. Ø.
7. Subió.
8. ínterin, quedó.
9. Líalo.
10. parqué, chalé.
11. está, cortacésped.
12. está (el que aparece en segundo lugar), hábitat.
13. tedéum.
14. láser.
15. salió, rápidamente, gángster.
16. mayoría, eslóganes, clichés.

17. tentempié.
18. carné.
19. vaivén, durmió.
20. Déle.
21. pimpón.
22. Déjalo, guardarropía.
23. Ø
24. estrés.
25. Ø.

3

1. elegíaco.
2. Ø.
3. Ø.
4. hipocondríaco.
5. égida.
6. Ø.
7. Ø.
8. Ø.
9. Ø.
10. fútbol.
11. Ø.
12. gladíolos.
13. Ø.
14. Ø.
15. omóplato.
16. fríjoles.
17. Ø.
18. raíl.
19. policíacas.
20. Ø.
21. Ø.
22. Ø.
23. políglota.

24. Ø.
25. maníaco.
26. Ø.
27. isóbaras.
28. dominó.
29. período.
30. paradisíaco.
31. ósmosis.
32. pelícano.
33. Zodíaco.
34. Ø.
35. utopía.
36. Ø.
37. tortícolis.
38. saxófono.
39. Ø.
40. Ø.
41. demoníacos.
42. dionisíaco.
43. chófer.
44. Ø.
45. cóctel.
46. Ø.
47. cíclope.
48. Ø.
49. Ø.
50. Ø.
51. cardíaco.
52. Ø.
53. beréberes.
54. acné.
55. Ø.
56. Ø.
57. afrodisíaco.

58. Ø.
59. amoníaco.
60. anémona.
61. atmósfera.
62. aeróstato.
63. ambrosía.
64. Ø.
65. hemiplejía.

54

1. Nobel.
2. nadir, cenit.
3. cóndor.
4. flúor.
5. formica.
6. sutil.
7. nailon, nilón.
8. espécimen.
9. perito.
10. caracteres.
11. centímetro, centímetro.
12. intervalo, jesuita.
13. auriga, cuadriga.
14. consola.
15. alfil.
16. acrobacia.
17. antítesis.
18. libido.
19. colegas, béisbol, balompié.
20. régimen.
21. aeródromo.
22. alcanfor.
23. apoplejía, parálisis.
24. erudito, expedito, fútil.

25. biosfera, estratosfera, litosfera.
26. hectómetro, decámetro, decímetro, centímetro.
27. neumonía.
28. chicle, oboe.
29. mitin.
30. cabila, zafiro.
31. avaro, mampara.
32. adecua.
33. astil.
34. Catulo.
35. evacua.
36. Licua.
37. tángana.

55

Respuesta abierta.

56

1. Ø.
2. Ø.
3. Papá.
4. revólver, sábanas.
5. paté, parqué.
6. Ø.
7. rajá.
8. plató.
9. cólera.
10. Ø.
11. Ø.
12. Ø.
13. Ø.
14. dólar.
15. cambará.
16. Ø.

17. Ø.
18. penitenciaría.
19. sandía.
20. notaría (el que aparece en segundo lugar).
21. majá, ápodo.
22. Ø.
23. lúcido.
24. colón, depositaría.
25. cánidos.
26. parqué.
27. Ø.
28. Ø.
29. César.
30. Ø.

LOS SIGNOS DE PUNTUACIÓN

57

1. Con este robot de cocina usted puede triturar, batir, picar, rallar, trocear, licuar, etc.

2. Ricardo, haz el favor de acompañarme, pues tengo mucho miedo.

3. ¿Qué va a tomar de postre: helado, flan, melocotón en almíbar o fruta del tiempo?

4. Si supieras, Leonor, lo que te espera en casa...

5. Han salido de acampada Diego, Sonia, Alberto, Pedro, Ana...

6. Mi hermano, que ya es arquitecto, acaba de conseguir un buen trabajo.

7. Yo prefiero las películas de terror y ella, las musicales.

8. Enojado, se marchó sin despedirse de su familia.

9. En el supermercado, terminó comprando más de lo necesario.

10. Enrique se compró un reloj y Carmen, un libro.

11. En el monedero guardaba monedas antiguas, billetes y tarjetas de visita, tiques y alguna fotografía.

12. Cuando ya llevábamos recorrido un buen trecho, nos dimos cuenta de que estábamos dando vueltas en círculo.

13. Antes de que llegue el taxi, debes tenerlo todo listo.

14. Entre tú y yo, estoy completamente arruinado.

15. El aire del mar, especialmente para las personas débiles, es muy saludable.

16. Aunque no me interesaba, me quedé.

17. Un buen descanso durante el día lo constituye, por ejemplo, mantener cerrados los párpados durante unos instantes.

18. Finalmente decidí, como en otras ocasiones, hacer lo que me aconsejaban mis padres.

19. La voz humana, bien modulada, despierta en nosotros las más gratas sensaciones.

20. El hombre, sin duda, es bueno por naturaleza.

21. Si hay huelga de metro, no tendré más remedio que tomar un taxi.

22. No subas tanto, niña, que te vas a caer.

23. Te habrás distraído porque, si no, no me explico lo que te ha ocurrido.

24. Siempre que me llames, acudiré.

25. A no ser que llueva, iremos de excursión.

26. Pero ¿cómo se te ha ocurrido preguntarle eso, Joaquín?

27. Sí, señor. Ya he subido su equipaje a la habitación.

28. Y, en efecto, cuando abrió la puerta de su casa se encontró todo revuelto.

29. De esa manera, pensó Juan, podemos ganar dinero.

30. Vinieron todos a visitarme, excepto Luis.

58

1. El material lo recibimos en una carta certificada.

2. El material lo enviaré en una carta certificada.

3. Sólo los perros eran muy cariñosos.

4. Todos los animales (conejos, gatos y perros) eran muy cariñosos.

5. La caja se recibió antes del sábado.

6. Traerás la caja antes del sábado.

7. El niño ha de hablar a su hermano con buenas palabras.

8. Convence al niño con buenas palabras.

9. La carne y el vino son de Francia.

10. Sólo el vino es de Francia.

11. Sólo suspenderán los estudiantes que no han hecho los ejercicios.

12. Todos los estudiantes suspenderán, ya que ninguno de ellos ha hecho los ejercicios.

13. La persona que habla tiene varias hijas y especifica cuál de ellas no quiere ir de colonias.

14. La persona que habla tiene una única hija. Ésta se llama María y no quiere ir de colonias.

15. La empresa perdió el dinero por tu culpa.

16. La policía encontró el dinero por tu culpa.

59

1. Hágalo usted como le parezca, si así va a trabajar más a gusto; pero tenga en cuenta que yo me opongo.

2. Éste está terminado; aquél, todavía no.

3. La nieve, descendiendo espesa sobre el monte y el valle, borró los caminos, llenó los barrancos y cubrió con su triste blancura el suelo; los vientos, glaciales y recios, arrebataron sus hojas a los árboles, llevándolas muy lejos.

4. Primero, introduzca la moneda; luego, marque el número; por último, espere a...

5. La suerte de los cazadores fue diversa, variada; algunos de ellos, agotados, no habían matado ninguna pieza; otros, sin embargo, habían terminado la munición y habían cobrado muchas piezas.

517

6. Lleva una vida muy tranquila: después de comer, lee el periódico; a las cuatro en punto acude al café; al salir pasea un rato, y antes de volver a casa, ya al atardecer, se reúne con los amigos en la plaza.

7. Los primeros que salían de la ciudad no encontraron la densa caravana de vehículos; más tarde, a eso de las once, ya se formaban colas bastante largas con algunas retenciones; a las dos, el movimiento de los coches era de todo punto imposible, y el colapso, total.

8. El terreno de granos finos se denomina arcilla; el de granos medianos, limo, y el de granos gruesos, arena.

60

1. La escala de la dureza es la siguiente: talco, yeso, caliza, etc.

2. Distinguida señora: Me es grato dirigirme a usted...

3. Dice Cervantes: «Con la Iglesia hemos topado, Sancho».

4. Eso es lo malo: que nunca está contenta.

5. Los puntos cardinales son cuatro: norte, sur, este y oeste.

6. La obra se compone de dos grandes bloques: uno teórico y otro práctico.

7. El abajo firmante solicita: Teniendo en cuenta el informe que se halla en poder del interesado, le sea reintegrado el importe establecido...

8. Aquello fue lo que la asustó: que su padre no llegara a la hora habitual.

9. Total: la puerta se cerró con el viento y nosotros nos quedamos fuera, sin llave para abrir.

10. Julio César dijo: «Llegué, vi, vencí».

11. La casa debe estar limpia, aireada, sin humedades, con luminosidad, en definitiva: en condiciones de habitabilidad.

12. Me dijo lo de siempre: que me callara.

13. Existen serios problemas en este país; a saber: la inflación, el paro, el déficit público, el terrorismo, el narcotráfico,...

14. Me voy de esta casa: no hay quien os aguante.

15. Los libros que ha leído últimamente son dos: una novela policíaca y un tratado sobre los cuidados que necesitan los perrros.

16. Mira, una cosa es cierta: cada vez que vienes, algo se estropea.

17. Ya lo dice el refranero: «Libro prestado, libro perdido.»

18. Querido amigo: Te escribo para darte las gracias...

19. Carlos está muy gordo: come mucho.

61

1. (...) los Andes. Cuenta con (...) el pico líder, Aconcagua.

La enorme cadena de cordilleras (...) en la zona boliviana.

2. (...) podría solucionar el problema. Esos pensamientos le hicieron conciliar el sueño.

Era invierno y hacía mucho frío. En una esquina, (...) aires de marquesa. Ella no sospechaba nada, seguro.

3. (...) «de Santa María». Su gigantesco (...) vivían holgadamente.

El río Iguazú (...) kilómetros.

62

1. Para la elaboración de este plato debe hacer los siguiente: primero, coloque en una olla medio litro de agua y caliéntela hasta que hierva; segundo, añada una pizca de sal, mejor si es sal yodada; tercero, añada también un chorrito de aceite de oliva o, en su defecto, un poco de mantequilla. A continuación, introduzca la pasta en el agua...

2. Recomendamos a los usuarios de este aparato que eviten colocar encima recipientes que contengan líquidos, por si éstos pudieran derramarse; que no utilicen productos cáusticos y abrasivos en su limpieza, porque podrían deteriorar la superficie esmaltada; que dejen un pequeño espacio libre entre la pared y el aparato, a fin de que éste pueda tener la suficiente ventilación. Una vez tomadas estas precauciones, le aseguramos una larga vida de su aparato.

63

1. Recuerda lo que dice el refrán: «Año de nieves...»
2. Iba a llamarte, pero...
3. La noche estaba oscura, tenebrosa, desapacible..., como si algo malo fuera a suceder.
4. Cézanne, Renoir, Degas... son algunos de los más famosos pintores impresionistas.
5. Se convocó la reunión, se distribuyó la orden del día y llegamos a reunirnos... tres personas.
6. Esa maldita manía de interrumpir a cada paso...
7. Ya ve usted: mucho hablar, poco hacer y...
8. No siga usted, que creo que...
9.– Sabes que no me gusta que me vengas tan tarde y tú...
– ¡Yo ya sé cuidarme sola!
10. No sabría cómo decirte: es... es una mezcla entre plástico y metal, ¿sabes?
11. El precio de los alimentos... mejor no comentarlo.
12. Y en el momento más emocionante... ¡se apagaron las luces!

64

1. Doctor, ¿cómo está mi hijo?
2. ¿Cómo está, doctor, mi hijo?
3. ¿Cómo está mi hijo, doctor?
4. Ignoro por qué ha reaccionado así.

5. Qué, ¿estás chafardeando?
6. ¿Qué estás chafardeando?
7. En cualquier caso, ¿crees que tengo razón?
8. –¿Comes mucho? –me preguntó, inquieta.
9. ¿A este muchacho vais a admitir?
10. Al traerlo, ¿no dijo nada?
11. No sé si seguir su consejo.
12. ¿Y quién te lo dijo?
13. ¿Sabes? No te esperaba tan pronto.
14. ¿De dónde venimos y adónde vamos?
15.¿ Por cuánto dice que me lo vende?
16. ¿Sales, o entras?
17. Me preguntó: «¿Cuándo ha llegado?»
18. Me pregunto cuándo había llegado.
19. Si lo sabías, ¿por qué no me lo dijiste?
20. ¿De quién es ese libro? ¿Es tuyo?

65

1. ¡Cuántas veces os he dicho que no es conveniente que vayáis con esa gente!
2. ¡Pedro! ¡Pedro! Dime que no es verdad.
3. ¡No hay derecho! Yo estoy haciendo todo el trabajo, mientras tú estas hablando con tus amigos.
4. ¡Qué importa ya!; este año toda la cosecha se ha echado a perder.
5. ¡Atiza! Si yo juraría que...
6. ¡Estás loca! Cualquiera que te vea, pensaría que te has escapado de un manicomio.
7. ¡Bah! No será para tanto.
8. Estaba el cachorro abandonado –¡qué lástima!– y lo recogimos nosotros.
9. ¡Bravo! Ha sido un espectáculo formidable.
10. Ayer te vi en tu casa (¡quién lo iba a decir!) estudiando por primera vez.

66

1. En Latinomérica, los lagos más extensos son: Maracaibo (13.500 km²), Titicaca (8.786 km²) y Nicaragua (8.200 km²); en tanto que los montes más altos son Aconcagua (6.959 m), Orizaba (5.747 m) y Tajumulco (4.220 m).

2. (En la escena aparece un dormitorio. Son las nueve de la mañana.)

SIRVIENTE.–(Muy serio): Buenos días, señor. ¿Qué desea?

SR. MARCIAL.–(Desperezándose): Quiero desayunar en la cama. Tráeme un zumo y unas tostadas con mantequilla y mermelada. Tráeme también el periódico y la correspondencia. ¡Ah! Y dile a la cocinera que venga.

SIRVIENTE.–(Irónico): ¿El señor no desea nada más?

3. Los boxeadores subieron al «ring» (cuadrilátero) mientras eran aclamados por sus seguidores.

4. En Gizeh (ciudad de Egipto) se encuentran las pirámides más importantes.

5. Franz Lehar (1870-1948) compuso la famosa opereta «La viuda alegre».

6. La familia vivía en una «roulotte» (caravana) porque trabajaban en el circo.

7. Expresa tu opinión (en un escrito que adjuntarás al informe) sobre el estado de la cuestión.

8. Era un libro (de Thomas Mann), por cierto muy viejo y con las pastas algo estropeadas el que había llamado su atención.

9. D. Roberto (el padre de la criatura) no deja de sonreír a todo el mundo.

10. El descubrimiento de América (1492) da paso a una nueva época histórica.

67

1. Hay que emplear bien la palabra «desternillarse» (algunas personas dicen «destornillarse» [de «tornillo» en vez de «ternilla»]).

2. Gabriel dijo: «Ya sabemos que a este café [La estrella matutina] acuden muchos intelectuales[...]».

3. «[...] es el resultado de estudios y esfuerzos que se hicieron a lo largo de más de cincuenta años.»

4. Esta preocupación la podemos observar en la obra de Gonzalo Fernández de Oviedo («Sumario de la Historia Natural de las Indias» [1525], la «Primera Parte de la General y Natural Historia de las Indias» [1535]).

5. Se trata de escritores (Pablo Neruda [1904-1973], Rubén Darío [1867-1916]...) de reconocido prestigio.

68

1. F-1.
2. Ángeles-84.
3. 23-25.
4. 8-10.
5. 1861-1865.
6. 1992-93.
7. 1879-1883, Perú-Bolivia, chileno-bolivianas.
8. este-oeste.
9. Brasil-Italia.
10. 1932-1935.
11. amor-odio.
12. maníaco-depresivo.
13. tupí-guaraní.
14. México-86.
15. Metro-Goldwyn-Mayer.
16. DC-10.
17. político-militar.
18. greco-chipriota.

19. fonético-sintácticas.

20. A-D.

69

1. –Hija, Mercedes, no hables así. ¿Es que no te hace ilusión? –dijo dolida la madre–. ¿No piensas en los cotilleos?

–Ya sabes lo que dice el refrán: «Ande yo caliente, y ríase la gente». No, ni me hace ilusión ni me importan los comentarios; sólo me interesa la felicidad de Víctor y la mía –respondió Mercedes, un poco alterada.

2. En el estudio de un país deben destacarse, al menos, los siguientes aspectos:

–físicos;

–económicos;

–políticos;

–sociales.

3. ISABEL.–He decidido casarme con Anselmo.

ANTONIO.–(Colérico): ¿Casarte con Anselmo? ¿Y yo? ¿Qué pasa conmigo?¿Que represento yo en tu vida?

4. –¡Vaya! –El cochero arreó a los caballos–. Eso es muy interesante.

5. El Caribe –según creo– es un lugar ideal para pasar las vacaciones.

6. Algo va mal –pensó María–; tengo que rectificar.

7. «Al finalizar la década, la enfermedad –dijo el doctor– se fue extinguiendo.»

8. Por la noche y en las cimas de las montañas la temperatura no supera los 15° bajo cero, o sea, –15 °C.

9. Un político –¿quien será capaz de alabar el tratamiento que la mayoría de políticos aplican al idioma?– hizo unas declaraciones en la prensa sobre la importancia de conservar el medio ambiente.

524

10. Las hermanas –alegres, según me dijeron, llenas de vida e inquietas– no estaban de buen humor: el reproche de sus padres les había dolido y enojado.

70

1. «Cree el ladrón que todos son de su condición», le dijeron.

2. ¿Has visto el último capítulo, «Por fin, juntos», de la telenovela?

3. Tiene tanta «curtura» (sic) que nos dejó pasmados a todos.

4. Ø.

5. Ø.

6. Ø.

7. Me preguntó: «¿Cuánto tiempo hace que no vienes por aquí?»

8. Ø.

9. Se ha quedado en el paro y ahora se encuentra «con el agua al cuello».

10. Le espetó: «¡Está usted un poco piripi!».

11. «Me siento mal», pensó Elena.

12. El profesor explicó: «Para el próximo día de clase, ha de estar hecho el "Comentario del primer capítulo de 'El ingenioso hidalgo don Quijote de la Mancha' ", pues hace ya dos semanas que os encargué este trabajo».

13. Por favor, préstame «La casa de los espíritus» de Isabel Allende.

71

1. averigüe.

2. Agüita.

3. Ø.

4. ambigüedad.

5. Güeldres.

6. güelfos.
7. güérmeces.
8. pingües.
9. pingüinos, pingüinera.
10. halagüeño.
11. antigüedades.
12. piragüista.
13. argüir.
14. paragüero.
15. nicaragüense.
16. güisqui.
17. agüero.
18. lingüista.
19. lengüeta.
20. atestigüe.
21. cigüeña.
22. exigüidad.
23. güira.
24. Ø.
25. güiro.
26. Ø.
27. santigües.
28. Ø.
29. sinvergüenza.

DIVISIÓN DE LA PALABRA
A FINAL DE RENGLÓN

72

ale-gría.
al-haraca, alha-raca, alhara-ca.
atún.
ca-noa.

ca-rro.

co-che.

co-rrección, correc-ción.

de-samparo, des-amparo, desam-paro, desampa-ro.

en-foque, enfo-que.

gui-tarra, guita-rra.

ins-pirar, inspi-rar.

in-terrelación, inte-rrelación, interre-lación, interrela-ción.

la-tinoamericano, lati-noamericano, latino-americano, latinoa-mericano, latinoame-ricano, latinoameri-cano, latinoamerica-no.

mal-humorado, malhu-morado, malhumo-rado, malhu-mora-do.

mons-truo.

pa-rapsicología, para-psicología, parapsi-cología, parap-sico-logía, parapsicolo-gía.

pre-rromano, prerro-mano, prerroma-no.

pro-ximidad, proxi-midad, proximi-dad.

re-anudar, rea-nudar, reanu-dar.

su-balterno, sub-alterno, subal-terno, subalter-no.

sub-rayar, subra-yar.

tea-tro.

tor-neo.

trans-pirar, transpi-rar.

zoo-lógico, zooló-gico, zoológi-co.

RECOPILACIÓN DE PALABRAS DE IDÉNTICA PRONUNCIACIÓN Y DE DISTINTA ORTOGRAFÍA (HOMÓFONOS)

73

1. b.
2. b.

3. v.
4. b.

5. b.	21. v.
6. v.	22. b.
7. v, v.	23. b, v.
8. b, v.	24. b, v.
9. v, v.	25. v, v.
10. v, b.	26. b.
11. v.	27. b.
12. b.	28. b, v.
13. b.	29. v, v, b.
14. v, v.	30. v, v.
15. v.	31. b, v.
16. v.	32. v, b.
17. v, v.	33. v.
18. v, v.	34. b.
19. b, b.	35. b, b.
20. b.	

74

1. g.	6. g.
2. j.	7. g.
3. g.	8. j.
4. j.	9. j.
5. j.	10. g.

75

1. harte.
2. Oh.
3. Hablamos.
4. Has, hojeado.
5. Ø.
6. Ø.
7. Ø.
8. herrero, herrar.
9. ha, aprehendido.

10. Ah, he.
11. Habría, deshojar.
12. Ø.
13. habano.
14. He.
15. ahijada, habas.
16. Ha.
17. hatajo, harones.
18. Hará.
19. hostia.
20. Ø.
21. ha, zahína.
22. ha, hecho.
23. Ø.
24. Ø.
25. Ø.
26. Hola, Ahí, husillo.
27. rehusar.
28. halagas, habrías, hecho.
29. hora.
30. Hay, hayas.
31. harto.
32. Ø.
33. hampón, ha.
34. harás.
35. Ø.

76

1. c, s, s.
2. x, s.
3. c, s.
4. c, c, c, z.
5. z, z.
6. s, x.
7. c, c.
8. s, c, s.
9. x, c.
10. s.
11. s, s.
12. s, s.

529

13. c, s, z.
14. s, s.
15. s, s, s.
16. z, s.
17. z, z, z, z.
18. c, c, c.
19. z, s, s.
20. s, s.
21. z, s.
22. s, s.
23. x, s.
24. z, c.

25. s, z.
26. s, s, s, s.
27. s, s.
28. s, s, s.
29. s, c, s.
30. s, s.
31. s, s.
32. s.
33. c, c.
34. s.
35. c.

77

1. y, y.
2. y, y.
3. ll, ll.
4. y, y.
5. ll.
6. ll.
7. ll.
8. ll.
9. y.
10. ll.

11. y.
12. y, ll.
13. ll.
14. ll.
15. ll.
16. y.
17. y.
18. ll.
19. y.
20. y.

21. ll.
22. ll.
23. ll.
24. y.
25. ll.
26. y, y.
27. ll.
28. y.
29. y.

ALGUNAS PALABRAS DE ORTOGRAFÍA DUDOSA POR SU SEMEJANZA O RELACIÓN FORMALES (PARÓNIMOS)

78

1. rapé.
2. Sería.

3. paté.
4. notaría.
5. plató.
6. rajá.
7. Ø.
8. secretaría.
9. cará-cará.
10. Ø.
11. Ø.
12. cólera.
13. Ø.
14. carné.
15. Ø.
16. coñá.
17. sábana.
18. (*preparó*, pero no es parónimo) Ø.
19. sandía.
20. revólver.
21. Ø.
22. Ø.
23. Ø.
24. Ø.
25. lúcido.
26. Ø.
27. Ø.
28. César, César.
29. Ø.
30. penitenciaría.

79

1. güito.
2. Ø.
3. Ø.
4. pingües.

80

1. afecto.
2. apto.
3. acta.
4. acceso.
5. apertura.
6. abeja.
7. alusión.
8. afección.
9. Adoptaron.
10. adicción.
11. actitud.
12. abalanzó.
13. envase.
14. casual.
15. horror.
16. especias.
17. espectro.
18. conexión.
19. calavera.
20. apóstrofo.
21. cacto.
22. apogeo.
23. drama.
24. caravana.
25. hinojos.
26. vulgo.
27. factura.
28. habitúa.
29. infringía.
30. Urdieron.
31. lapso.
32. intercesión.
33. perjuicio.

34. hípico.
35. hermético.
36. untar.
37. visón.
38. subsidio.
39. baliza.
40. ruptura.
41. venial.
42. vaina.
43. boquete.
44. textura.
45. efectividad.
46. abstemia.
47. cartabón.
48. decepción.
49. bárbara.
50. bilis.

PREFIJACIÓN Y SUFIJACIÓN

81

helio 'sol' + terapia 'curación' → curación mediante rayos solares.

zoo 'animal' + logía 'estudio' → estudio de los animales.

sin 'unión' + fonía 'sonido' → unión de sonidos.

peri 'alrededor' + scopio 'ver' → aparato que sirve para ver alrededor.

hemo 'sangre' + filia 'afición' → enfermedad caracterizada por la disposición de la sangre a fluir, sin coagularse.

iso 'igual' + morfo 'forma' → de igual forma.

sin 'unión' + cronía 'tiempo' → unión en el tiempo.

zoo 'animal' + latría 'adoración' → adoración a los animales.

a 'sin' + tomo 'cortar' → que no se puede cortar o dividir.

en 'dentro' + cefalo 'cabeza' → conjunto de órganos situados dentro de la cabeza.

micro 'pequeño' + bio 'vida' → pequeño ser vivo.

multi 'muchos' + forme 'forma' → de muchas formas.

poli 'varios' + semia 'significación' → varias significaciones.

omni 'todo' + voro 'que come' → que come de todo.

PALABRAS QUE EMPIEZAN POR *TRANS-* O *TRAS-*

82

1. traspapelado.
2. transpuesto.
3. traspié.
4. trasto.
5. transfusión.
6. trastienda.
7. translúcido.
8. trascendencia.
9. traslación.
10. transeúntes.
11. transitoria.
12. transacción.
13. trasnochador.
14. tránsito.
15. transmisión.
16. transparencias.
17. traste.

18. trasladado.
19. trastorno.
20. trasluz.
21. trashumancia.
22. transexuales.
23. transcurrido.
24. transigir.
25. trasplante.
26. transatlántico.
27. trasquilar.
28. transporte.
29. traspunte.
30. transición.

ADJETIVOS NUMERALES

83

duodécimo o decimosegundo.
centésimo tercero.
quingentésimo septuagésimo sexto.
sexcentésimo undécimo o sexcentésimo decimoprimero.
septingentésimo nonagésimo no(ve)no.
milésimo ducentésimo trigésimo cuarto.
milésimo noningentésimo nonagésimo no(ve)no.

84

primero, tercero, quinto, séptimo, no(ve)no, undécimo o
decimoprimero, decimotercero, decimoquinto, decimoséptimo, decimono(ve)no.
segundo, cuarto, sexto, octavo, décimo, duodécimo o decimosegundo, decimocuarto, decimosexto, decimoctavo, vigésimo.

85

1. Su hijo ha encontrado el doble de setas que el mío.

2. Esa compañía tiene el cuádruple de soldados que la que fue derrotada.

3. Este semestre hemos obtenido el quíntuplo de ganancias que ellos.

4. ¿Es posible que sextuplicasen los beneficios de 1989?

86

1. Debes añadir la quinta parte del contenido de ese frasco.

2. Me regalaron un tercio del precio del billete de ida.

3. Intenta conseguir la mitad de los beneficios.

4. Un octavo de la finca se dedica a cultivar café.

5. Si conseguimos dos medios (o mitades) tendremos un entero.

6. Hemos de conseguir las tres cuartas partes de los votos.

7. Se lleva una centésima de comisión por la venta de cada apartamento.

8. Sólo pude conseguir un décimo del queso que ofrecían para degustar.

9. Reparte un cuarto de pan para cada niño.

LA NUMERACIÓN ROMANA

87

XXXVIII
XLIV
LVI
LXVII
LXXII
LXXXV
XCVI
CXLIII
DLXXXVII
CMLXXXVII

536

MMXV
$\overline{\text{VII}}$DCLIV
$\overline{\text{XXIV}}$CX
$\overline{\text{LIC}}$MLXVII
DLVDLV
$\overline{\text{XIICXII}}$CCLXI
$\overline{\text{CLICDII}}$CMXVI

88

37
43
58
62
76
84
98
126
399
415
876
1998
3005

EL VERBO

89

resumí, resumiste, resumimos, resumisteis, resumieron.

hubiera/hubiese aburrido, hubieras/hubieses aburrido, hubiera/hubiese aburrido, hubiéramos/hubiésemos aburrido, hubierais/hubieseis aburrido.

respondía, respondías, respondía, respondíais, respondían.

hable, hables, hable, hablemos, hablen.

habrás leído, habrá leído, habremos leído, habréis leído, habrán leído.

resume.

habiendo comido.

90

barajando.

salté, saltaste, saltó, saltamos, saltasteis, saltaron.

meteré, meterás, meterá, meteremos, meteréis, meterán.

había corrido, habías corrido, había corrido, habíamos corrido, habíais corrido, habían corrido.

haya acudido, hayas acudido, haya acudido, hayamos acudido, hayáis acudido, hayan acudido.

habiendo dividido.

91

apriete, aprietes, apriete, apretemos, apretéis, aprieten.

enciende, encended.

mintiera/mintiese, mintieras/mintieses, mintiera/mintiese, mintiéramos/mintiésemos, mintierais/mintieseis, mintieran/mintiesen.

cuesta, cuestas, cuesta, costamos, costáis, cuestan.

duela, duelas, duela, dolamos, doláis, duelan.

traduje, trajudiste, tradujo, tradujimos, tradujisteis, tradujeron.

pido, pides, pide, pedimos, pedís, piden.

friendo.

reluzca, reluzcas, reluzca, reluzcamos, reluzcáis, reluzcan.

92

solía, solías, solía, solíamos, solíais, solían.

agredí, agrediste, agredió, agredimos, agredisteis, agredieron.

he bendecido, has bendecido, ha bendecido, hemos bendecido, habéis bendecido, han bendecido.

electo.

lloviera/lloviese.

traje, trajiste, trajo, trajimos, trajisteis, trajeron.

93

hube habido, hubiste habido, hubo habido, hubimos habido, hubisteis habido, hubieron habido.

haya sido, hayas sido, haya sido, hayamos sido, hayáis sido, hayan sido.

había, habías, había, habíamos, habíais, habían.

sé, sed.

habido.

siendo.

haber habido.

hubiera o hubiese habido, hubieras o hubieses habido, hubiera o hubiese habido, hubiéramos o hubiésemos habido, hubierais o hubieseis habido, hubieran o hubiesen habido.

habiendo habido.

94

ahogue, ahogues, ahogue, ahoguemos, ahoguéis, ahoguen.

adelgacé, adelgazaste, adelgazó, adelgazamos, adelgazasteis, adelgazaron.

abrevia, abreviad.

fío, fías, fía, fiamos, fiáis, fian.

ahíjo, ahíjas, ahíja, ahijamos, ahijáis, ahíjan.

evacua, evacuad.

sitúe, sitúes, sitúe, situemos, situéis, situen.

rehúso, rehúsas, rehúsa, rehusamos, rehusáis, rehúsan.

apacigüe, apaciguaste, apaciguó, apaciguamos, apaciguasteis, apaciguaron.

ejerzo, ejerces, ejerce, ejercemos, ejercéis, ejercen.

proteja, protejas, proteja, protejamos, protejáis, protejan.

zurzo, zurces, zurce, zurcimos, zurcís, zurcen.

finja, finjas, finja, finjamos, finjáis, finjan.

extingo, extingues, extingue, extinguimos, extinguís, ex-
tinguen.

cohíbe, cohibid.

EXPRESIONES ESCRITAS
EN UNA Y EN DOS PALABRAS

95

1. tampoco.
2. de más.
3. con qué.
4. sobre todo.
5. si no.
6. aparte.
7. tan bien.
8. Por qué.
9. asimismo.
10. sinfín.
11. maleducado.
12. malentendido.
13. quien quiera.
14. a cerca.
15. a bulto.
16. a cuestas.
17. abajo.
18. por venir.
19. adonde.
20. sinvergüenza.

96

1. a medias.
2. arriba.

3. Afuera.
4. En medio.
5. De repente.
6. encima.
7. ante todo.
8. a tiempo.
9. o sea.
10. sin embargo.
11. enfrente.
12. de frente.
13. adrede.
14. a gatas.
15. de sobra.
16. De veras.
17. alrededor.
18. Por fin.
19. de acuerdo.
20. a través.

VOCES Y EXPRESIONES LATINAS Y SU SIGNIFICADO

97

1. ad hoc.
2. ex profeso.
3. currículum vitae.
4. in fraganti.
5. per cápita.
6. ipso facto.
7. in vitro.
8. coitus interruptus.
9. «urbi et orbi».

10. pro indiviso.
11. sui géneris.
12. sub júdice.
13. in albis.
14. persona non grata.
15. ad pédem lítterae.
16. contínuum.
17. et álii.
18. Grosso modo.
19. rara avis.
20. post merídiem.
21. verbi gratia.
22. vox pública.
23. súmmum.
24. status.
25. in situ.

LAS ABREVIATURAS

98

ed.	Rte.
S. M.	gen.
S. S.	prof.ª
vro.	av., avda.
dcha.	prov.
izq., izqda.	S. P.
col.	reg.

99

precio de venta al público.
por ejemplo.
posdata.

número.
entresuelo.
cuenta corriente.
descuento.
cada; cargo; cuenta; calle.
pasaje.
Nuestra Señora.
antes de Jesucristo.
mexicano.

SIGLAS Y ACRÓNIMOS

100

Federación Internacional de Baloncesto.
Organización de Países Exportadores de Petróleo.
United Nations Educational, Scientific and Cultural Organization («Organización de la Educación, la Ciencia y la Cultura de las Naciones Unidas»)
Organización del Tratado del Atlántico Norte.
Food and Agriculture Organization («Organización para la Agricultura y la Alimentación»)
Venezolana Internacional de Aviación, Sociedad Anónima.
Organización Mundial de la Salud.
Organización de las Naciones Unidas.
síndrome de inmunodeficiencia adquirida.
Bélgique, Nederlands y Luxembourg (unión económica establecida entre Bélgica, Países Bajos y Luxemburgo).
Federación Internacional de Fútbol Asociación.

101

UIT
BBC

CEE
ONU
VHF
ALALC
Telam
COI
AI

PRINCIPALES GENTILICIOS DE LATINOAMÉRICA

102

santiaguino, -a.
haitiano, -a.
paceño, -a.
sanjuanense.
dominicano, -a.
bonaerense.
panameño, -a.
caraqueño, -a.
guatemalteco, -a.
hondureño, -a.
surinamés, -a.
tegucigalpense.
sansalvadoreño, -a.
costarricense.